# STORY

人間とモンスターが手を取り合い暮らす平和な王国、エルサーゼ。
しかしある日、モンスターたちが豹変し、人間たちを襲いはじめます。
エルサーゼの親衛隊長であるアクトとメーアは、
モンスターたちの本来の心を取り戻し、
再びエルサーゼを平和な国にするため立ち上がります。

## 基本操作方法

戦いに出る前に、基本的なアクションの操作方法を知っておこう。これだけ覚えれば、モンスターの侵攻にも対抗できる。

| | |
|---|---|
| L2 ボタン | キャラクターチェンジ |
| L1 ボタン | カメラリセット、防御／カウンター、受け身（ふっ飛び中） |
| 方向キー 仲間モンスター | 呼びだす、選ぶ、別れる |
| 左スティック | 移動 |
| タッチパッドボタン（PS4） SELECTボタン（PS3） | マップ切り替え |
| OPTIONボタン（PS4） STARTボタン（PS3） | メニュー |
| R2 ボタン | みかわし |

# ドラゴンクエストヒーローズ 闇竜と世界樹の城

| R1ボタン＋□／△／×ボタン | 特技／呪文 |
|---|---|
| R1ボタン＋方向キー　ホイミストーン | 🟢回復、🟡選ぶ |
| □ボタン | 攻撃1 |
| △ボタン | 攻撃2 |
| ×ボタン | ジャンプ |
| ○ボタン | テンションをためる、ハイテンション（テンション最大時）、必殺（ハイテンション時） |
| 右スティック | カメラ操作 |
| R3ボタン | ロックオン |

プレイステーション４／プレイステーション３ 両対応版

Ｖジャンプブックス

# ドラゴンクエストヒーローズ
## 闇竜と世界樹の城

### 英雄の書

---

## 目次 もくじ

### 巻頭ポスター
- 表：ＶＪＢ ＤＱヒーローズ
  闇竜と世界樹の城スペシャルポスター
- 裏：フリーバトル モンスター分布早見表

STORY／基本操作方法 ……………… P010

### ココに注目！『ＤＱヒーローズ』!! …… P013

### 第一章 キャラクター P019

| | |
|---|---|
| キャラクターについて | P022 |
| アクト | P024 |
| メーア | P028 |
| ディルク | P032 |
| ジュリエッタ | P036 |
| アリーナ | P040 |
| クリフト | P044 |
| テリー | P048 |
| ゼシカ | P052 |
| ヤンガス | P056 |
| ビアンカ | P060 |
| フローラ | P064 |
| マーニャ | P068 |
| ホミロン／ガゴラ | P072 |
| ピサロ | P073 |
| 仲間モンスター | P074 |

### 第二章 システム P093

| | |
|---|---|
| ゲームの基礎知識 | P094 |
| バトルアクション | P096 |
| バトルの知識 | P100 |
| 仲間モンスター | P104 |
| キャラクターの成長 | P105 |
| 拠点 | P106 |

### 第三章 ストーリーバトル P111

| | | |
|---|---|---|
| 1 | エルサーゼ 王様のもとへ | P113 |
| 2 | エルサーゼ 玉座の間の攻防 | P114 |
| 3 | エルサーゼ ホミロン危機一髪！ | P115 |
| 4 | エルサーゼ あらわれた強敵 | P116 |
| 5 | コートルダ 大草原の向こうに | P118 |
| 6 | コートルダ 天才研究者の手引き | P120 |
| 7 | コートルダ 大切な発明品 | P122 |
| 8 | コートルダ 押しよせる魔物の群れ | P124 |
| 9 | コートルダ コートルダ奪還目前！ | P126 |
| 10 | ラバトール 灼熱の流砂をこえて | P128 |
| 11 | ラバトール 砂漠の町を守る者 | P130 |
| 12 | ラバトール ラバトールの生命線 | P132 |
| 13 | ラバトール 熱砂の闘技場 | P134 |
| 14 | シーラ 美しき森を騒がすもの | P136 |
| 15 | シーラ やってきた侵入者たち | P138 |
| 16 | シーラ わかれた道の先で | P140 |
| 17 | シーラ 招かれざる客人たち | P142 |
| 18 | ドワドキア 長いトンネルの奥へ | P144 |
| 19 | ドワドキア ドワドキアの生命線 | P146 |
| 20 | ドワドキア 狙われた潤くつの町 | P148 |
| 21 | ドワドキア 愛する人たちを探して | P150 |
| 22 | ドワドキア 大聖堂にたたずむ巨像 | P152 |
| 23 | 世界樹 樹上の攻防 | P154 |
| 24 | 世界樹 祭壇の間を目指して | P156 |
| 25 | 世界樹 たちはだかる門番 | P158 |
| 26 | 光の塔 光の女神のもとへ | P160 |
| 27 | 光の塔 塔のてっぺんへ向かって | P162 |
| 28 | 光の塔 凶лад悪な侵入者 | P164 |
| 29 | 海底神殿 閉ざされた扉の先へ | P166 |
| 30 | 海底神殿 海の底へやってきたものたち | P168 |
| 31 | 海底神殿 神秘の海底神殿 | P170 |
| 32 | 海底神殿 光の試練 | P172 |
| 33 | 始原の里 太古の森を抜けて | P174 |
| 34 | 始原の里 里をおびやかす者たち | P176 |
| 35 | 始原の里 逃げおくれた里の住人 | P178 |
| 36 | 始原の里 ねらわれた霊木 | P180 |
| 37 | 世界樹 闇に落ちゆく大樹の上で | P182 |
| 38 | 世界樹 立ちはだかる魔界の戦士 | P184 |

### 第四章 クエスト＆フリーバトル P187

| | |
|---|---|
| クエスト／クエストリスト | P188 |
| クエストバトル | P194 |
| フリーバトル | P204 |
| 宝の地図 | P211 |

### 第五章 データリスト P213

| | |
|---|---|
| 武器データ | P214 |
| 素材データ | P219 |
| アクセサリーデータ | P221 |
| オーブデータ | P234 |
| モンスターデータ | P235 |
| 称号 | P241 |

### スペシャルトーク P243

| | |
|---|---|
| 松坂桃李（アクト）＆桐谷美玲（メーア） | P244 |
| 中川翔子（アリーナ） | P246 |
| 片岡愛之助（ヘルムード） | P250 |
| 堀井雄二×シブサワ・コウ | P255 |
| プロダクトコードの使いかた | P260 |
| ＶＪＢデジタル版の使いかた | P262 |
| 【コラム】P074、P110、P193、P210、P212、P218、P240、P242、P259 | |

### スペシャルデジタルコード
**ＰＳ４／ＰＳ３共用プロダクトコード**
「ブイの地図」＋
「スライムのムチ（ゼシカ専用）」

### 本書デジタル版コード
「少年ジャンプ＋」用 本書電子書籍
ダウンロードコード

---

【企画・構成】株式会社キャラメル・ママ
【デザイン】バナナグローブスタジオ
矢野啓太・松倉真由実・酒井布実子・秋庭 崇・藤井孝貴・BGS制作部
【ＤＴＰ】株式会社ビーワークス
田島啓隆・大野明生・羽Ｍ美智子・和田佳貴・松本菜菜・篠嵜真梨子
【協力・監修】株式会社スクウェア・エニックス

"PSファミリーマーク", "PlayStation", "PS3ロゴ" and "PSNロゴ" are registered trademarks or trademarks of Sony Computer Entertainment Inc. "XMB" and "クロスメディアバー" are trademarks of Sony Corporation and Sony Computer Entertainment Inc.
"Sony Entertainment Network" is a trademark of Sony Corporation.

©2015 ARMOR PROJECT/BIRD STUDIO/KOEI TECMO GAMES/SQUARE ENIX All Rights Reserved.

※この攻略本のデータ・攻略記事は開発中のゲームを元に作成されています。実際の製品と異なる場合もあります。

## ココに注目！『DQヒーローズ』!!

『DQH』の世界をさらに深く楽しむための注目ポイントをご紹介！

P014…鳥山明先生 設定画　　P016…モンスターサイズ比較

P018…DQシリーズ登場キャラを比べてみよう！

# 鳥山明先生 設定画

『DQH』のために鳥山明先生が描いた設定画を特別公開するぞ!

ココに注目! 『DQヒーローズ』!!

## アクト

勇敢で戦略好きな親衛隊長。
不敵な表情はゲーム中でも
しっかり再現。ガゴラも同
時にデザインされたという。

## メーア

細身の剣とポニーテールが
軽快な動作を想像させる。
アクトと同じ親衛隊長だが
服装は女性らしくアレンジ。

# ディルク

武闘派の国王という特異なキャラクター。大柄な肉体と長い棍が勇猛さを感じさせ、長いマントは王者の風格を漂わせる。

ココに注目！『DQヒーローズ』!!

# ジュリエッタ

学者らしく知的な雰囲気の装いだが大きなボンボンのついた帽子からこぼれる髪がセクシー。後ろ姿では、エプロンのリボン結びが印象的だ。

# モンスターサイズ比較

シリーズ史上でも類を見ない多彩な大きさのモンスターたちが登場！

## さまざまなサイズのモンスターが集合！

『DQH』の魅力のひとつが登場するモンスターのサイズ。小さなものから超巨大なものまで、多種多様なモンスターがフィールドせましと暴れまわるさまは圧巻！ ここでは代表的なモンスターをピックアップして、その大きさを比べてみたぞ。

←サイズにより攻略法も変わってくるので、いろいろな戦略が楽しめるのだ。

**ココに注目！『DQヒーローズ』!!**

## シリーズ作品と比べると？

### ギガンテス

↑『ドラゴンクエストＸ』で、その大きさがファンを驚かせたモンスターが、より巨大化！

### キラーパンサー

↑『ドラゴンクエストＸ』では細く精悍なイメージ。大きく逞しくなって猛獣度アップ！？

### スターキメラ

↑キメラと同サイズの『ＤＱＸ』。本作では、ひとまわり以上大きな強敵に！

ココに注目！『DQヒーローズ』！！

©2012-2015 ARMOR PROJECT/BIRD STUDIO/SQUARE ENIX All Rights Reserved.

# DQシリーズ登場キャラを比べてみよう！

### 本作ではシリーズの人気キャラも大活躍！ どこが変わったかな？

**ココに注目！「DQヒーローズ」!!**

## DQ IVより登場

アリーナ／クリフト／マーニャ

アリーナはマントとスカートが短くなり、タイツも脱いで軽やかな印象になった。クリフトはヤリ、マーニャは扇に、それぞれ武器が変更されているぞ。

### アリーナ

### クリフト

### マーニャ

## DQ Vより登場

ビアンカ／フローラ

ビアンカはミニスカートにニーソックスの大人かわいい装いに。フローラは左腕のコサージュやスカートのレースが追加されて、お嬢様度アップ！

### ビアンカ　　フローラ

## DQ VIより登場

テリー

ニヒルな印象はそのままだが、全体の色合いがシックになって少し大人びたイメージ。剣やグローブのディテールも、より緻密に表現されている。

### テリー

## DQ VIIIより登場

ゼシカ／ヤンガス

ゼシカは肩にパフスリーブ、スカートの裾に大きなフレアが加わりゴージャスな雰囲気に。ヤンガスはオノが大きくなり、力強さを増しているぞ。

### ゼシカ　　ヤンガス

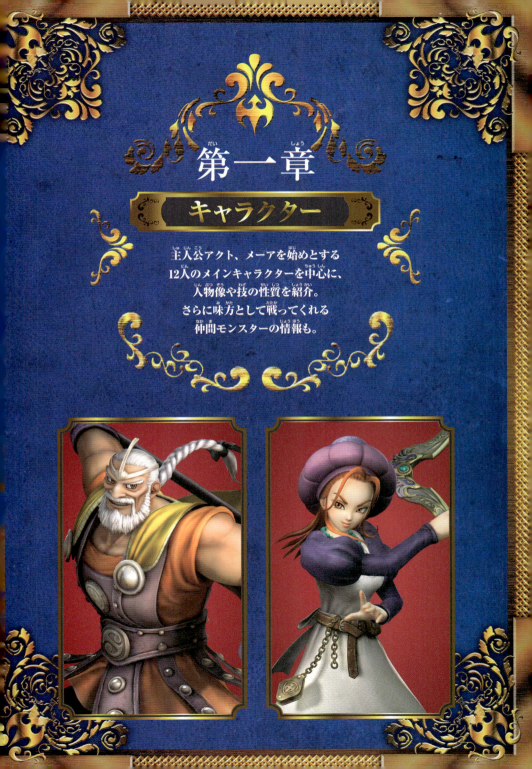

# 第一章
## キャラクター

主人公アクト、メーアを始めとする
12人のメインキャラクターを中心に、
人物像や技の性質を紹介。
さらに味方として戦ってくれる
仲間モンスターの情報も。

# キャラクターページの見かた

P024からのキャラクター紹介の見かたを解説。しっかり覚えて戦いに役立てよう。

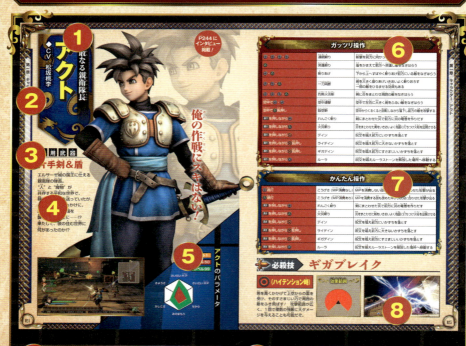

## ① キャラクターの名前

## ② CV

## ③ 使用武器
装備できる武器のタイプ。本作にはさまざまな武器がありキャラによって装備できる種類が異なる。

## ④ キャラクター紹介の解説文

## ⑤ パラメータ
最大HPやちからなどのパラメータを、レベル1、50、99の3段階のグラフで表記。キャラクターごとに異なる基本能力や成長率を、しっかりとチェックしておこう。

## ⑥ ガッツリ操作
すべてのアクションを手動で操作し、思うままに技が出せる「ガッツリ操作」で使える技のコマンドと効果を解説しているぞ。各キャラクターで共通する操作のコマンドはシステムページを参照しよう。

共通操作のコマンド ➡ P010
※本書ではガッツリ操作を前提に攻略しています。

## ⑦ かんたん操作
単純なボタン操作でアクションゲームが苦手な人でも楽しめる「かんたん操作」のコマンドを解説。特技や呪文はガッツリ操作と共通になっているのだ。

## ⑧ 必殺技
テンションゲージがたまって、ハイテンションになったときに使用できる「必殺技」について解説するぞ。必殺技の効果がおよぶ範囲を示す表も掲載。

## 9 スキル

最終的に習得できるすべてのスキルを、ゲーム中の「スキルふりわけ」メニューと同じ配置で掲載しているぞ。必要なスキルポイントや、覚える条件をチェックして、計画的にスキルを習得していこう。

## 10 おすすめ戦術

キャラクターのパラメータ、武器などをふまえてのおすすめの戦いかたを解説。主に複数を相手にするときと、対強敵戦の2通りの戦術を紹介するぞ。

## 11 とくぎ・じゅもん

R1と〇/△/□ボタンの組み合わせで出せる特技や呪文について解説。消費するMP、効果範囲、覚える条件、必要なスキルポイントも掲載。

## 12 注目スキル

R1と×ボタンの組み合わせで出せる、キャラクター固有のスキルと、特に効果や威力の高いおすすめスキルをピックアップして紹介するぞ。スキルポイントに余裕があれば、早めに習得しておこう。

# キャラクターについて

キャラクターを有効に活用するための情報を大公開！

## キャラクターの操作方法は2種類！

### ゲーム中いつでも変更できるぞ！

キャラクターの操作方法は、簡単なボタン入力の「かんたん操作」と、すべて手動で行う「ガッツリ操作」の2種類。戦いの途中でも変更できるので、出現する敵の強さによって使いわけるのもアリだ。

←メニュー「アクション一覧」から、操作方法を変更できるぞ。

**かんたん操作例**
→ボタンの連打で状況に合わせた通常技が出る。◯ボタン連打で「一刀両断」！

**ガッツリ操作例**
→コマンド入力で自在に技を出せる。ねらったタイミングで「一刀両断」を発動。

## さまざまなタイプのキャラクターが登場！

### 戦況に応じてキャラクターを使いわけよう

キャラクターには、それぞれ戦いかたの特徴があるぞ。各キャラの個性をしっかり覚え、ステージに合わせてパーティを編成したり、操作キャラクターを切り替えていけば、より効果的に戦えるのだ。

←出現するモンスターの弱点など、戦況に応じて仲間を選ぼう。

### アクト
片手剣と盾を使う戦士タイプ。攻守のバランスがよく使いやすい。炎属性の技で敵に大ダメージを与える。

### メーア
敵を凍結させる氷属性の技を使う。攻撃速度の速い片手剣と、遠くからの攻撃にも対応できる盾を装備。

### ディルク
ちからは1番。多彩な攻撃で敵を選ばず戦えるパワフルな戦士。使用武器の槌はすばやく広範囲を攻撃可能。

### ジュリエッタ
遠距離から多くの敵をねらえるブーメランを装備。強力な風の呪文も覚えられる。HPは低めで後衛向き。

### アリーナ
コテを装備し、攻撃範囲は狭いが強力なコンボをくり出す。みのまもりが低く、ちからの強い武闘家タイプ。

### クリフト
リーチの長いヤリを装備。みかわし率が高く、攻撃を受けにくい。守備力を上げる「スクルト」で仲間を支援。

### テリー
片手剣と盾を装備。呪文は使えないが、攻撃をつなげやすく、威力の高い雷属性の技による連続攻撃が可能。

### ゼシカ
ムチで広い範囲をすばやく攻撃する。敵に悪い効果を与えたり、味方全員のHPを回復する特技を持つ。

### ヤンガス
オノを振るう豪快な戦士。HPとみのまもりが高く、◯/△ボタンの長押しで強力なため攻撃をくり出す。

### ビアンカ
HPとみのまもりは低いが、遠距離から強力な攻撃が行える弓の使い手。炎の呪文も習得可能。

### フローラ
スティックを装備し、多彩な魔法をくり出す魔法使いタイプ。「魔法球」で時間差攻撃もできる。

### マーニャ
威力は低めだが、全方向から遠距離まで攻撃可能な扇を装備。閃熱の呪文もあり、幅ひろいタイプの敵に対応。

## ストーリー進行に合わせて仲間が増えていくぞ！

### 特定のストーリーバトルをクリアすると仲間が加入！

ストーリーを進めて、特定のストーリーバトルをクリアすると新しい仲間が加わっていくぞ。主人公はLv1からスタートするが、新たな仲間は登場するストーリーバトルに見合ったレベルで加入するので、即戦力として活躍させることができる。

← 物語の要所で個性的な仲間が登場。戦略の幅も広がる。

## キャラクター加入順進行チャート

### 「王様のもとへ(P113)」

**アクト**
加入時Lv：主人公と同Lv

**メーア**
加入時Lv：主人公と同Lv

### 「玉座の間の攻防(P114)」クリア後

**ディルク**
加入時Lv：8

### 「天才研究者の手引き(P120)」クリア後

**ジュリエッタ**
加入時Lv：8

### 「コートルダ奪還目前！(P126)」クリア後

**アリーナ**
加入時Lv：11

**クリフト**
加入時Lv：11

### 「熱砂の闘技場(P134)」クリア後

**テリー**
加入時Lv：16

### 「招かれざる客人たち(P142)」クリア後

**ゼシカ**
加入時Lv：21

**ヤンガス**
加入時Lv：21

### 「大聖堂にたたずむ巨像(P152)」クリア後

**ビアンカ**
加入時Lv：25

**フローラ**
加入時Lv：25

### 「海の底へやってきたものたち(P168)」クリア後

**マーニャ**
加入時Lv：31

第一章　キャラクター／キャラクターについて

## ガッツリ操作

|  |  |  |
| --- | --- | --- |
| □・□・□ | 連続斬り | 斬撃を前方に向かって連続でくり出す |
| ○ | 突進斬り | 盾をかまえて前方へ突進し敵をなぎはらう |
| □・△ | 斬りあげ | 下から上へすばやく斬りあげ前方にいる敵をなぎはらう |
| □・□・△ | 一刀両断 | 剣を大きく振りあげいきおいよく斬りおろす 一部の敵をひるませる効果もある |
| □・□・□・△ | 灼熱火炎斬 | 剣に炎をまとわせ周囲の敵をなぎはらう |
| 空中で□・□ | 空中連撃 | 空中で左右に大きく剣をふるい敵をなぎはらう |
| 空中で□長押し | 裂空斬 | 空中からくるくると回転しながら落下し前方の敵を攻撃する |
| R1を押しながら□ | れんごく斬り | 剣にまとわせた炎で前方に炎の竜巻を作りだす |
| R1を押しながら△ | 火炎斬り | 炎をまとわせた剣をいきおいよく地面に打ちつけ火柱を出現させる |
| R1を押しながら○ | デイン | 呪文を唱え前方にいかずちを落とす |
| R1を押しながら○長押し | ライデイン | 呪文を唱え前方に大きないかずちを落とす |
| R1を押しながら○長押し | ギガデイン | 呪文を唱え前方にすさまじいいかずちを落とす |
| R1を押しながら× | ルーラ | 呪文を唱えルーラストーンを解放した場所へ移動する |

## かんたん操作

|  |  |  |
| --- | --- | --- |
| □連打 | こうげき（MP消費なし） | MPを消費しない技の中から状況に合わせた攻撃が出る |
| △連打 | こうげき（MP消費あり） | MPを消費する技も含めた中から状況に合わせた攻撃が出る |
| R1を押しながら□ | れんごく斬り | 剣にまとわせた炎で前方に炎の竜巻を作りだす |
| R1を押しながら△ | 火炎斬り | 炎をまとわせた剣をいきおいよく地面に打ちつけ火柱を出現させる |
| R1を押しながら○ | デイン | 呪文を唱え前方にいかずちを落とす |
| R1を押しながら○長押し | ライデイン | 呪文を唱え前方に大きないかずちを落とす |
| R1を押しながら○長押し | ギガデイン | 呪文を唱え前方にすさまじいいかずちを落とす |
| R1を押しながら× | ルーラ | 呪文を唱えルーラストーンを解放した場所へ移動する |

## 必殺技 ギガブレイク

○（ハイテンション時）

剣を高くかかげて上空からの雷を受け、そのすさまじい力で周囲の敵をふき飛ばす！ 攻撃範囲が広く、1回で複数の強敵に大ダメージを与えることも可能だぞ。

効果範囲

第一章 キャラクター／アクト

# アクトのスキル

火炎をまとった剣技のほか、テンションアップ効果のスキルも覚える。

## とくぎ・じゅもん

| れんごく斬り |
| --- |
| ― |
| ― |

| 火炎斬り |
| --- |
| なし |
| 6P |

| デイン | ライデイン | ギガデイン |
| --- | --- | --- |
| なし | デインをおぼえている | ライデインをおぼえている |
| 6P | 10P | 16P |

## アクト専用

| れんごく斬り強化 | 火炎斬り強化 | 昇空斬 | 灼熱火炎斬強化 |
| --- | --- | --- | --- |
| れんごく斬りをおぼえている | 火炎斬りをおぼえている | なし | なし |
| 5P | 20P | 5P | 8P |

| 空中旋回斬り | はじき返し | はじき返し時テンションアップ | さいだいHP+10 |
| --- | --- | --- | --- |
| なし | なし | はじき返しをおぼえている | なし |
| 3P | 5P | 5P | 10P |

| さいだいMP+5 | ちから+5 | みのまもり+5 | かしこさ+5 |
| --- | --- | --- | --- |
| なし | なし | なし | なし |
| 10P | 10P | 10P | 10P |

| みかわし強化大 | ハイテンション持続+4秒 | MP消費しない率+5% | 瀕死時徐々にテンションアップ |
| --- | --- | --- | --- |
| なし | Lv18 以上 | Lv22 以上 | なし |
| 15P | 5P | 6P | 6P |

## パラメータ

| さいだいHP+10 | さいだいHP+10 | さいだいHP+10 | さいだいHP+10 | さいだいHP+10 |
| --- | --- | --- | --- | --- |
| なし | なし | Lv20 以上 | Lv25 以上 | Lv32 以上 |
| 3P | 3P | 5P | 7P | 8P |

| さいだいMP+5 | さいだいMP+5 | さいだいMP+5 | さいだいMP+5 | さいだいMP+5 |
| --- | --- | --- | --- | --- |
| なし | なし | Lv16 以上 | Lv25 以上 | Lv32 以上 |
| 3P | 3P | 5P | 7P | 8P |

| ちから+5 | ちから+5 | ちから+5 | ちから+5 | ちから+5 |
| --- | --- | --- | --- | --- |
| なし | なし | Lv19 以上 | Lv26 以上 | Lv32 以上 |
| 3P | 3P | 5P | 7P | 8P |

| みのまもり+5 | みのまもり+5 | みのまもり+5 | みのまもり+5 | みのまもり+5 |
| --- | --- | --- | --- | --- |
| なし | なし | Lv23 以上 | Lv28 以上 | Lv32 以上 |
| 3P | 3P | 5P | 5P | 7P |

| かしこさ+5 | かしこさ+5 | かしこさ+5 | かしこさ+5 | かしこさ+5 |
| --- | --- | --- | --- | --- |
| なし | なし | Lv19 以上 | Lv24 以上 | Lv32 以上 |
| 3P | 3P | 5P | 7P | 8P |

## 特殊なこうか

| きょうさ小アップ | きょうさ大アップ | みかわし強化小 | テンション上昇量アップ | ハイテンション持続+2秒 |
| --- | --- | --- | --- | --- |
| なし | Lv28 以上 | なし | Lv22 以上 | なし |
| 6P | 15P | 5P | 6P | 3P |

| 会心時MP小回復 | 会心時こうげき力アップ | 会心時しゅび力アップ | 瀕死時こうげき力アップ | 瀕死時しゅび力アップ |
| --- | --- | --- | --- | --- |
| Lv16 以上 | なし | なし | なし | なし |
| 3P | 15P | 6P | 15P | 6P |

## アクトのおすすめ戦術

### 群がる敵を蹴散らす!

「突進斬り」から「灼熱火炎斬」へつなげよう

「突進斬り」で間合いをつめ、「灼熱火炎斬」でなぎはらおう。2つの技を連続して使えば、敵の数を減らしながらすばやく移動できるぞ。

← みのまもりが高いので前衛で活躍させよう。

### 強力な敵をねらいうち!

「一刀両断」でひるませてから攻撃!

強敵と戦うときは、まず「一刀両断」で攻撃だ。敵がひるんでスキができたら、威力の高い「火炎斬り」などの技で追いうちをかけよう。

→ 強敵モンスターには「一刀両断」で攻撃!

# とくぎ・じゅもん

## れんごく斬り　消費MP：5

R1を押しながら□

剣から炎の竜巻を放ち、前方の敵を巻きこんでダメージを与える。間合いが遠い敵でも攻撃しやすい技だ。

| おぼえる条件 | 初期習得 |
|---|---|
| 必要ポイント | — |

### 効果範囲

※敵にぶつかるまで前方に移動

## 火炎斬り　消費MP：7

R1を押しながら△

炎をまとわせた剣で地面を打ちくだき、火柱を出現させる。周囲の敵はダメージを受けて吹き飛ばされるぞ。

| おぼえる条件 | なし |
|---|---|
| 必要ポイント | 6P |

### 効果範囲

## デイン／ライデイン／ギガデイン　消費MP：8／14／20

R1を押しながら○
（ライデイン以降は長押し）

呪文を唱えて前方にいかずちを落とす。複数の敵にダメージを与え、機械のような敵をしびれさせることもあるぞ。「ライデイン」や「ギガデイン」では、より攻撃範囲が広がり、威力が増していく。

### 効果範囲

| | デイン | ライデイン | ギガデイン |
|---|---|---|---|
| おぼえる条件 | なし | 「デイン」をおぼえている | 「ライデイン」をおぼえている |
| 必要ポイント | 6P | 10P | 16P |

# 注目スキル

## ルーラ　消費MP：5

R1を押しながら×

ルーラストーンを解放した場所へ移動する。試練のほこらで「ルーラの試練」をクリアすると習得できるぞ。

| おぼえる条件 | 「ルーラの試練」クリア |
|---|---|
| 必要ポイント | — |

### 効果範囲

ルーラストーンの場所

## ▶ 火炎斬り強化

「火炎斬り」を強化し、△ボタンを長押しすると敵に連続で当たるようになる。範囲は狭いが強力なので、「火炎斬り」習得後に続けて習得しておこう。

←周囲の敵に続けてダメージを与えられるようになる。弱めのモンスターなら簡単に一掃できるぞ！

## ▶ はじき返し

敵の攻撃に合わせて発動すると、盾をかまえて攻撃をはね返す。打撃だけでなく一部の呪文もはね返すことができ、遠くからの攻撃にも対処しやすい。アクト同様に盾を装備できるメーアも習得可能なスキルだ。

←正面から敵の呪文攻撃をはね返せば、逆にダメージを与えられるぞ。

## ガッツリ操作

|  |  |  |
|---|---|---|
| □・□・□・□ | 連続斬り | 前方に向かって連続で斬撃をくり出す |
| △ | 突進斬り | 盾をかまえたまま前方へ突進し敵をなぎはらう |
| □・△ | 斬りあげ | すばやく下から上へ斬りあげ前方にいる敵をなぎはらう |
| □・□・△ | 一刀両断 | 剣を大きく振りあげいきおいよく斬りおろす 一部の敵をひるませる効果もある |
| □・□・□・△ | ブリザーラッシュ | 剣に冷気をまとわせ周囲の敵をなぎはらう |
| 空中で□・□ | 空中連撃 | 空中で左右に大きく剣をふるい敵をなぎはらう |
| 空中で△長押し | 裂空斬 | 空中からくるくると回転しながら落下し前方の敵を攻撃する |
| R1を押しながら□ | ダイヤモンドダスト | 剣にまとわせた冷気で前方に氷の竜巻を作りだす |
| R1を押しながら△ | 氷結斬り | 冷気をまとわせた剣でいきおいよく地面を打ちつけ氷柱を出現させる |
| R1を押しながら○ | デイン | 呪文を唱え前方にいかずちを落とす |
| R1を押しながら○長押し | ライデイン | 呪文を唱え前方に大きないかずちを落とす |
| R1を押しながら○長押し | ギガデイン | 呪文を唱え前方にすさまじいいかずちを落とす |
| R1を押しながら× | ルーラ | 呪文を唱えルーラストーンを解放した場所へ移動する |

## かんたん操作

|  |  |  |
|---|---|---|
| □連打 | こうげき（MP消費なし） | MPを消費しない技の中から状況に合わせた攻撃が出る |
| △連打 | こうげき（MP消費あり） | MPを消費する技も含めた中から状況に合わせた攻撃が出る |
| R1を押しながら□ | ダイヤモンドダスト | 剣にまとわせた冷気で前方に氷の竜巻を作りだす |
| R1を押しながら△ | 氷結斬り | 冷気をまとわせた剣でいきおいよく地面を打ちつけ氷柱を出現させる |
| R1を押しながら○ | デイン | 呪文を唱え前方にいかずちを落とす |
| R1を押しながら○長押し | ライデイン | 呪文を唱え前方に大きないかずちを落とす |
| R1を押しながら○長押し | ギガデイン | 呪文を唱え前方にすさまじいいかずちを落とす |
| R1を押しながら× | ルーラ | 呪文を唱えルーラストーンを解放した場所へ移動する |

## 必殺技　ギガスラッシュ

### ○（ハイテンション時）

剣に宿した雷の力を放ち、広範囲の敵に大きなダメージを与える。敵の群れに囲まれてしまったときも「ギガスラッシュ」でふき飛ばせば、一気に形勢逆転できる！

効果範囲

# メーアのスキル

「氷結斬り」の凍結効果が強い。全体的にバランス良く成長するぞ。

## とくぎ・じゅもん

ダイヤモンドダスト
―
―

氷結斬り
なし
6P

| デイン | ライデイン | ギガデイン |
|---|---|---|
| なし | デインを おぼえている | ライデインを おぼえている |
| 6P | 10P | 16P |

## メーア専用

| ダイヤモンド ダスト強化 ダイヤモンドダストを おぼえている 5P | 氷結斬り強化 氷結斬りを おぼえている 20P | 昇空斬 なし 5P | ブリザー ラッシュ強化 なし 8P |
|---|---|---|---|
| 空中旋回斬り なし 3P | はじき返し なし 5P | はじき返し時 テンションアップ はじき返しを おぼえている 5P | さいだい HP+10 なし 10P |
| さいだい MP+5 なし 5P | ちから+5 なし 10P | みのまもり+5 なし 10P | かしこさ+5 なし 10P |
| みかわし 強化4秒 なし 15P | ハイテンション 持続+4秒 Lv18 以上 8P | MP消費 しない率+5% Lv22 以上 6P | 瀕死時徐々に テンションアップ なし 6P |

## パラメータ

| さいだい HP+10 なし 3P | さいだい HP+10 なし 3P | さいだい HP+10 Lv20 以上 6P | さいだい HP+10 Lv25 以上 7P | さいだい HP+10 Lv32 以上 8P |
|---|---|---|---|---|
| さいだい MP+5 なし 3P | さいだい MP+5 なし 3P | さいだい MP+5 Lv16 以上 6P | さいだい MP+5 Lv25 以上 7P | さいだい MP+5 Lv32 以上 8P |
| ちから+5 なし 3P | ちから+5 なし 3P | ちから+5 Lv19 以上 6P | ちから+5 Lv26 以上 7P | ちから+5 Lv32 以上 8P |
| みのまもり+5 なし 3P | みのまもり+5 なし 3P | みのまもり+5 Lv23 以上 6P | みのまもり+5 Lv28 以上 7P | みのまもり+5 Lv32 以上 7P |
| かしこさ+5 なし 3P | かしこさ+5 なし 3P | かしこさ+5 Lv19 以上 6P | かしこさ+5 Lv24 以上 7P | かしこさ+5 Lv32 以上 8P |

## 特殊なこうか

| きようさ 小アップ なし 6P | きようさ 大アップ Lv28 以上 15P | みかわし 強化小 なし 8P | テンション 上昇量アップ Lv22 以上 6P | ハイテンション 持続+2秒 なし 3P |
|---|---|---|---|---|
| 会心時 MP小回復 Lv16 以上 3P | 会心時 こうげきカアップ なし 15P | 会心時 しゅびカアップ なし 6P | 瀕死時 こうげきカアップ なし 15P | 瀕死時 しゅびカアップ なし 6P |

## メーアのおすすめ戦術

### 群がる敵を蹴散らす！

**呪文や広範囲攻撃を活用しよう**

メーアの氷の技は、アクトの炎の技より威力は低めだが、敵を凍らせるなどの効果を持つ。序盤は広範囲攻撃で敵のHPを減らしていこう。

← 「ブリザーラッシュ」で群れをなぎはらおう。

### 強力な敵をねらいうち！

**ダメージを回避しながら攻撃！**

強敵との戦いでは、盾による防御や「みかわし」でダメージを最小限に抑えつつ、スキをみて威力の高い「氷結斬り」などで攻撃するといい。

← 強敵からの攻撃はしっかり回避していこう。

## とくぎ・じゅもん

### ダイヤモンドダスト　消費MP：5

R1を押しながら □

氷の竜巻を放ち、広範囲の敵を巻きこんで攻撃するぞ。モンスターが集まっているところをねらって発動だ。

**効果範囲**

| おぼえる条件 | 初期習得 |
|---|---|
| 必要ポイント | — |

※敵にぶつかるまで前方に移動

### 氷結斬り　消費MP：7

R1を押しながら △

冷気をまとった剣で地面を打ちくだき、周囲の敵に大ダメージ。敵によっては凍らせることもできるぞ。

**効果範囲**

| おぼえる条件 | なし |
|---|---|
| 必要ポイント | 6P |

### デイン／ライデイン／ギガデイン　消費MP：8／14／20

R1を押しながら ○
（ライデイン以降は長押し）

上空からいかずちを落として攻撃する。○を押す時間によって「ライデイン」や「ギガデイン」を選択することもできるぞ。戦いのメインで使っていく場合は、MPやかしこさも強化しておきたい。

**効果範囲**

デイン　ライデイン　ギガデイン

|  | デイン | ライデイン | ギガデイン |
|---|---|---|---|
| おぼえる条件 | なし | 「デイン」をおぼえている | 「ライデイン」をおぼえている |
| 必要ポイント | 6P | 10P | 16P |

## 注目スキル

### ルーラ　消費MP：5

R1を押しながら ×

呪文を唱えてルーラポイントへ移動する。ルーラストーンの解放は、仲間の誰でも行うことができるのだ。

**効果範囲**　ルーラストーンの場所

| おぼえる条件 | 「ルーラの試練」クリア |
|---|---|
| 必要ポイント | — |

### ▶ ダイヤモンドダスト強化

「ダイヤモンドダスト」を強化し、より広い範囲の敵を攻撃できるようになる。必要ポイントも少なめなので、ゲーム序盤に習得しておくのがおすすめ。

←竜巻が大きくなり、さらに多くのモンスターを巻きこめるようになるぞ。

### ▶ 空中旋回斬り

攻撃を当てた反動で上昇し、体勢を立てなおす。体勢が戻ったときに続けて使うと、さらに高く上昇できるので、空を飛ぶ敵の群れや巨大なモンスターへの連続攻撃も可能だぞ。このスキルはアクトも習得できる。

←↑タイミングよくつなげて、より高い位置のターゲットをねらっていこう。

第一章　キャラクター／メア

# 心優しき戦う王 ディルク

◆CV：銀河万丈

第一章 キャラクター／ディルク

## 使用武器

### 棍

世界の中心エルサーゼ王国を統べる王様。王という身分でありながら、常に戦いの最前線に身を置く武闘派。そんな姿を見てか、国民や部下からの信頼も厚い。

勝ちどきを上げるのじゃーっ！

## ディルクのパラメータ

レベル1
レベル50
レベル99

さいだいHP
きょうさ　さいだいMP
かしこさ　ちから
みのまもり

## ガッツリ操作

| | | |
|---|---|---|
| □・□・□・□ | 連撃 | 前進しながら左右に大きく棍を振りぬき<br>広範囲の敵をなぎはらう |
| △・△ | 飛翔脚 | 地面に突き立てた棍を軸にくるくると旋回し<br>その遠心力を利用して前方へ強烈な蹴りを放つ |
| △長押し | 2段蹴り上げ | 強烈な蹴りをするどく2回放ち前方の敵を真上に蹴りあげる |
| R1を押しながら□ | 氷結らんげき | 氷のかたまりをまとわせた棍で連撃を放ち敵を凍らせる |
| R1を押しながら△ | 黄泉送り | 空中に描きだした魔方陣に敵を吸いよせ<br>かなたへふき飛ばす |
| R1を押しながら○ | 国王の怒り | 号令いっぱつ上空から<br>巨大な隕石を降らせ広範囲の敵を攻撃する |
| R1を押しながら× | 気合の宝玉 | 気合の宝玉をかかげ味方のテンション増加量を上昇させる |

## かんたん操作

| | | |
|---|---|---|
| □連打 | こうげき(MP消費なし) | MPを消費しない技の中から<br>状況に合わせた攻撃が出る |
| △連打 | こうげき(MP消費あり) | MPを消費する技も含めた中から<br>状況に合わせた攻撃が出る |
| R1を押しながら□ | 氷結らんげき | 氷のかたまりをまとわせた棍で連撃を放ち敵を凍らせる |
| R1を押しながら△ | 黄泉送り | 空中に描きだした魔方陣に<br>敵を吸いよせかなたへふき飛ばす |
| R1を押しながら○ | 国王の怒り | 号令いっぱつ上空から<br>巨大な隕石を降らせ広範囲の敵を攻撃する |
| R1を押しながら× | 気合の宝玉 | 気合の宝玉をかかげ味方のテンションを上昇させる |

## 必殺技 国王会心撃

○(ハイテンション時)

高らかに笑い、棍を振りまわした後、みなぎる力を地面に叩きつけて地割れを起こす豪快な技だ。地割れに巻きこまれた敵は、大きなダメージを受けてふき飛んでしまう。

効果範囲

# ディルクのスキル

動きにクセはあるが、ディルクのスキルには強力なものが多数あるぞ。

第一章 キャラクター／ディルク

## とくぎ・じゅもん

氷結らんげき
なし
3P

黄泉送り
なし
6P

国王の怒り
なし
16P

## ディルク専用

| 気合いの宝玉<br>なし<br>6P | 国王の怒り強化<br>国王の怒りをおぼえている<br>20P | 飛翔脚強化その1<br>Lv16 以上<br>8P | 飛翔脚強化その2<br>飛翔脚強化その1をおぼえている<br>8P |
|---|---|---|---|
| 叩きつけ<br>なし<br>8P | なぎはらい<br>Lv20 以上<br>8P | 反撃<br>なし<br>5P | さいだい<br>HP+ 10<br>なし 10P |
| さいだい<br>HP+ 10<br>10P | ちから+5<br>なし<br>10P | ちから+5<br>なし<br>10P | みのまもり+5<br>なし<br>10P |
| みかわし<br>強化大<br>なし<br>15P | テンション<br>バーン<br>Lv22 以上<br>6P | ハイテンション<br>持続+8秒<br>Lv32 以上<br>15P | 瀕死時徐々にテンションアップ<br>なし<br>6P |

## パラメータ

| さいだい<br>HP+ 10<br>なし<br>3P | さいだい<br>HP+ 10<br>なし<br>3P | さいだい<br>HP+ 10<br>Lv20 以上<br>6P | さいだい<br>HP+ 10<br>Lv25 以上<br>7P | さいだい<br>HP+ 10<br>Lv32 以上<br>8P |
|---|---|---|---|---|
| さいだい<br>MP+5<br>なし<br>3P | さいだい<br>MP+5<br>なし<br>3P | さいだい<br>MP+5<br>Lv16 以上<br>6P | さいだい<br>MP+5<br>Lv25 以上<br>7P | さいだい<br>MP+5<br>Lv32 以上<br>8P |
| ちから+5<br>なし<br>3P | ちから+5<br>なし<br>3P | ちから+5<br>Lv19 以上<br>6P | ちから+5<br>Lv26 以上<br>7P | ちから+5<br>Lv32 以上<br>8P |
| みのまもり+5<br>なし<br>3P | みのまもり+5<br>なし<br>3P | みのまもり+5<br>Lv23 以上<br>5P | みのまもり+5<br>Lv28 以上<br>6P | みのまもり+5<br>Lv32 以上<br>7P |
| かしこさ+5<br>なし<br>3P | かしこさ+5<br>なし<br>3P | かしこさ+5<br>Lv19 以上<br>6P | かしこさ+5<br>Lv24 以上<br>7P | かしこさ+5<br>Lv32 以上<br>8P |

## 特殊なこうか

| きようさ<br>小アップ<br>なし<br>6P | きようさ<br>大アップ<br>Lv28 以上<br>15P | みかわし<br>強化小<br>なし<br>6P | テンション<br>上昇量アップ<br>Lv22 以上<br>6P | ハイテンション<br>持続+2秒<br>なし<br>3P |
|---|---|---|---|---|
| 会心時<br>MP小回復<br>Lv16 以上<br>3P | 会心時<br>こうげき力アップ<br>なし<br>15P | 会心時<br>しゅび力アップ<br>なし<br>6P | 瀕死時<br>こうげき力アップ<br>なし<br>15P | 瀕死時<br>しゅび力アップ<br>なし<br>6P |

## ディルクのおすすめ戦術

### 群がる敵を蹴散らす！

「連撃」や「なぎはらい」で広範囲を攻撃！

ちからときようさが高いディルクは、多数を相手にしてもパワフルに戦えるぞ。敵の群れに飛びこんで、連撃などの広範囲攻撃で蹴ちらそう！

←「連撃」は前進しながら周囲の敵を攻撃！

### 強力な敵をねらいうち！

「氷結らんげき」で強敵の動きを封じよう

強敵は、敵を凍らせる効果を持つ「氷結らんげき」を中心に攻めよう。複数攻撃技なので、弱い敵の数を減らしながら強敵のスキを作れる。

→凍った敵はしばらくの間、動けなくなる。

## とくぎ・じゅもん

### 氷結らんげき　消費MP：8

R1を押しながら □

氷をまとわせた棍の連撃で、周囲の複数の敵にダメージを与える。ヒットした敵が凍りつくこともあるぞ。

| おぼえる条件 | 初期習得 |
|---|---|
| 必要ポイント | － |

効果範囲

### 黄泉送り　消費MP：10

R1を押しながら △

威力のある一撃で前方の敵にダメージを与えた後、空中に描きだした魔方陣に敵を吸いよせてふき飛ばす。

| おぼえる条件 | なし |
|---|---|
| 必要ポイント | 6P |

効果範囲

### 国王の怒り　消費MP：16

| おぼえる条件 | なし |
|---|---|
| 必要ポイント | 16P |

R1を押しながら ○

隕石を降らせて広範囲を攻撃する。スキル「国王の怒り強化」を習得すれば、より長い時間、隕石が降るぞ。

↑上空から落ちてくる大きな隕石が複数の敵を攻撃！

↑強化スキルでダメージを与える時間を延長できる。

効果範囲

## 注目スキル

### 気合の宝玉　消費MP：15

R1を押しながら ×

宝玉をかかげてパーティ全員のテンション上昇率をアップさせる。必殺技を連発したい戦いで役立つぞ。

| おぼえる条件 | なし |
|---|---|
| 必要ポイント | 6P |

効果範囲
味方全員に直接効果発生

### ▶ 叩きつけ

棍を軸にして全身を横回転させながら攻撃したあと、そのまま棍をつかんで縦回転に移行する。さらに着地時に地面を激しく打ちつけ、付近の敵にまとめて大ダメージ！　なんともディルクらしい豪快な技だ。

←大群にも、強敵にも有効な技だ。条件レベルに達したら早めに習得するのがおすすめ。

### ▶ 飛翔脚強化　その１

棍で旋回した後、前方へ強力な蹴りを放つ「飛翔脚」が3回連続で出せるようになる。敵をやっつけながら、すばやく目的地へ移動できるぞ！

←↑スキを作らずに移動しながら攻撃できる。「強化　その２」も覚えれば、4回連続で出せるようになり、より長時間の攻撃が可能だ。

# 魔法大発明家 ジュリエッタ

◆CV：小松未可子

## 使用武器
**ブーメラン**

魔法研究所の所長を務める若き天才科学者。その才能を活かし、さまざまな場面で主人公をサポートしてくれる。時には戦いに役立つ発明品を授けてくれることもあるようだ。

## 全部解き明かしてあげる！

## ジュリエッタのパラメータ

- レベル1
- レベル50
- レベル99

さいだいHP / さいだいMP / ちから / みのまもり / かしこさ / きょうさ

## ガッツリ操作

|  |  |  |
|---|---|---|
| □ | 水平投げ | ブーメランを水平に投げ前方の敵を攻撃する |
| 投げ中に□または△ | クイックリターン | 投げたブーメランの軌道を変えすばやくキャッチする |
| △ | 垂直投げ | ブーメランを垂直に投げ前方の敵を上空にふき飛ばす |
| キャッチ時に□ | デュアルカッター | 2つのブーメランを前方へクロスさせるように投げ広範囲の敵を同時に攻撃する |
| 空中キャッチ時に□ | エアロ・デュアルカッター | 空中から2つのブーメランを貫真下に向かって投げ地上の敵を攻撃する |
| R1を押しながら□ | バーニングバード | 前方に向かって燃えさかる炎の鳥を飛ばす |
| R1を押しながら△ | パワフルスロー | 光かがやくブーメランを前方へ投げ遠くの敵もまとめてふき飛ばす |
| R1を押しながら△長押し | パワフルスロー・改 | 光かがやく大きなブーメランを前方へ投げて遠くの敵もまとめてふき飛ばす |
| R1を押しながら△長押し | パワフルスロー・極 | 光かがやく巨大なブーメランを前方へ投げて遠くの敵もまとめてふき飛ばす |
| R1を押しながら〇 | バギ | 呪文を唱え前方に竜巻を発生させる |
| R1を押しながら〇長押し | バギマ | 呪文を唱え前方に2つの大きな竜巻を発生させる |
| R1を押しながら〇長押し | バギクロス | 呪文を唱え前方に4つの巨大な竜巻を発生させる |
| R1を押しながら× | 浄化の雨 | 上空に魔法の弾を打ちあげて雨を降らせ味方の状態異常を回復する |

## かんたん操作

|  |  |  |
|---|---|---|
| □連打 | こうげき（MP消費なし） | MPを消費しない技の中から状況に合わせた攻撃が出る |
| □連打 | こうげき（MP消費あり） | MPを消費する技も含めた中から状況に合わせた攻撃が出る |
| R1を押しながら□ | バーニングバード | 前方に向かって燃えさかる炎の鳥を飛ばす |
| R1を押しながら△ | パワフルスロー | 光かがやくブーメランを前方へ飛ばし遠くの敵もまとめてふき飛ばす |
| R1を押しながら△長押し | パワフルスロー・改 | 光かがやく大きなブーメランを前方へ飛ばし遠くの敵もまとめてふき飛ばす |
| R1を押しながら△長押し | パワフルスロー・極 | 光かがやく巨大なブーメランを前方へ飛ばし遠くの敵もまとめてふき飛ばす |
| R1を押しながら〇 | バギ | 呪文を唱え前方に竜巻を発生させる |
| R1を押しながら〇長押し | バギマ | 呪文を唱え前方に2つの大きな竜巻を発生させる |
| R1を押しながら〇長押し | バギクロス | 呪文を唱え前方に4つの巨大な竜巻を発生させる |
| R1を押しながら× | 浄化の雨 | 上空に魔法の弾を打ちあげて雨を降らせ味方の状態異常を回復する |

### 必殺技　情熱のバズーカ

〇（ハイテンション時）

膨大な魔力が注入された魔法銃をバズーカのように使い、前方広範囲に大爆発を引きおこす。爆発は離れた場所で起こるが、近くにいる敵にもダメージを与えるぞ。

効果範囲

# ジュリエッタのスキル

ブーメラン技の強化や、発明品の効力が上がるスキルを覚えるぞ。

## とくぎ・じゅもん

| バーニングバード | | |
|---|---|---|
| なし | | |
| 3P | | |

| パワフルスロー | パワフルスロー・改 | パワフルスロー・極 |
|---|---|---|
| なし | パワフルスローをおぼえている | パワフルスロー・改をおぼえている |
| 4P | 8P | 16P |

| バギ | バギマ | バギクロス |
|---|---|---|
| — | バギをおぼえている | バギマをおぼえている |
| | 8P | 16P |

### ジュリエッタ専用

| 浄化の雨 | バーニングバード強化 | 魔法銃連射 | デュアルカッター強化 |
|---|---|---|---|
| なし | バーニングバードをおぼえている | Lv20 以上 | なし |
| 3P | 20P | 20P | 8P |

| クイックスロー | あくなき探究心 | さいだいHP+10 | さいだいMP+5 |
|---|---|---|---|
| Lv26 以上 | なし | なし | なし |
| 20P | 3P | 10P | 10P |

| さいだいMP+5 | ちから+5 | かしこさ+5 | かしこさ+5 |
|---|---|---|---|
| なし | なし | なし | なし |
| 10P | 10P | 10P | 10P |

| みかわし強化大 | MP消費しない率+10% | 会心時MP大回復 | 瀕死時魔力の暴吹 |
|---|---|---|---|
| なし | Lv28 以上 | Lv32 以上 | なし |
| 15P | 15P | 8P | 15P |

## パラメータ

| さいだいHP+10 | さいだいHP+10 | さいだいHP+10 | さいだいHP+10 | さいだいHP+10 |
|---|---|---|---|---|
| なし | なし | Lv20 以上 | Lv25 以上 | Lv32 以上 |
| 3P | 3P | 6P | 7P | 8P |

| さいだいMP+5 | さいだいMP+5 | さいだいMP+5 | さいだいMP+5 | さいだいMP+5 |
|---|---|---|---|---|
| なし | なし | Lv16 以上 | Lv25 以上 | Lv32 以上 |
| 3P | 3P | 6P | 7P | 8P |

| ちから+5 | ちから+5 | ちから+5 | ちから+5 | ちから+5 |
|---|---|---|---|---|
| なし | なし | Lv19 以上 | Lv26 以上 | Lv32 以上 |
| 3P | 3P | 6P | 7P | 8P |

| みのまもり+5 | みのまもり+5 | みのまもり+5 | みのまもり+5 | みのまもり+5 |
|---|---|---|---|---|
| なし | なし | Lv23 以上 | Lv28 以上 | Lv32 以上 |
| 3P | 3P | 5P | 6P | 7P |

| かしこさ+5 | かしこさ+5 | かしこさ+5 | かしこさ+5 | かしこさ+5 |
|---|---|---|---|---|
| なし | なし | Lv19 以上 | Lv24 以上 | Lv32 以上 |
| 3P | 3P | 6P | 7P | 8P |

### 特殊なこうか

| きようさ小アップ | きようさ大アップ | みかわし強化小 | テンション上昇量アップ | ハイテンション持続+2秒 |
|---|---|---|---|---|
| なし | Lv28 以上 | なし | Lv22 以上 | なし |
| 6P | 15P | 6P | 6P | 3P |

| 会心時MP小回復 | 会心時こうげき力アップ | 会心時しゅび力アップ | 瀕死時こうげき力アップ | 瀕死時しゅび力アップ |
|---|---|---|---|---|
| Lv16 以上 | なし | なし | なし | なし |
| 6P | 15P | 6P | 15P | 6P |

---

## ジュリエッタのおすすめ戦術

### 群がる敵を蹴散らす！

**ブーメランの連続投げで一掃！**
「水平投げ」や「垂直投げ」でブーメランを投げたら「デュアルカッター」につなげて攻めを継続しよう。多くの敵を一網打尽にできるぞ。

← 横への攻撃範囲が広い□がおすすめ！

### 強力な敵をねらいうち！

**強力なブーメランを一直線に飛ばせ！**
強力な敵に対しては威力の高い「垂直投げ」や「パワフルスロー」が活躍。横への攻撃範囲が狭いので、慎重にねらいを定めることが大切だ。

← 反撃を受けないよう離れてから攻撃！

# とくぎ・じゅもん

## バーニングバード
消費MP：8
おぼえる条件：なし
必要ポイント：3P

R1を押しながら■

燃えさかる火の鳥を飛ばす特技。火の鳥は一定時間、空中を飛びつづけるのでバリアのように使えるのだ。

↑連続で使えば複数の火の鳥が同時に飛びつづけるぞ。

↑スキルの「バーニングバード強化」で時間延長！

効果範囲

## パワフルスロー／パワフルスロー・改／パワフルスロー・極
消費MP：11／16／22

R1を押しながら▲
（パワフルスロー・改以降は長押し）

ブーメランで敵をふき飛ばす。上位になるほどブーメランが巨大化し、多くの敵を巻きこむ。

効果範囲　パワフルスロー／パワフルスロー・改／パワフルスロー・極

| | パワフルスロー | パワフルスロー・改 | パワフルスロー・極 |
|---|---|---|---|
| おぼえる条件 | なし | 「パワフルスロー」をおぼえている | 「パワフルスロー・改」をおぼえている |
| 必要ポイント | 4P | 8P | 16P |

## バギ／バギマ／バギクロス
消費MP：7／14／26

R1を押しながら●
（バギマ以降は長押し）

前方に竜巻が一定時間出現。「バギマ」は2つ、「バギクロス」は4つの竜巻を出せるぞ。前方に対して攻撃範囲が広く、敵の侵攻を食いとめるのにも役立つのだ。

効果範囲　バギ／バギマ／バギクロス

| | バギ | バギマ | バギクロス |
|---|---|---|---|
| おぼえる条件 | 初期習得 | 「バギ」をおぼえている | 「バギマ」をおぼえている |
| 必要ポイント | — | 8P | 16P |

---

# 注目スキル

## 浄化の雨
消費MP：4

R1を押しながら✕

状態異常回復の効果を持つ雨を上空から降らせる。自分の位置に関係なくすべての味方に効果がおよぶぞ。

効果範囲　味方全員に直接効果発生

| おぼえる条件 | なし |
|---|---|
| 必要ポイント | 3P |

## ▶魔法銃連射

ジャンプ中に▲を押すことで、地上に向かって魔法銃を撃つ。ボタン連打で連射になり、空中にとどまったまま地上の敵を一方的に攻撃できるのだ。

←自慢の発明品が大活躍。状況次第で単発と連射を使いわけよう！

第一章　キャラクター／ジュリエッタ

039

# 天真爛漫なお姫さま アリーナ
◆CV：中川翔子

## 使用武器
**コテ**

とある王国のお姫様。
王女であるにもかかわらず、
いつも騒ぎを起こすおてんば姫。
類まれなる武術センスを
広い世界で試すため、
冒険の旅に出る。

P246にインタビュー掲載！

「よぉーし ガンガンいくわよっ！」

## アリーナのパラメータ

レベル1
レベル50
レベル99

さいだいHP / さいだいMP / ちから / みのまもり / かしこさ / きょうさ

## ガッツリ操作

|  |  |  |
|---|---|---|
| □・□・□・□ | 突進連弾 | パンチとキックのコンボを高速でくり出し前方の敵をふき飛ばす |
| □長押し | せいけんづき | 拳にチカラをためて前方に勢いよく振りぬき敵をふき飛ばす |
| □・△ | サマーソルト | 敵を蹴りあげる勢いでくるりと宙返りする |
| □・□・△ | 大地割り | 拳を激しく地面に叩きつけ周囲の敵をふき飛ばす |
| □・□・□・△ | 回し蹴り | 回し蹴りを連続でくり出し周囲の敵をふき飛ばす |
| 攻撃直後に□ or △ | ぶんしん | すばやく体勢をととのえ気合い一発分身を作りだす |
| 敵の攻撃に合わせて R2 | カウンター | 攻撃をかわしたあとすばやくひざ蹴りをくり出し前方の敵をはじき飛ばす |
| R1を押しながら□ | ばくれつけん | 拳の連打を放ち前方の敵をふき飛ばす |
| R1を押しながら△ | ぶんしんけん | 気合い一発2体の分身を作りだす |
| R1を押しながら○ | ひしょうけん | 高くジャンプしながら真上へ拳をくり出し敵を打ちあげる |
| R1を押しながら○長押し | ひしょうけん・改 | 高くジャンプしながら真上へ大きく拳をくり出し敵をとても高く打ちあげる |
| R1を押しながら○長押し | ひしょうけん・極 | 高くジャンプしながら真上へ激しく拳をくり出し敵をものすごく高く打ちあげる |
| R1を押しながら✕ | いっかつ | 両手にためたチカラを前方に向かって解きはなち敵をのけぞらせる |

## かんたん操作

|  |  |  |
|---|---|---|
| □連打 | こうげき（MP消費なし） | MPを消費しない技の中から状況に合わせた攻撃が出る |
| △連打 | こうげき（MP消費あり） | MPを消費する技も含めた中から状況に合わせた攻撃が出る |
| R1を押しながら□ | ばくれつけん | 拳の連打を放ち前方の敵をふき飛ばす |
| R1を押しながら△ | ぶんしんけん | 気合い一発2体の分身を作りだす |
| R1を押しながら○ | ひしょうけん | 高くジャンプしながら真上へ拳をくり出し敵を打ちあげる |
| R1を押しながら○長押し | ひしょうけん・改 | 高くジャンプしながら真上へ大きく拳をくり出し敵をとても高く打ちあげる |
| R1を押しながら○長押し | ひしょうけん・極 | 高くジャンプしながら真上へ激しく拳をくり出し敵をものすごく高く打ちあげる |
| R1を押しながら✕ | いっかつ | 両手にためたチカラを前方に向かって解きはなち敵をのけぞらせる |

## 必殺技 閃光烈火拳

**◎（ハイテンション時）**

空中に飛んで巨大な気弾を作りだし、豪快に投げとばす。着弾時の爆発で敵集団を一網打尽にできるぞ。後方の敵に当たらないので着地後にスキを作らないように！

効果範囲

第一章 キャラクター／アリーナ

# アリーナのスキル

肉弾戦に強いアリーナは「ちから」のパラメータを重視しよう！

## とくぎ・じゅもん

ばくれつけん
—
—

ぶんしんけん
なし
15P

| ひしょうけん | ひしょうけん・改 | ひしょうけん・極 |
|---|---|---|
| なし | ひしょうけんを おぼえている | ひしょうけん・改 をおぼえている |
| 6P | 8P | 16P |

## アリーナ専用

| いっかつ | ばくれつけん 強化 | ぶんしんけん 強化 | いっかつ強化 |
|---|---|---|---|
| なし | ばくれつけんを おぼえている | ぶんしんけんを おぼえている | いっかつを おぼえている |
| 3P | 20P | 25P | 5P |

| せいけん突き 強化 | せいけん突き時 会心率アップ | ぶんしん強化 | カウンター時 テンションアップ |
|---|---|---|---|
| Lv20 以上 | Lv24 以上 | なし | なし |
| 5P | 8P | 8P | 5P |

| さいだい HP+10 | ちから+5 | ちから+5 | みのまもり+5 |
|---|---|---|---|
| なし | なし | なし | なし |
| 10P | 10P | 10P | 10P |

| みかわし 強化大 | テンション バーン | ハイテンション 持続+4秒 | 瀕死時 会心率アップ |
|---|---|---|---|
| なし | Lv22 以上 | Lv18 以上 | なし |
| 15P | 6P | 8P | 15P |

## パラメータ

| さいだい HP+10 | さいだい HP+10 | さいだい HP+10 | さいだい HP+10 | さいだい HP+10 |
|---|---|---|---|---|
| なし | なし | Lv20 以上 | Lv25 以上 | Lv32 以上 |
| 3P | 3P | 6P | 7P | 8P |

| さいだい MP+5 | さいだい MP+5 | さいだい MP+5 | さいだい MP+5 | さいだい MP+5 |
|---|---|---|---|---|
| なし | なし | Lv16 以上 | Lv25 以上 | Lv32 以上 |
| 3P | 3P | 6P | 7P | 8P |

| ちから+5 | ちから+5 | ちから+5 | ちから+5 | ちから+5 |
|---|---|---|---|---|
| なし | なし | Lv19 以上 | Lv26 以上 | Lv32 以上 |
| 3P | 3P | 6P | 7P | 8P |

| みのまもり+5 | みのまもり+5 | みのまもり+5 | みのまもり+5 | みのまもり+5 |
|---|---|---|---|---|
| なし | なし | Lv23 以上 | Lv28 以上 | Lv32 以上 |
| 3P | 3P | 5P | 6P | 7P |

| かしこさ+5 | かしこさ+5 | かしこさ+5 | かしこさ+5 | かしこさ+5 |
|---|---|---|---|---|
| なし | なし | Lv19 以上 | Lv24 以上 | Lv32 以上 |
| 3P | 3P | 6P | 7P | 8P |

## 特殊なこうか

| きようさ 小アップ | きようさ 大アップ | みかわし 強化小 | テンション 上昇量アップ | ハイテンション 持続+2秒 |
|---|---|---|---|---|
| なし | Lv28 以上 | なし | Lv22 以上 | なし |
| 6P | 15P | 6P | 6P | 3P |

| 会心時 MP小回復 | 会心時 こうげき力アップ | 会心時 しゅび力アップ | 瀕死時 こうげき力アップ | 瀕死時 しゅび力アップ |
|---|---|---|---|---|
| Lv16 以上 | なし | なし | なし | なし |
| 3P | 6P | 6P | 15P | 6P |

## ◆◆◆ アリーナのおすすめ戦術 ◆◆◆

### 群がる敵を蹴散らす！

**分身との一斉攻撃で手数アップ！**

アリーナの持ち味である分身で手数を増やすのがおすすめ。「ぶんしん」や「ぶんしんけん」を駆使して分身を絶やさないようにしよう。

←横に広がった敵集団への対応もバッチリ！

### 強力な敵をねらい打ち！

**強敵戦では一撃の威力を重視！**

敵との距離が近ければ、威力があってふき飛ばしもできる「サマーソルト」が有効。少し離れている場合は「ばくれつけん」が役立つぞ。

←MPが少ないので通常アクションを軸に！

# とくぎ・じゅもん

## ばくれつけん　消費MP：6

R1を押しながら◯

拳の連打を放ち、前方の敵をふき飛ばす。背後の敵にも風圧でダメージ。敵正面から全段ヒットをねらおう。

効果範囲

| おぼえる条件 | 初期習得 |
|---|---|
| 必要ポイント | ― |

## ぶんしんけん　消費MP：20

R1を押しながら△

アリーナと同じ動きをする分身が左右に出現する。分身は一定のダメージを受けると解除されてしまうぞ。

効果範囲
自分自身

| おぼえる条件 | なし |
|---|---|
| 必要ポイント | 15P |

## ひしょうけん／ひしょうけん・改／ひしょうけん・極　消費MP：5／8／12

R1を押しながら□
（ひしょうけん・改以降は長押し）

真上に拳をくり出し、ヒットした相手を打ちあげながら空中に高く飛びあがる。技の終了後は、空中攻撃につなげることが可能。

効果範囲

 ひしょうけん　 ひしょうけん・改　 ひしょうけん・極
※改に比べ、上方向への移動が伸びる

|  | ひしょうけん | ひしょうけん・改 | ひしょうけん・極 |
|---|---|---|---|
| おぼえる条件 | なし | 「ひしょうけん」をおぼえている | 「ひしょうけん・改」をおぼえている |
| 必要ポイント | 6P | 8P | 16P |

# 注目スキル

## いっかつ　消費MP：10

R1を押しながら✕

両手にためた力を放ち、前方の敵をのけぞらせる。重量級の敵ものけぞるので味方が攻めこみやすくなるぞ。

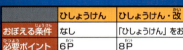
効果範囲

| おぼえる条件 | なし |
|---|---|
| 必要ポイント | 3P |

### ▶ せいけん突き強化

拳を前方に突きだす「せいけん突き」を強化するスキル。通常より長く△を押しつづけることで、威力最大のスペシャル版を使えるようになるのだ。

←突進距離もさらに伸びるぞ。離れたところで力をためて一気に突っこめば、敵に止められにくい。

### ▶ ばくれつけん強化

特技の「ばくれつけん」を強化するスキル。このスキルを習得しておくと、◯を連打することで「ばくれつけん」の攻撃回数がアップ！消費MPが増えることはないので、常に連打しておくのがおすすめだぞ！

←↑「ばくれつけん」はアリーナの主力技の1つなので優先して強化を！

# クリフト

姫を慕う若き神官

◆CV：緑川 光

## 使用武器

**ヤリ**

姫君であるアリーナを密かに慕う若き神官。
ときおり軟弱な部分も垣間見えるが、
彼女のためなら、
どんな逆境にもうち勝つ
強い意志を秘めている。

> ひ 姫さまっ！
> いのちだいじにっ！

### クリフトのパラメータ

- レベル1
- レベル50
- レベル99

さいだいHP / さいだいMP / ちから / みのまもり / かしこさ / きようさ

## ガッツリ操作

|  |  |  |
|---|---|---|
| □・□・□ | 3連突き | するどい突きを3回連続でくり出し前方の敵を攻撃する |
| △ | あげばらい | ヤリを勢いよく振りぬき前方の敵を打ちあげる |
| △長押し | 一閃突き | チカラを込めたヤリでするどい突きを放ち遠くの敵までつらぬく |
| △・□ | 叩きつけ | 地面に勢いよくヤリを叩きつけ前方の敵をふき飛ばす |
| △・△ | さみだれ突き | 空中に打ちあげた敵にどとうの連続突きをあびせる |
| △・△・□ | さみだれ叩きつけ | 敵にさみだれ突きをあびせたあと激しく地面に叩きつけ追い討ちをかける |
| △・△・△ | 吹きとばし | 前方の広い範囲をなぎはらい敵を大きくふき飛ばす |
| 攻撃動作中に R2 | バックステップ | 後方へすばやく飛びのき敵の攻撃を回避する |
| 攻撃動作中に L + R2 | サイドステップ | 横にすばやく飛びのき敵の攻撃を回避したあと突きをくり出す |
| R1を押しながら□ | 狼牙突き | ヤリにチカラをためて衝撃波を放ち広範囲の敵をつらぬく<br>□を長押しすると威力がアップ |
| R1を押しながら□長押し | 狼牙突き・改 | ヤリにチカラをためて衝撃波を放ち遠くの敵までつらぬく<br>□を長押しすると威力がアップ |
| R1を押しながら□長押し | 狼牙突き・極 | ヤリにチカラをためて衝撃波を放ちはるか先までつらぬく<br>□を長押しすると威力がアップ |
| R1を押しながら△ | 雷鳴突き | いかずちをまとわせたヤリを地面に突きたて<br>周囲にいかずちの衝撃波を放つ |
| R1を押しながら○ | ザキ | 呪文を唱え敵の息の根を止める |
| R1を押しながら○長押し | ザラキ | 呪文を唱え多くの敵の息の根を止める |
| R1を押しながら× | スクルト | 呪文を唱え味方全員のしゅび力を上げる |

## かんたん操作

|  |  |  |
|---|---|---|
| □連打 | こうげき（MP消費なし） | MPを消費しない技の中から状況に合わせた攻撃が出る |
| △連打 | こうげき（MP消費あり） | MPを消費する技も含めた中から状況に合わせた攻撃が出る |
| R1を押しながら□ | 狼牙突き | ヤリにチカラをためて衝撃波を放ち広範囲の敵をつらぬく<br>□を長押しすると威力がアップ |
| R1を押しながら□長押し | 狼牙突き・改 | ヤリにチカラをためて衝撃波を放ち遠くの敵までつらぬく<br>□を長押しすると威力がアップ |
| R1を押しながら□長押し | 狼牙突き・極 | ヤリにチカラをためて衝撃波を放ちはるか先までつらぬく<br>□を長押しすると威力がアップ |
| R1を押しながら△ | 雷鳴突き | いかずちをまとわせたヤリを地面に突きたて<br>周囲にいかずちの衝撃波を放つ |
| R1を押しながら○ | ザキ | 呪文を唱え敵の息の根を止める |
| R1を押しながら○長押し | ザラキ | 呪文を唱え多くの敵の息の根を止める |
| R1を押しながら× | スクルト | 呪文を唱え味方全員のしゅび力を上げる |

## 必殺技　ザラキーマ

### ◎（ハイテンション時）

「ザラキ」の連発がことごとく失敗に終わり…と思いきや、クリフトはさらなる力を解放する。広範囲にわたって大ダメージを与える、非常に強力な死の呪文を放つのだ。

効果範囲

第一章　キャラクター／クリフト

# クリフトのスキル

攻撃面と防御面のアクションをバランスよく強化できるのが魅力だ。

## とくぎ・じゅもん

| □ | 狼牙突き<br>なし<br>— | 狼牙突き・改<br>狼牙突きを<br>おぼえている<br>8P | 狼牙突き・極<br>狼牙突き・改を<br>おぼえている<br>16P |

| △ | 雷鳴突き<br>なし<br>6P |

| ○ | ザキ<br>なし<br>4P | ザラキ<br>ザキを<br>おぼえている<br>8P |

## クリフト専用

| スクルト<br>なし<br>3P | 雷鳴突き強化<br>雷鳴突きを<br>おぼえている<br>8P | スクルト強化<br>スクルトを<br>おぼえている<br>20P | 一閃突き強化<br>Lv20以上<br>5P |
| さみだれ<br>突き強化<br>なし<br>20P | ステップ強化<br>その1<br>Lv22以上<br>10P | ステップ強化<br>その2<br>ステップ強化その1<br>をおぼえている<br>20P | 聖者の祈り<br>なし<br>20P |
| さいだい<br>MP+5<br>なし<br>10P | みのまもり+5<br>なし<br>10P | みのまもり+5<br>なし<br>10P | かしこさ+5<br>なし<br>10P |
| MP消費<br>しない率+10%<br>Lv15以上<br>15P | 会心時<br>MP大回復<br>Lv32以上<br>8P | 瀕死時<br>魔力の息吹<br>なし<br>15P | たまに<br>天使の守り<br>なし<br>15P |

## パラメータ

| さいだい<br>HP+10<br>なし<br>3P | さいだい<br>HP+10<br>なし<br>3P | さいだい<br>HP+10<br>Lv20以上<br>6P | さいだい<br>HP+10<br>Lv25以上<br>7P | さいだい<br>HP+10<br>Lv32以上<br>8P |
| さいだい<br>MP+5<br>なし<br>3P | さいだい<br>MP+5<br>なし<br>3P | さいだい<br>MP+5<br>Lv16以上<br>6P | さいだい<br>MP+5<br>Lv25以上<br>7P | さいだい<br>MP+5<br>Lv32以上<br>8P |
| ちから+5<br>なし<br>3P | ちから+5<br>なし<br>3P | ちから+5<br>Lv19以上<br>6P | ちから+5<br>Lv26以上<br>7P | ちから+5<br>Lv32以上<br>8P |
| みのまもり+5<br>なし<br>3P | みのまもり+5<br>なし<br>3P | みのまもり+5<br>Lv23以上<br>6P | みのまもり+5<br>Lv28以上<br>7P | みのまもり+5<br>Lv32以上<br>7P |
| かしこさ+5<br>なし<br>3P | かしこさ+5<br>なし<br>3P | かしこさ+5<br>Lv19以上<br>6P | かしこさ+5<br>Lv24以上<br>7P | かしこさ+5<br>Lv32以上<br>7P |

## 特殊なこうか

| きょうさ<br>小アップ<br>なし<br>6P | きょうさ<br>大アップ<br>Lv28以上<br>15P | みかわし<br>強化小<br>なし<br>6P | テンション<br>上昇量アップ<br>Lv22以上<br>6P | ハイテンション<br>持続+2秒<br>なし<br>3P |
| 会心時<br>MP小回復<br>Lv16以上<br>3P | 会心時<br>こうげきカアップ<br>なし<br>15P | 会心時<br>しゅびカアップ<br>なし<br>6P | 瀕死時<br>こうげきカアップ<br>なし<br>15P | 瀕死時<br>しゅびカアップ<br>なし<br>6P |

## ◇◇◇ クリフトのおすすめ戦術 ◇◇◇

### 群がる敵を蹴散らす！

**槍を振りまわして一網打尽！**

長い槍を駆使した△からのコンボはどれも攻撃範囲が広く、敵を蹴散らせる性能に長けている。位置や高さに応じて使いわけていこう。

←囲まれたら「ふきとばし」が頼もしい！

### 強力な敵をねらいうち！

**敵の間合いの外から強烈な一撃を！**

出すまでにスキができるが、「一閃突き」は威力があるのでねらいたいところ。MPに余裕があるなら「狼牙突き」の連発もおすすめだ。

←密着時は「3連突き」で間合いをあけよう。

# とくぎ・じゅもん

## 狼牙突き／狼牙突き・改／狼牙突き・極　消費MP：6／8／12

R1を押しながら■
（狼牙突き・改以降は長押し）

高速の衝撃波で正面の敵を貫く特技で、横への攻撃範囲も広い。上位になると範囲と威力が増す。

### 効果範囲
 狼牙突き　 狼牙突き・改　 狼牙突き・極

|  | 狼牙突き | 狼牙突き・改 | 狼牙突き・極 |
| --- | --- | --- | --- |
| おぼえる条件 | 初期習得 | 「狼牙突き」をおぼえている | 「狼牙突き・改」をおぼえている |
| 必要ポイント | ー | 8P | 16P |

## 雷鳴突き　消費MP：8

| おぼえる条件 | なし |
| --- | --- |
| 必要ポイント | 6P |

R1を押しながら△

飛びあがってから槍を地面に突きたて、周囲に衝撃波を放つ。飛びあがるまでの間に方向変換が可能だ。

↑衝撃波は周囲全方向におよぶので脱出用にも最適。

↑「狼牙突き」とくらべて発生が遅いかわりに広範囲。

### 効果範囲

## ザキ／ザラキ　消費MP：5／9

R1を押しながら●
（ザラキは長押し）

一定確率で敵を即死させる死の呪文。「ザキ」は単体対象だが、「ザラキ」は多くの敵に呪文を飛ばす。消費MPにそこまで差がないので、敵の多い場所では「ザラキ」の方が効率がいいぞ。

### 効果範囲
ザキ　※範囲内の敵1体を対象
ザラキ　※範囲内の敵9体を対象

|  | ザキ | ザラキ |
| --- | --- | --- |
| おぼえる条件 | なし | 「ザキ」をおぼえている |
| 必要ポイント | 4P | 8P |

---

# 注目スキル

## スクルト　消費MP：10

R1を押しながら×

一定時間、味方全員の守備力を上げる呪文。効果が途切れないように使うことで強敵との戦いも安定する。

| おぼえる条件 | なし |
| --- | --- |
| 必要ポイント | 3P |

### 効果範囲
味方全員に直接効果発生

### ▶雷鳴突き強化

「雷鳴突き」の衝撃波を放つ範囲が拡大するスキル。大勢の敵集団のまったただ中に置かれた状況などで大きな効果を発揮するぞ。スキルポイントを振って強化した後も、消費MPは増えないので安心だ。

←習得後は「雷鳴突き」使用時のカメラワークも変化する。パワーアップが一目瞭然！

## ガッツリ操作

|  |  |  |
|---|---|---|
| □・□・□・□ | 連続斬り | 前方に向かって連続で斬撃をくり出す |
| △ | 突進斬り | 盾をかまえたまま前方へ突進し、敵をなぎはらう |
| △長押し | 輪転斬 | すばやく宙返りをしながら前方の敵に斬りつける<br>△を押しつづけると、くり返し発動する |
| □・△ | 斬りあげ | すばやく下から上へ斬りあげ、前方にいる敵をなぎはらう |
| □・□・△ | 神速連撃 | いかずちをまとった剣ですばやく左右に斬撃を放つ |
| □・□・□・△ | 雷鳴斬り | いかずちをまとわせた剣で周囲の敵をなぎはらう |
| 空中で□・□ | 空中連撃 | 空中で左右に大きく剣を振り敵をなぎはらう |
| 空中で△長押し | 裂空斬 | 空中からくるくると回転しながら落下し、前方の敵を攻撃する |
| R1を押しながら□ | しんくう斬り | 風をまとわせた剣で前方に竜巻を作りだす |
| R1を押しながら△ | 稲妻雷光斬 | 激しいいかずちをまとわせた剣を勢いよく叩きつけ<br>地面を走る強烈な稲妻を放つ |
| R1を押しながら○ | はやぶさ斬り | 生みだした分身とともに前方に高速の斬撃を放つ |
| R1を押しながら× | ミラクルソード | 奇跡の光を剣にまとわせその剣でダメージを与えるたびにHPを回復する |

## かんたん操作

|  |  |  |
|---|---|---|
| □連打 | こうげき（MP消費なし） | MPを消費しない技の中から状況に合わせた攻撃が出る |
| □連打 | こうげき（MP消費あり） | MPを消費する技も含めた中から状況に合わせた攻撃が出る |
| R1を押しながら□ | しんくう斬り | 風をまとわせた剣で前方に竜巻を作りだす |
| R1を押しながら□ | 稲妻雷光斬 | 激しいいかずちをまとわせた剣を勢いよく叩きつけ<br>地面を走る強烈な稲妻を放つ |
| R1を押しながら○ | はやぶさ斬り | 生みだした分身とともに前方に高速の斬撃を放つ |
| R1を押しながら× | ミラクルソード | 奇跡の光を剣にまとわせその剣でダメージを与えるたびにHPを回復する |

### 必殺技　ジゴスパーク

**○（ハイテンション時）**

地獄の雷を剣にまとわせ、空高く舞いあがりながら強烈な斬撃を放って、前方の直線上の敵に大ダメージを与える。ダンジョンの通路など、せまく奥行きのある場所で有効。

効果範囲

第一章　キャラクター／テリー

# テリーのスキル

テリーは剣士だけに、剣技に関するスキルが充実しているのが特徴だ。

## とくぎ・じゅもん

 しんくう斬り / なし / 3P

 稲妻雷光斬 / なし / 6P

 はやぶさ斬り / なし / 15P

### テリー専用

| ミラクルソード なし 15P | しんくう斬り強化 しんくう斬りをおぼえている 5P | はやぶさ斬り強化 はやぶさ斬りをおぼえている 25P | 昇空斬 なし 5P |
|---|---|---|---|
| 神速連撃強化 Lv20 以上 20P | 雷鳴斬り強化 なし 8P | 空中旋回斬り なし 5P | はじき返し なし 5P |
| さいだい HP + 10 なし 10P | ちから+5 なし 10P | ちから+5 なし 10P | みのまもり+5 なし 10P |
| みかわし 強化大 なし 15P | テンションバーン Lv22 以上 6P | 会心時 MP大回復 Lv32 以上 8P | 瀕死時 会心率アップ なし 15P |

## パラメータ

| さいだい HP + 10 なし 3P | さいだい HP + 10 なし 3P | さいだい HP + 10 Lv20 以上 5P | さいだい HP + 10 Lv25 以上 7P | さいだい HP + 10 Lv32 以上 8P |
|---|---|---|---|---|
| さいだい MP+5 なし 3P | さいだい MP+5 なし 3P | さいだい MP+5 Lv16 以上 5P | さいだい MP+5 Lv25 以上 7P | さいだい MP+5 Lv32 以上 8P |
| ちから+5 なし 3P | ちから+5 なし 3P | ちから+5 Lv19 以上 5P | ちから+5 Lv26 以上 7P | ちから+5 Lv32 以上 8P |
| みのまもり+5 なし 3P | みのまもり+5 なし 3P | みのまもり+5 Lv23 以上 5P | みのまもり+5 Lv28 以上 6P | みのまもり+5 Lv32 以上 7P |
| かしこさ+5 なし 3P | かしこさ+5 なし 3P | かしこさ+5 Lv19 以上 6P | かしこさ+5 Lv24 以上 7P | かしこさ+5 Lv32 以上 8P |

### 特殊なこうか

| きようさ 小アップ なし 6P | きようさ 大アップ Lv28 以上 15P | みかわし 強化小 なし 6P | テンション 上昇量アップ Lv22 以上 6P | ハイテンション 持続+2秒 なし 3P |
|---|---|---|---|---|
| 会心時 MP小回復 Lv16 以上 3P | 会心時 こうげきカアップ なし 15P | 会心時 しゅびカアップ なし 6P | 瀕死時 こうげきカアップ なし 15P | 瀕死時 しゅびカアップ なし 6P |

## テリーのおすすめ戦術

### 群がる敵を蹴散らす!

「雷鳴斬り」をメインに攻撃

ファンにはお馴染み、テリーといえば雷鳴の剣。本作ではスキルとして登場。雷を帯びた剣で広範囲をなぎはらう、集団戦に打ってつけの技だ。「神速連撃」との使いわけもカギになる。

### 強力な敵をねらいうち!

「稲妻雷光斬」で一刀両断!

強敵とのバトルでは一撃の威力に優れた「稲妻雷光斬」がおすすめ。「はじき返し」からくり出せば、よりスキのない攻撃が可能となるぞ!稲妻が地面を伝うので、リーチも長めだ。

## とくぎ・じゅもん

### しんくう斬り　消費MP：8

R1を押しながら□

剣に風をまとわせて斬りつけることで、前方に竜巻を発生させる。1対1、集団戦ともに便利な技だぞ!!

**効果範囲**

| おぼえる条件 | 初期習得 |
|---|---|
| 必要ポイント | ― |

### 稲妻雷光斬　消費MP：5

R1を押しながら△

強烈な雷をまとわせた剣で斬りつけ、地面を這う稲妻を発生させる。前方にリーチの長い高ダメージの技だ。

**効果範囲**

| おぼえる条件 | なし |
|---|---|
| 必要ポイント | 6P |

### はやぶさ斬り　消費MP：14

R1を押しながら◯

生みだした残像とともに、前方に向かって高速の斬撃を放つ。さらにそれから一定時間、残像が残り、攻撃回数が倍に増えるのだ。残像は、テリーが攻撃した軌跡を少し遅れてなぞるように攻撃するぞ!

**効果範囲**

| おぼえる条件 | なし |
|---|---|
| 必要ポイント | 15P |

←文字どおり、はやさが舞うような華麗ですばやい分身攻撃。

→残像とともに攻撃すれば、いつでもすばやく敵を倒せる。

## 注目スキル

### ミラクルソード　消費MP：11

R1を押しながら✕

攻撃と同時に自身のHPの回復ができる便利な技。ピンチの際や強敵とのバトルでは特に重宝するスキルだ。

**効果範囲**　自分自身

| おぼえる条件 | なし |
|---|---|
| 必要ポイント | 15P |

### ▶はじき返し

タイミングよく盾をかまえることで、相手の攻撃をはじき返す。相手をよろけさせることができるので、防御はモチロン、攻撃の起点としてもかなり便利!!

←相手が攻撃してくるタイミングを見はからってL1ボタン! ダメージを抑え、よろけた相手に反撃だ。

### ▶はやぶさ斬り強化

「はやぶさ斬り」を強化すると、生みだされる残像の数が1体から2体に増加! さらにすさまじい高速攻撃が可能になるぞ。集団戦から強敵との一騎打ちまで、幅広く活用できるので、優先的に取りたいスキルだ。

←1回の攻撃で、敵に3ヒットさせることが可能。爽快感バツグンだぞ!

## ガッツリ操作

|  |  |  |
|---|---|---|
| □・□・□・□ | 双竜打ち | 2頭の竜を呼びだし広範囲の敵をふき飛ばす |
| □・△ | すね打ち | ムチで足をはらい敵の体勢を崩す |
| □・□・△ | 回転打ち | ムチで敵を前方に引きよせたあと一気になぎはらう |
| □・□・□・△ | 地這い大蛇 | 縦横無尽にムチを打ちはらって<br>隆起させた巨大な岩を砕き広範囲の敵を攻撃する |
| △・△ | ねらい打ち | 敵を真上へ打ちあげたあと<br>勢いよくムチを振りおろして地面に叩きつける |
| R1を押しながら□ | 疾風迅雷 | 雷を帯びたムチを激しく地面に打ちつけ巨大ないかずちを落とす |
| R1を押しながら△ | セクシービーム | お色気たっぷりにハートを飛ばし敵を魅了する |
| R1を押しながら○ | ヒャド | 呪文を唱え前方に冷気の弾を放ち敵を凍らせる |
| R1を押しながら○長押し | ヒャダルコ | 呪文を唱え氷のかたまりを出現させ敵を凍らせる |
| R1を押しながら○長押し | マヒャド | 呪文を唱え巨大な氷のかたまりを出現させ<br>敵を凍らせる |
| R1を押しながら× | ハッスルダンス | 元気の出る踊りで味方全員のHPを回復する |

## かんたん操作

|  |  |  |
|---|---|---|
| □連打 | こうげき（MP消費なし） | MPを消費しない技の中から状況に合わせた攻撃が出る |
| △連打 | こうげき（MP消費あり） | MPを消費する技も含めた中から<br>状況に合わせた攻撃が出る |
| R1を押しながら□ | 疾風迅雷 | 雷を帯びたムチを激しく地面に打ちつけ<br>巨大ないかずちを落とす |
| R1を押しながら△ | セクシービーム | お色気たっぷりにハートを飛ばし敵を魅了する |
| R1を押しながら○ | ヒャド | 呪文を唱え前方に冷気の弾を放ち敵を凍らせる |
| R1を押しながら○長押し | ヒャダルコ | 呪文を唱え氷のかたまりを出現させ敵を凍らせる |
| R1を押しながら○長押し | マヒャド | 呪文を唱え巨大な氷のかたまりを出現させ<br>敵を凍らせる |
| R1を押しながら× | ハッスルダンス | 元気の出る踊りで味方全員のHPを回復する |

## 必殺技　マダンテ

**○（ハイテンション時）**

すべての魔力を解きはなって暴走させることで、大爆発を発生させる究極の攻撃呪文。広範囲に大ダメージを与えられるので、モンスターに囲まれた状況で使うのが効果的。

効果範囲

第一章　キャラクター／ゼシカ

# ゼシカのスキル

賢者の子孫だけに呪文に優れる。抜群のスタイルを活かした攻撃も！

第一章 キャラクター／ゼシカ

## とくぎ・じゅもん

| 疾風迅雷 |
| --- |
| — |
| — |

| セクシービーム |
| --- |
| なし |
| 3P |

| ヒャド | ヒャダルコ | マヒャド |
| --- | --- | --- |
| なし | ヒャドをおぼえている | ヒャダルコをおぼえている |
| 4P | 8P | 16P |

### ゼシカ専用

| ハッスルダンス | 疾風迅雷強化 疾風迅雷をおぼえている | ハッスルダンス強化 その1 ハッスルダンスをおぼえている | ハッスルダンス強化 その2 ハッスルダンス強化その1をおぼえている |
| --- | --- | --- | --- |
| なし | 5P | 20P | 20P |
| 15P | | | |

| 地這い大蛇強化 | はらい打ち | 呪文はね返し | さいだいMP+5 |
| --- | --- | --- | --- |
| なし | なし | なし | なし |
| 8P | 5P | 5P | 10P |

| さいだいMP+5 | みのまもり+5 | みのまもり+5 | かしこさ+5 |
| --- | --- | --- | --- |
| なし | なし | なし | なし |
| 10P | 10P | 10P | 10P |

| ハイテンション持続+4秒 | MP消費しない+10% | 会心時MP大回復 | 瀕死時魔力の息吹 |
| --- | --- | --- | --- |
| Lv18以上 | Lv28以上 | Lv32以上 | なし |
| 8P | 15P | 8P | 15P |

## パラメータ

| さいだいHP+10 | さいだいHP+10 | さいだいHP+10 | さいだいHP+10 | さいだいHP+10 |
| --- | --- | --- | --- | --- |
| なし | なし | Lv20以上 | Lv25以上 | Lv32以上 |
| 3P | 3P | 6P | 7P | 8P |

| さいだいMP+5 | さいだいMP+5 | さいだいMP+5 | さいだいMP+5 | さいだいMP+5 |
| --- | --- | --- | --- | --- |
| なし | なし | Lv16以上 | Lv25以上 | Lv32以上 |
| 3P | 3P | 5P | 7P | 8P |

| ちから+5 | ちから+5 | ちから+5 | ちから+5 | ちから+5 |
| --- | --- | --- | --- | --- |
| なし | なし | Lv19以上 | Lv26以上 | Lv32以上 |
| 3P | 3P | 6P | 7P | 8P |

| みのまもり+5 | みのまもり+5 | みのまもり+5 | みのまもり+5 | みのまもり+5 |
| --- | --- | --- | --- | --- |
| なし | なし | Lv23以上 | Lv28以上 | Lv32以上 |
| 3P | 3P | 5P | 6P | 7P |

| かしこさ+5 | かしこさ+5 | かしこさ+5 | かしこさ+5 | かしこさ+5 |
| --- | --- | --- | --- | --- |
| なし | なし | Lv19以上 | Lv24以上 | Lv32以上 |
| 3P | 3P | 6P | 7P | 8P |

### 特殊なこうか

| きようさ小アップ | きようさ大アップ | みかわし強化小 | テンション上昇量アップ | ハイテンション持続+2秒 |
| --- | --- | --- | --- | --- |
| なし | Lv28以上 | なし | Lv22以上 | なし |
| 6P | 15P | 6P | 6P | 3P |

| 会心時MP小回復 | 会心時こうげきカアップ | 会心時しゅびカアップ | 瀕死時こうげきカアップ | 瀕死時しゅびカアップ |
| --- | --- | --- | --- | --- |
| Lv16以上 | なし | なし | なし | なし |
| 3P | 15P | 6P | 15P | 6P |

## ◆◆◆ ゼシカのおすすめ戦術 ◆◆◆

### 群がる敵を蹴散らす！

■を起点にしたムチ攻撃

集団戦では、範囲の広いムチによるコンボをメインに戦おう。中でもおすすめは、「双竜打ち」と「地這い大蛇」。いずれも■連打系のコンボだ。

「双竜打ち」は、2頭の竜を呼びだす技だ。

### 強力な敵をねらいうち！

ヒャド系呪文で凍らせよう

ゼシカが得意とするヒャド系呪文は、凍結で相手の動きを止められる。タフな相手にはこの効果を活かし、さらなる追撃をねらうのが効果的。

凍結させてしまえば安全に追撃ができるぞ。

## とくぎ・じゅもん

### 疾風迅雷　消費MP：8

R1を押しながら□

ムチに雷をまとわせ、勢いよく地面に打ちつけて、落雷を発生させる。大振りだがダメージの高い攻撃だ。

**効果範囲**

| おぼえる条件 | 初期習得 |
|---|---|
| 必要ポイント | ― |

### セクシービーム　消費MP：6

R1を押しながら△

お色気たっぷりにハートを飛ばし、敵をひるませてしまう。抜群のスタイルを誇るゼシカならではの技だ。

**効果範囲**

| おぼえる条件 | なし |
|---|---|
| 必要ポイント | 3P |

### ヒャド／ヒャダルコ／マヒャド　消費MP：6／13／19

R1を押しながら○
（ヒャダルコ以降長押し）

冷気によって氷塊を発生させる攻撃呪文。ヒットした相手を凍結させ、一定時間行動不能にする効果がある。ちなみに「ヒャダルコ」「マヒャド」は呪文習得後、○ボタン長押しで発動するようになる。

**効果範囲**

ヒャド　ヒャダルコ　マヒャド

| | ヒャド | ヒャダルコ | マヒャド |
|---|---|---|---|
| おぼえる条件 | なし | 「ヒャド」をおぼえている | 「ヒャダルコ」をおぼえている |
| 必要ポイント | 4P | 8P | 16P |

## 注目スキル

### ハッスルダンス　消費MP：25

R1を押しながら✕

元気の出るダンスで味方のHPを回復する。「ハッスルダンス強化」のスキルを習得すると回復量がアップ。

**効果範囲**
味方全員に直接効果発生

| おぼえる条件 | なし |
|---|---|
| 必要ポイント | 15P |

### ▶ 地這い大蛇強化

ムチによる攻撃で多くの敵を巻きこめる「地這い大蛇」が、さらに広範囲になって使いやすくなる。4段目で出る岩が、かなり離れている敵にもヒットする！

←正面の敵に対して強力。多少スキがあるので□の3発目までの状況で、敵が多いときだけ出そう。

### ▶ 呪文はね返し

賢者の血を受け継ぐ魔法の天才だけに、ゼシカは相手の呪文をはね返すカウンター技も習得できる。キメラやまじゅつしなどの呪文攻撃を得意とするモンスターとのバトルでは、特に役立つスキルといえるだろう。

←↑相手が「メラ」や「ギラ」で攻めてきたら、はね返して逆にダメージ！

## ガッツリ操作

| ボタン | 技名 | 説明 |
|---|---|---|
| □ | 横なぎ | 右から左にオノを振りぬき前方の敵を攻撃する |
| △ | ジャンプ斬り | 高くジャンプして、振りあげたオノを勢いよく地面に叩きつける |
| □ or △・□ | 横なぎ2 | 左から右にオノを振りぬき前方の敵を攻撃する |
| □ or △・□ | 叩き割り | 勢いよくオノを振りおろし前方の地面を叩き割る |
| □ or △・□ or △・□ | 回転斬り | くるくると回転しながらオノを振りまわし周囲の敵を攻撃する |
| □ or △・□ or △・□ | まじん斬り | オノにすさまじいチカラをまとわせ<br>魔人をも一刀両断するほどの激しい一撃をくり出す |
| R1を押しながら□ | 蒼天魔斬 | 地を這う青い衝撃波を放ち遠くの敵もふき飛ばす<br>■を長押しすると威力がアップ |
| R1を押しながら□長押し | 蒼天魔斬・改 | 地を這う強烈な衝撃波を放ち遠くの敵もふき飛ばす<br>■を長押しすると威力がアップ |
| R1を押しながら□長押し | 蒼天魔斬・極 | 地を這う巨大な衝撃波を放ち遠くの敵もふき飛ばす<br>■を長押しすると威力がアップ |
| R1を押しながら△ | かぶと割り | 勢いよくオノを叩きつけて周囲に衝撃波を放ち敵のしゅび力を下げる |
| R1を押しながら○ | くちぶえ | くちぶえを吹き周囲の敵をひきつける |
| R1を押しながら× | だいぼうぎょ | かたい防御のかまえをとり敵の攻撃を無効化する |

## かんたん操作

| ボタン | 技名 | 説明 |
|---|---|---|
| □連打 | こうげき（MP消費なし） | MPを消費しない技の中から状況に合わせた攻撃が出る |
| △連打 | こうげき（MP消費あり） | MPを消費する技も含めた中から状況に合わせた攻撃が出る |
| R1を押しながら□ | 蒼天魔斬 | 地を這う青い衝撃波を放ち遠くの敵もふき飛ばす<br>■を長押しすると威力がアップ |
| R1を押しながら□長押し | 蒼天魔斬・改 | 地を這う強烈な衝撃波を放ち遠くの敵もふき飛ばす<br>■を長押しすると威力がアップ |
| R1を押しながら□長押し | 蒼天魔斬・極 | 地を這う巨大な衝撃波を放ち遠くの敵もふき飛ばす<br>■を長押しすると威力がアップ |
| R1を押しながら△ | かぶと割り | 勢いよくオノを叩きつけて周囲に衝撃波を放ち敵のしゅび力を下げる |
| R1を押しながら○ | くちぶえ | くちぶえを吹き周囲の敵をひきつける |
| R1を押しながら× | だいぼうぎょ | かたい防御のかまえをとり敵の攻撃を無効化する |

## 必殺技　オノむそう

◎（ハイテンション時）

力任せにオノを振りまわし、その風圧によって巨大な竜巻を発生させ、広範囲に大ダメージを与えてふっ飛ばす。力自慢のヤンガスに相応しい豪快かつパワフルな必殺技。

効果範囲

第一章　キャラクター／ヤンガス

# ヤンガスのスキル

ヤンガスの持ち味は、タフな肉体とオノを用いた高ダメージの攻撃だ。

## とくぎ・じゅもん

| □ | 蒼天魔斬<br>ー | 蒼天魔斬・改<br>蒼天魔斬を<br>おぼえている<br>8P | 蒼天魔斬・極<br>蒼天魔斬・改を<br>おぼえている<br>16P |
|---|---|---|---|
| △ | かぶと割り<br>なし<br>6P | | |
| ○ | くちぶえ<br>なし<br>3P | | |

## ヤンガス専用

| だいぼうぎょ<br>なし<br>6P | かぶと割り<br>強化<br>かぶと割りを<br>おぼえている<br>20P | くちぶえ強化<br>くちぶえを<br>おぼえている<br>5P | タメ時間短縮<br>Lv24 以上<br>20P |
|---|---|---|---|
| みかわし性能<br>アップ その1<br>Lv20 以上<br>20P | みかわし性能<br>アップ その2<br>Lv32 以上<br>25P | さいだい<br>HP＋10<br>なし<br>5P | さいだい<br>HP＋10<br>なし<br>10P |
| ちから+5<br>なし<br>10P | ちから+5<br>なし<br>10P | みのまもり+5<br>なし<br>10P | みのまもり+5<br>なし<br>10P |
| テンション<br>バーン<br>Lv22 以上<br>6P | ハイテンション<br>持続+4秒<br>Lv18 以上<br>6P | 会心時<br>MP大回復<br>Lv32 以上<br>8P | 瀕死時<br>会心率アップ<br>なし<br>15P |

## パラメータ

| さいだい<br>HP＋10<br>なし<br>3P | さいだい<br>HP＋10<br>なし<br>3P | さいだい<br>HP＋10<br>Lv20 以上<br>6P | さいだい<br>HP＋10<br>Lv25 以上<br>7P | さいだい<br>HP＋10<br>Lv32 以上<br>8P |
|---|---|---|---|---|
| さいだい<br>MP+5<br>なし<br>3P | さいだい<br>MP+5<br>なし<br>3P | さいだい<br>MP+5<br>Lv16 以上<br>6P | さいだい<br>MP+5<br>Lv25 以上<br>7P | さいだい<br>MP+5<br>Lv32 以上<br>8P |
| ちから+5<br>なし<br>3P | ちから+5<br>なし<br>3P | ちから+5<br>Lv19 以上<br>6P | ちから+5<br>Lv26 以上<br>7P | ちから+5<br>Lv32 以上<br>8P |
| みのまもり+5<br>なし<br>3P | みのまもり+5<br>なし<br>5P | みのまもり+5<br>Lv23 以上<br>6P | みのまもり+5<br>Lv28 以上<br>6P | みのまもり+5<br>Lv32 以上<br>7P |
| かしこさ+5<br>なし<br>3P | かしこさ+5<br>なし<br>5P | かしこさ+5<br>Lv19 以上<br>6P | かしこさ+5<br>Lv24 以上<br>7P | かしこさ+5<br>Lv32 以上<br>8P |

## 特殊なこうか

| きょうさ<br>小アップ<br>なし<br>6P | きょうさ<br>大アップ<br>Lv28 以上<br>15P | みかわし<br>強化小<br>なし<br>7P | テンション<br>上昇量アップ<br>Lv22 以上<br>6P | ハイテンション<br>持続+2秒<br>なし<br>7P |
|---|---|---|---|---|
| 会心時<br>MP小回復<br>Lv16 以上<br>3P | 会心時<br>こうげきカアップ<br>なし<br>15P | 会心時<br>しゅびカアップ<br>なし<br>6P | 瀕死時<br>こうげきカアップ<br>なし<br>15P | 瀕死時<br>しゅびカアップ<br>なし<br>6P |

## ヤンガスのおすすめ戦術

### 群がる敵を蹴散らす！

**「回転斬り」からの連携攻撃**

オノを振りまわして周囲の敵を攻撃する「回転斬り」から「蒼天魔斬」で敵をふき飛ばす連携攻撃がおすすめ。パワフルに敵を蹴散らすのだ。

### 強力な敵をねらいうち！

**力任せに魔物を一刀両断！**

大型のモンスターに攻撃を集中したいときは、ダメージの大きい「まじん斬り」が最適。「かぶと割り」から使えば、さらにダメージアップ。

## とくぎ・じゅもん

### 蒼天魔斬／蒼天魔斬・改／蒼天魔斬・極　消費MP：6／9／13

R1を押しながら□

振りおろしたオノから地を這う衝撃波を発生させ、前方の離れた敵まで吹き飛ばす。狭い通路などで前方にモンスターが密集している際には、特に効果的だ。上位になるごとにダメージアップ！

**効果範囲**

| | 蒼天魔斬 | 蒼天魔斬・改 | 蒼天魔斬・極 |
|---|---|---|---|
| おぼえる条件 | 初期習得 | 「蒼天魔斬」をおぼえている | 「蒼天魔斬・改」をおぼえている |
| 必要ポイント | — | 8P | 16P |

### かぶと割り　消費MP：8

L1を押しながら△

攻撃と同時に相手の守備力を低下させる特殊な技。ゴーレムなどの守備力の高いモンスターには特に便利だ。

**効果範囲**

| おぼえる条件 | なし |
|---|---|
| 必要ポイント | 6P |

### くちぶえ　消費MP：4

L1を押しながら〇

モンスターの注意を引く技。味方がピンチのときや、特定の人や物を守る必要があるステージなどで重宝する。

**効果範囲**

| おぼえる条件 | なし |
|---|---|
| 必要ポイント | 3P |

## 注目スキル

### だいぼうぎょ　消費MP：5

R1を押しながら✕

一定時間敵の攻撃を無効化する防御技。大ダメージの技をくり出すボスモンスターとのバトルで役立つぞ!!

**効果範囲**　自分自身

| おぼえる条件 | なし |
|---|---|
| 必要ポイント | 6P |

### ▶ かぶと割り強化

防御の堅いモンスターを相手に戦う際に効果的な「かぶと割り」。手強い相手が増加する後半は、このスキルの強化で効果時間を延ばしておくといい。

←必殺技などの大ダメージの技を使う前に、強化した「かぶと割り」でしばらく守備力を下げよう。

### ▶ タメ時間短縮

ヤンガスは、タメを行うことでダメージをアップできる技が多いのが特徴の1つ。スキルによって1〜3撃目のそれぞれでタメが使える。そこでさらにタメ時間を短縮すれば、すばやく大ダメージの攻撃が出せるぞ。

←↑タメ時間を短縮すれば、タメ攻撃のスキが小さくなり、使いやすくなる。

第一章　キャラクター　ヤンガス

第一章 キャラクター／ビアンカ

## しっかり者のお姉さん
# ビアンカ
◆CV：井上麻里奈

### 使用武器
**弓**

宿屋を営む一家の娘。
幼少期は男勝りな性格の
持ち主だったが、大人になり
美しい女性へと成長を遂げる。
困った人をほうっておけない
心優しき女性。

早くお父様とフィアンセを探さないと！

## ビアンカのパラメータ

- レベル1
- レベル50
- レベル99

さいだいHP／さいだいMP／ちから／みのまもり／かしこさ／きょうさ

## 第一章 キャラクター／ビアンカ

### ガッツリ操作

|  |  |  |
|---|---|---|
| ◻ | ノーマルショット | 前方に矢を放ち遠くの敵を攻撃する |
| ◻長押し（小） | ブラストアロー | 当たると爆発を起こす矢を放つ |
| 弓かまえ中に＋L＋R2 | ラビットステップ | 横へすばやく飛びのき敵の攻撃を回避する |
| △ | 高速蹴りあげ | 敵を蹴りあげる勢いで後方へ転回し間合いをとる |
| △長押し | ターニングキック | 前方に回し蹴りを放ち近くの敵をふき飛ばす |
| △・◻ | スピードショット | 上空へ打ちあげた敵に矢を連射し追撃する |
| 空中で◻長押し | ダウンショット | 空中から下方へ向かって矢を連射し地上にいる敵を攻撃する |
| R1を押しながら◻<br>（長押し中着弾地点移動可） | サンダーボルト | いかずちをまとわせた矢を放ち稲妻のドームを出現させ周辺の敵を攻撃する |
| R1を押しながら△ | さみだれうち | 複数の矢を同時に放ちねらった敵を連続で攻撃する |
| R1を押しながら〇 | メラ | 呪文を唱え炎の玉を放つ |
| R1を押しながら〇長押し | メラミ | 呪文を唱え大きな炎の玉を放つ |
| R1を押しながら〇長押し | メラゾーマ | 呪文を唱え巨大な炎の玉を放つとともに燃えさかる火柱を出現させる |
| R1を押しながら✕ | ラリホー | 呪文を唱え敵を眠らせる |

### かんたん操作

|  |  |  |
|---|---|---|
| ◻連打 | こうげき（MP消費なし） | MPを消費しない技の中から状況に合わせた攻撃が出る |
| ◻連打 | こうげき（MP消費あり） | MPを消費する技も含めた中から状況に合わせた攻撃が出る |
| R1を押しながら◻<br>（長押し中着弾地点移動可） | サンダーボルト | いかずちをまとわせた矢を放ち稲妻のドームを出現させ周辺の敵を攻撃する |
| R1を押しながら△ | さみだれうち | 複数の矢を同時に放ちねらった敵を連続で攻撃する |
| R1を押しながら〇 | メラ | 呪文を唱え炎の玉を放つ |
| R1を押しながら〇長押し | メラミ | 呪文を唱え大きな炎の玉を放つ |
| R1を押しながら〇長押し | メラゾーマ | 呪文を唱え巨大な炎の玉を放つとともに燃えさかる火柱を出現させる |
| R1を押しながら✕ | ラリホー | 呪文を唱え敵を眠らせる |

## 必殺技 想い出のリボン

**〇（ハイテンション時）**

幼いころから一緒にいたキラーパンサーが呼びだされて、雄叫びをあげながら突進。前方にいる敵に体当たりして次々とふき飛ばしながら、すばやく突進して走りさる。

効果範囲

# ビアンカのスキル

弓を使い離れた場所から広範囲の敵を攻撃。呪文はメラ系を使うぞ。

## とくぎ・じゅもん

サンダーボルト
―
―

さみだれうち
なし
6P

| メラ | メラミ | メラゾーマ |
|---|---|---|
| なし | メラを | メラミ |
| 4P | おぼえている | をおぼえている |
|  | 8P | 16P |

## ビアンカ専用

| ラリホー | サンダーボルト強化 | さみだれうち強化 | マルチアロー |
|---|---|---|---|
| なし | サンダーボルトをおぼえている | さみだれうちをおぼえている | なし |
| 8P | 20P | 8P | 8P |

| マルチアロー強化 | ストロングアロー | ストロングアロー強化 | ターニングキック強化 その1 |
|---|---|---|---|
| マルチアローをおぼえている | マルチアローをおぼえている | ストロングアローをおぼえている | なし |
| 5P | 5P | 5P | 5P |

| ターニングキック強化 その2 | さいだいMP+5 | ちから+5 | かしこさ+5 |
|---|---|---|---|
| なし | なし | なし | なし |
| 8P | 10P | 10P | 10P |

| ハイテンション持続+8秒 | MP消費しない率+5% | 会心時MP大回復 | 瀕死時会心率アップ |
|---|---|---|---|
| Lv32 以上 | Lv22 以上 | Lv32 以上 | Lv15 以上 |
| 15P | 15P | 8P | 15P |

## パラメータ

| さいだいHP+10 | さいだいHP+10 | さいだいHP+10 | さいだいHP+10 | さいだいHP+10 |
|---|---|---|---|---|
| なし | なし | Lv20 以上 | Lv25 以上 | Lv32 以上 |
| 3P | 3P | 6P | 7P | 8P |

| さいだいMP+5 | さいだいMP+5 | さいだいMP+5 | さいだいMP+5 | さいだいMP+5 |
|---|---|---|---|---|
| なし | なし | Lv16 以上 | Lv25 以上 | Lv32 以上 |
| 3P | 3P | 6P | 7P | 8P |

| ちから+5 | ちから+5 | ちから+5 | ちから+5 | ちから+5 |
|---|---|---|---|---|
| なし | なし | Lv19 以上 | Lv26 以上 | Lv32 以上 |
| 3P | 3P | 6P | 7P | 8P |

| みのまもり+5 | みのまもり+5 | みのまもり+5 | みのまもり+5 | みのまもり+5 |
|---|---|---|---|---|
| なし | なし | Lv23 以上 | Lv28 以上 | Lv32 以上 |
| 3P | 3P | 6P | 7P | 7P |

| かしこさ+5 | かしこさ+5 | かしこさ+5 | かしこさ+5 | かしこさ+5 |
|---|---|---|---|---|
| なし | なし | Lv19 以上 | Lv24 以上 | Lv32 以上 |
| 3P | 3P | 6P | 7P | 8P |

## 特殊なこうか

| きようさ小アップ | きようさ大アップ | みかわし強化小 | テンション上昇量アップ | ハイテンション持続+2秒 |
|---|---|---|---|---|
| なし | Lv28 以上 | なし | Lv22 以上 | なし |
| 6P | 15P | 6P | 6P | 3P |

| 会心時MP小回復 | 会心時こうげき力アップ | 会心時しゅび力アップ | 瀕死時こうげき力アップ | 瀕死時しゅび力アップ |
|---|---|---|---|---|
| Lv16 以上 | なし | なし | なし | なし |
| 3P | 15P | 6P | 15P | 6P |

## ◇◇◇ ビアンカのおすすめ戦術 ◇◇◇

### 群がる敵を蹴散らす！

「さみだれうち」で多数をねらおう！

少し離れた場所から「さみだれうち」で、敵集団を攻撃だ。敵が接近してきたら、「高速蹴り上げ」を使い攻撃しながら距離を開けよう。

←MPが減ったら「マルチショット」連射。

### 強力な敵をねらいうち！

回避しながら「ブラストアロー」で攻撃だ！

強敵から距離をあけて「サンダーボルト」で継続ダメージを与えよう。MPがあれば「さみだれうち」、なければ「ブラストアロー」で攻撃だ。

→矢が着弾して爆発する「ブラストアロー」。

## とくぎ・じゅもん

### サンダーボルト　消費MP：9

R1を押しながら○
（長押し中着弾地点移動可）

着弾地点を決め雷をまとう矢を放ち、地面に雷を発生させ継続ダメージを与える。

| おぼえる条件 | 初期習得 |
|---|---|
| 必要ポイント | ─ |

※タメで落下地点の選択と持続時間の増加

### さみだれうち　消費MP：12

R1を押しながら△

MPを消費して、前方広範囲に多数の矢を放ち攻撃。前方にいる複数の敵に対し、同時にダメージを与えるぞ。

| おぼえる条件 | なし |
|---|---|
| 必要ポイント | 6P |

※タメでロックオンし、ヒット数と威力上昇

### メラ／メラミ／メラゾーマ　消費MP：4／7／13

R1を押しながら○
（メラミ以降は長押し）

飛びあがり斜め下に火球を撃ちだす呪文。長押しで「メラミ」「メラゾーマ」と3段階に強化するぞ。「メラミ」は着弾後に火柱が立ち威力アップ。「メラゾーマ」は火球が大きくなり、火柱も大きくなる。

**効果範囲**

| | メラ | メラミ | メラゾーマ |
|---|---|---|---|
| |  |  |  |

| | メラ | メラミ | メラゾーマ |
|---|---|---|---|
| おぼえる条件 | なし | 「メラミ」をおぼえている | 「メラゾーマ」をおぼえている |
| 必要ポイント | 4P | 8P | 16P |

## 注目スキル

### ラリホー　消費MP：7

R1を押しながら×

前方にドーム状の眠りのフィールドを作りだす呪文。フィールドの中の敵は耐性がないとすぐに寝てしまう。

| おぼえる条件 | なし |
|---|---|
| 必要ポイント | 8P |

### ▶さみだれうち強化

「さみだれうち」の長押しで、前方の敵をロックオンする数が増えるぞ。敵に当たる矢が増えるので、より多くの敵を攻撃できるようになる。

←長押しの時間により、ロックオンの数が増えて、より多くの敵をねらえる。

### ▶スピードショット強化

「ターニングキック」からつなげて、「スピードショット」を発動できるようになり、接近してくる敵への攻撃がしやすくなる。

↑距離を開けつつ追いうちして攻撃。

### ▶ストロングアロー

長押し最大の「ストロングアロー」が解放されると、矢が敵を貫通して飛ぶようになり、前方の敵を一度に貫く攻撃ができるのだ。

↑矢に当たった敵は次々とふき飛ぶ。

第一章 キャラクター／フローラ

## 清楚で可憐なお嬢様 フローラ

◆CV：花澤香菜

### 使用武器
**スティック**

大富豪の家に生まれ、可憐な容姿と清らかな心を持ち合わせる正統派のお嬢様。しかし、いざとなれば自分の信念を押し通す芯の強さを持つ。

> チカラを合わせればきっと勝てますわ！！

### フローラのパラメータ

- レベル1
- レベル50
- レベル99

さいだいHP／さいだいMP／ちから／みのまもり／かしこさ／きようさ

064

## 第一章 キャラクター／フローラ

### ガッツリ操作

|  |  |  |
|---|---|---|
| □・□・□ | トリプルアタック | スティックを振って敵を攻撃し自分のMPを回復する |
| △ | マジカルボール | はじける魔法の球をひとつ飛ばす |
| △・△ | トリプルマジカルボール | はじける魔法の球を3つ飛ばす |
| △・△・△ | シャイングローブ | はじける巨大な魔法の球を飛ばす |
| 長押し | ホーリーバースト | 飛ばした魔法の球をいっせいにはじけさせる |
| R1を押しながら□ | ミラクルムーン | くるくる回る三日月の形のやいばを作りだし広範囲の敵を攻撃する |
| R1を押しながら□長押し | ミラクルムーン∞ | くるくる回る三日月の形のやいばを作りだし長時間にわたり周囲の敵を攻撃する |
| R1を押しながら△ | メイルストロム | 大きな星の渦を作りだし周辺の敵を引きよせる |
| R1を押しながら△長押し | メイルストロム∞ | 大きな星の渦を作りだし長時間にわたり周辺の敵を引きよせる |
| R1を押しながら○ | イオ | 呪文を唱え前方に爆発を起こす |
| R1を押しながら○長押し | イオラ | 呪文を唱え前方広範囲に大きな爆発を起こす |
| R1を押しながら○長押し | イオナズン | 呪文を唱え広範囲にすさまじい大爆発を起こす |
| R1を押しながら✕ | バイキルト | 呪文を唱え味方全員のこうげき力を上げる |

### かんたん操作

|  |  |  |
|---|---|---|
| □連打 | こうげき（MP消費なし） | MPを消費しない技の中から状況に合わせた攻撃が出る |
| △連打 | こうげき（MP消費あり） | MPを消費する技も含めた中から状況に合わせた攻撃が出る |
| R1を押しながら□ | ミラクルムーン | くるくる回る三日月の形のやいばを作りだし広範囲の敵を攻撃する |
| R1を押しながら□長押し | ミラクルムーン∞ | くるくる回る三日月の形のやいばを作りだし長時間にわたり周囲の敵を攻撃する |
| R1を押しながら△ | メイルストロム | 大きな星の渦を作り出し周辺の敵を引きよせる |
| R1を押しながら△長押し | メイルストロム∞ | 大きな星の渦を作りだし長時間にわたり周辺の敵を引きよせる |
| R1を押しながら○ | イオ | 呪文を唱え前方に爆発を起こす |
| R1を押しながら○長押し | イオラ | 呪文を唱え前方広範囲に大きな爆発を起こす |
| R1を押しながら○長押し | イオナズン | 呪文を唱え広範囲にすさまじい大爆発を起こす |
| R1を押しながら✕ | バイキルト | 呪文を唱え味方全員のこうげき力を上げる |

## 必殺技　ビッグバン

### ◎（ハイテンション時）

スティックを振りあげ、魔法の球を作りだし前方に放つぞ。放たれた球は前方で弾けて大爆発を起こし、爆発の範囲内にいる敵をふき飛ばして大ダメージを与えるのだ。

効果範囲

# フローラのスキル

スティックを持った魔法使いで、魔法の球や「イオ」などで攻撃する。

## とくぎ・じゅもん

| ミラクルムーン | ミラクルムーン∞ |
|---|---|
| なし | ミラクルムーンをおぼえている |
| ― | 3P |

| メイルストローム | メイルストローム∞ |
|---|---|
| なし | メイルストロームをおぼえている |
| 6P | 3P |

| イオ | イオラ | イオナズン |
|---|---|---|
| なし | イオをおぼえている | イオラをおぼえている |
| 4P | 8P | 16P |

## フローラ専用

| バイキルト | メイルストローム強化 | ブラストボール | バイキルト強化 |
|---|---|---|---|
| なし | メイルストロームをおぼえている | イオをおぼえている | バイキルトをおぼえている |
| 15P | 20P | 5P | 20P |

| マジカルボール強化 その1 | マジカルボール強化 その2 | マジックミラー | さいだいMP+5 |
|---|---|---|---|
| Lv20 以上 | Lv24 以上 | なし | なし |
| 20P | 20P | 5P | 8P |

| さいだいMP+5 | みにまもり+5 | かしこさ+5 | かしこさ+5 |
|---|---|---|---|
| なし | なし | なし | なし |
| 10P | 10P | 10P | 10P |

| ハイテンション持続+4秒 | 会心時MP大回復 | 瀕死時魔力の息吹 | たまに天使の守り |
|---|---|---|---|
| Lv18 以上 | Lv32 以上 | なし | なし |
| 8P | 8P | 15P | 15P |

## パラメータ

| さいだいHP+10 | さいだいHP+10 | さいだいHP+10 | さいだいHP+10 | さいだいHP+10 |
|---|---|---|---|---|
| なし | なし | Lv20 以上 | Lv25 以上 | Lv32 以上 |
| 3P | 3P | 6P | 7P | 8P |

| さいだいMP+5 | さいだいMP+5 | さいだいMP+5 | さいだいMP+5 | さいだいMP+5 |
|---|---|---|---|---|
| なし | なし | Lv16 以上 | Lv25 以上 | Lv32 以上 |
| 3P | 3P | 6P | 7P | 8P |

| ちから+5 | ちから+5 | ちから+5 | ちから+5 | ちから+5 |
|---|---|---|---|---|
| なし | なし | Lv19 以上 | Lv26 以上 | Lv32 以上 |
| 3P | 3P | 6P | 7P | 8P |

| みのまもり+5 | みのまもり+5 | みのまもり+5 | みのまもり+5 | みのまもり+5 |
|---|---|---|---|---|
| なし | なし | Lv23 以上 | Lv28 以上 | Lv32 以上 |
| 3P | 3P | 6P | 6P | 7P |

| かしこさ+5 | かしこさ+5 | かしこさ+5 | かしこさ+5 | かしこさ+5 |
|---|---|---|---|---|
| なし | なし | Lv19 以上 | Lv24 以上 | Lv32 以上 |
| 3P | 3P | 6P | 7P | 8P |

## 特殊なこうか

| きようさ小アップ | きようさ大アップ | みかわし強化小 | テンション上昇量アップ | ハイテンション持続+2秒 |
|---|---|---|---|---|
| なし | Lv28 以上 | なし | Lv22 以上 | なし |
| 6P | 15P | 6P | 6P | 3P |

| 会心時MP小回復 | 会心時こうげき力アップ | 会心時しゅび力アップ | 瀕死時こうげき力アップ | 瀕死時しゅび力アップ |
|---|---|---|---|---|
| Lv16 以上 | なし | なし | なし | なし |
| 3P | 15P | 6P | 15P | 6P |

## ◆◆◆ フローラのおすすめ戦術 ◆◆◆

### 群がる敵を蹴散らす！
**集団の外から「イオ」で攻撃だ**
遠距離から「マジカルボール」で魔法の球を出し、前方の敵を攻撃だ。MPに余裕があればイオ系の呪文を使い、大ダメージを与えるのだ。

← 敵がいる場所で弾けるように球を放とう。

### 強力な敵をねらいうち！
**「ミラクルムーン∞」に誘いこもう**
「メイルストローム∞」を使って敵を足止め。敵が中央に引きよせられたところに、「ミラクルムーン∞」を使った連続攻撃を決めるといいぞ。

← 敵の動きを止めて攻撃を確実に当てよう。

## とくぎ・じゅもん

### ミラクルムーン／ミラクルムーン∞　消費MP：2

R1を押しながら□
（ミラクルムーン∞は長押し）

回転する刃で一定時間攻撃。「∞」は再度特技を使用するかMPが切れるまで継続。

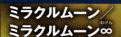

| | ミラクルムーン | ミラクルムーン∞ |
|---|---|---|
| おぼえる条件 | 初期習得 | 「ミラクルムーン」をおぼえている |
| 必要ポイント | — | 3P |

### メイルストロム／メイルストロム∞　消費MP：3

R1を押しながら△
（メイルストロム∞は長押し）

星の渦が敵を引きよせる。「∞」は再度特技を使用するかMPが切れるまで継続。

| | メイルストロム | メイルストロム∞ |
|---|---|---|
| おぼえる条件 | なし | 「メイルストロム」をおぼえている |
| 必要ポイント | 6P | 3P |

### イオ／イオラ／イオナズン　消費MP：7／13／25

R1を押しながら○
（イオラ以降は長押し）

前方で爆発を起こして敵を攻撃する。長押しで「イオラ」「イオナズン」へ発展し、爆発の威力がより強力になるぞ。

効果範囲：イオ／イオラ／イオナズン

| | イオ | イオラ | イオナズン |
|---|---|---|---|
| おぼえる条件 | なし | 「イオ」をおぼえている | 「イオラ」をおぼえている |
| 必要ポイント | 4P | 8P | 16P |

## 注目スキル

### バイキルト　消費MP：20

R1を押しながら×

呪文を唱えて、味方の攻撃力を一時的にアップさせる。与えるダメージを増やせるので、できるだけ使おう。

効果範囲：仲間全員に直接効果発生

| おぼえる条件 | なし |
|---|---|
| 必要ポイント | 15P |

### ▶ ブラストボール

「マジカルボール」で出現させた魔法の球が、イオ系の呪文で誘爆するようになる。上位の呪文ほど誘爆も強力で、与えるダメージも大きくなるのだ。

←魔法の球を大きくする「マジカルボール強化」と合わせて、威力アップだ！

### ▶ マジックミラー

タイミング良く使うと、敵の呪文攻撃をはね返すぞ。敵の呪文が当たる瞬間に防御することで、その呪文をはね返せる。

↑はね返した呪文で攻撃できるぞ。

### ▶ メイルストロム強化

「メイルストロム」の範囲が広くなり、より広範囲にいる敵を引きよせる。より多くの敵を足止めでき、一度に攻撃が可能になる。

↑多くの敵を引きよせて攻撃しよう。

## ガッツリ操作

|  |  |  |
|---|---|---|
| □・□・□・□ | 演舞 | 両手に持った扇を華麗に舞わせ周囲の敵を攻撃する |
| □・△ | 炎昇扇 | 炎をまとわせた扇を上方へ振り抜き敵を高く打ちあげる |
| □・□・△ | 回転炎舞 | 炎をまとわせた扇を持ってくるくると舞いながら周囲の敵を攻撃する |
| □・□・□・△ | おうぎ投げ | 炎をまとわせた一対の扇を前方に弧を描くように投げ広範囲の敵を攻撃する |
| △長押し | バーニングトルネード | くるくると回転しながら上昇し扇から放った炎で周囲の敵を焼きつくす |
| 空中で□・□・□ | 空中演舞 | 両手に持った扇を華麗に舞わせ空中の敵を攻撃する |
| 空中で△長押し | バーニングスピン | 急降下しながら高速で旋回し扇にまとわせた炎で下方の敵を攻撃する |
| 100HIT以上の状態 | ピンクスローフォール | 空中にいつもより長くいられるようになる |
| R1を押しながら□ | おうぎのまい | 扇を飛ばしながら美しい舞を披露し周囲の敵を一定時間攻撃し続ける |
| R1を押しながら△ | 疾風炎舞扇 | 2頭の火竜が作りだす激しい炎の竜巻で前方の敵を攻撃する |
| R1を押しながら〇 | ギラ | 呪文を唱え高熱の炎を地面に走らせる |
| R1を押しながら〇長押し | ベギラマ | 呪文を唱え蛇行する高熱の炎を地面に走らせる |
| R1を押しながら〇長押し | ベギラゴン | 呪文を唱え2本の蛇行する高熱の炎を地面に走らせる |
| R1を押しながら✕ | さそうおどり | 見るものを魅了する舞いで周囲の敵を引きつけそのしゅび力を下げる |

## かんたん操作

|  |  |  |
|---|---|---|
| □連打 | こうげき（MP消費なし） | MPを消費しない技の中から状況に合わせた攻撃が出る |
| △連打 | こうげき（MP消費あり） | MPを消費する技も含めた中から状況に合わせた攻撃が出る |
| R1を押しながら□ | おうぎのまい | 一対の扇を飛ばしながら美しい舞を披露し周囲の敵を一定時間攻撃し続ける |
| R1を押しながら△ | 疾風炎舞扇 | 2頭の火竜が作りだす激しい炎の竜巻で前方の敵を攻撃する |
| R1を押しながら〇 | ギラ | 呪文を唱え高熱の炎を地面に走らせる |
| R1を押しながら〇長押し | ベギラマ | 呪文を唱え蛇行する高熱の炎を地面に走らせる |
| R1を押しながら〇長押し | ベギラゴン | 呪文を唱え2本の蛇行する高熱の炎を地面に走らせる |
| R1を押しながら✕ | さそうおどり | 見るものを魅了する舞いで周囲の敵を引きつけそのしゅび力を下げる |

## 必殺技 ドラゴラム

〇（ハイテンション時）

両手に持つ扇を大きく降って激しい舞を踊り、巨大なドラゴンに変化。ドラゴンは前方左から右へと炎のブレスを吐いて攻撃、灼熱の炎により敵に大ダメージを与えるぞ。

効果範囲

第一章 キャラクター／マーニャ

# マーニャのスキル

両手に持った扇で舞を踊るように攻撃する。呪文は「ギラ」を使うぞ。

## とくぎ・じゅもん

- おうぎのまい / — / 3P

- 疾風炎舞扇 / なし / 6P

- ギラ / なし / 4P
- ベギラマ / ギラをおぼえている / 8P
- ベギラゴン / ベギラマをおぼえている / 16P

## マーニャ専用

| さそうおどり なし 6P | おうぎのまい強化 おうぎのまいをおぼえている 8P | 空中おうぎのまい おうぎのまいをおぼえている 8P | 空中疾風炎舞扇 疾風炎舞扇をおぼえている 8P |
|---|---|---|---|
| 空中でギラ ギラをおぼえている 5P | さそうおどり強化 さそうおどりをおぼえている 8P | アンコール なし 20P | みわくのおどり なし 8P |
| さいだいMP+5 なし 10P | さいだいMP+5 なし 10P | みのまもり+5 なし 10P | かしこさ+5 なし 10P |
| ハイテンション持続+8秒 Lv32以上 15P | MP消費しない率+10% Lv28以上 15P | 会心時MP大回復 Lv32以上 8P | 瀕死時徐々にテンションアップ なし 6P |

## パラメータ

| さいだいHP+10 なし 3P | さいだいHP+10 なし 3P | さいだいHP+10 Lv20以上 5P | さいだいHP+10 Lv25以上 7P | さいだいHP+10 Lv32以上 8P |
|---|---|---|---|---|
| さいだいMP+5 なし 3P | さいだいMP+5 なし 3P | さいだいMP+5 Lv16以上 5P | さいだいMP+5 Lv25以上 7P | さいだいMP+5 Lv32以上 8P |
| ちから+5 なし 3P | ちから+5 なし 3P | ちから+5 Lv19以上 5P | ちから+5 Lv26以上 7P | ちから+5 Lv32以上 8P |
| みのまもり+5 なし 3P | みのまもり+5 なし 3P | みのまもり+5 Lv23以上 5P | みのまもり+5 Lv28以上 6P | みのまもり+5 Lv32以上 7P |
| かしこさ+5 なし 3P | かしこさ+5 なし 3P | かしこさ+5 Lv19以上 6P | かしこさ+5 Lv24以上 7P | かしこさ+5 Lv32以上 8P |

## 特殊なこうか

| きようさ小アップ なし 6P | きようさ大アップ Lv28以上 15P | みかわし強化小 なし 6P | テンション上昇量アップ Lv22以上 6P | ハイテンション持続+2秒 なし 3P |
|---|---|---|---|---|
| 会心時MP小回復 Lv16以上 3P | 会心時こうげき力アップ なし 15P | 会心時しゅび力アップ なし 6P | 瀕死時こうげき力アップ なし 15P | 瀕死時しゅび力アップ なし 6P |

## ◇◆◇ マーニャのおすすめ戦術 ◇◆◇

### 群がる敵を蹴散らす！

#### 「さそうおどり」で引きつけよう

敵集団の中心へ突っこんで「さそうおどり」を踊ろう。多くの敵が踊りに引きつけられたら、「疾風炎舞扇」を使って一網打尽にするのだ。

→「さそうおどり」中は、攻撃されないぞ。

### 強力な敵をねらいうち！

#### 空中から「バーニングスピン」だ！

敵に接近して「疾風炎舞扇」で攻撃しながら高く飛びあがるのだ。空中から「バーニングスピン」を使って、ダメージを与えて転倒させよう。

→空中からなら、敵の攻撃に邪魔されにくい。

## とくぎ・じゅもん

### おうぎのまい　消費MP：8

`R1`を押しながら`□`

すばやく回転するように舞を踊り、両手に持った扇をブーメランのように飛ばす。飛んだ扇は自身を中心に飛びまわり、周囲にいる敵を攻撃するぞ。

効果範囲

| おぼえる条件 | 初期習得 |
|---|---|
| 必要ポイント | ― |

### 疾風炎舞扇　消費MP：12

`R1`を押しながら`△`

後方に宙返りしながら高く飛びあがり、炎を纏った扇を飛ばす。炎が2体のドラゴンのような竜巻となり、周囲にいる敵にダメージを与えるのだ。

効果範囲

| おぼえる条件 | なし |
|---|---|
| 必要ポイント | 6P |

### ギラ／ベギラマ／ベギラゴン　消費MP：5／9／17

`R1`を押しながら`○`
（ベギラマ以降は長押し）

炎の衝撃波を飛ばす。「ギラ」は真っすぐ、「ベギラマ」はジグザグに、「ベギラゴン」は2本の衝撃波を飛ばすぞ。

効果範囲　ギラ　ベギラマ　ベギラゴン

|  | ギラ | ベギラマ | ベギラゴン |
|---|---|---|---|
| おぼえる条件 | なし | 「ギラ」をおぼえている | 「ベギラマ」をおぼえている |
| 必要ポイント | 4P | 8P | 16P |

## 注目スキル

### さそうおどり　消費MP：8

`R1`を押しながら`×`

扇を振り、魅惑の踊りで敵を魅了する。再びボタンを押すまで踊りつづけるので、長時間の足止めが可能だ。

効果範囲

| おぼえる条件 | なし |
|---|---|
| 必要ポイント | 6P |

### ▶ 空中おうぎのまい

ジャンプなどで空中に飛びあがった状態で「おうぎのまい」が発動できる。敵の攻撃を回避しながら発動ができ、空を飛ぶ敵などにも攻撃がしやすくなる。

←空中で「おうぎのまい」を発動した場合、発動中に少し空中を移動できる。

### ▶ 空中疾風炎舞扇

空中にいる状態で「疾風炎舞扇」を発動できるようになるぞ。また、技後に「空中おうぎのまい」をつづけて発動できるのだ。

↑空中発動で連続攻撃が可能になる。

### ▶ 空中でギラ

空中でギラ系の呪文が使用可能になるぞ。詠唱中は空中に留まるので、周囲に敵がいても邪魔されずに発動が可能になるのだ。

↑空中からでも衝撃波は地上を走る。

第一章 キャラクター／ホミロン／ガゴラ

## ホミロン
◆CV：釘宮理恵

人と心を通わすホイミスライム

わ わかった！
ぼく がんばるよ！

主人公たちといつも行動を共にするちょっぴり弱虫な魔物。頭に乗せた冠がトレードマークで、いつも肌身離さず身に着けている。

頭に乗せた冠は光のうでわによく似ているぞ

ピンチのときに「ホイミ」で助けてくれるんだ！

## ガゴラ

試練を授けるほこらの番人

挑戦する覚悟ができたら試練のほこらを訪れるがいい

試練のほこらの番人は、いにしえの昔よりほこらを訪れる者たちに、さまざまな試練を授けてきた。主人公の成長を見守り、その時々の力に見合った試練を授けてくれる。

# 特報

## 『DQⅣ』より現れし魔剣士に期待せよ!!
### 『DQⅣ』の人気キャラが、今後無料DLCで追加参戦決定！

## 冷徹なる魔剣士 ピサロ
◆CV・小野大輔

進化の秘法を捨て
本来の姿を取り戻した魔族の王。
強力な剣をたずさえ、
装い新たに参戦する。

---

**配信されるDLCは『ドラゴンクエストヒーローズ
闇竜と世界樹の城』公式サイトでチェック!!**

**ソフト発売後も最新情報が続々公開されるぞ！**

公式サイトには『DQH』に関するキャンペーンや無料配信DLCなど、最新情報がたくさん掲載されているぞ！定期的にアクセスして、『DQH』情報通になろう！

**公式サイトはこちらへアクセス!!**
http://www.dragonquest.jp/heroes/index.html

# 仲間モンスター

一緒に敵と戦ってくれる仲間モンスターのステータスや能力がわかるデータリスト！

## 仲間モンスターデータの見かた

**1** 仲間モンスターの種族名と外見

**2** 仲間モンスターの基本能力

パラメータを★～★★★★★の5段階で記載。

**3** タイプ

タイプには、ディフェンスとアシストの2種類ある。

**タイプの解説**
ディフェンス：呼びだされた場所の近くでHPが0になるまで戦う。
アシスト：呼びだされたときに、攻撃特技や呪文などを1回だけ使ってすぐにいなくなる。

**4** スロット

コインを拾ったときに使用される枠のサイズを表記している。

**5** なかまメモ

仲間モンスターの使用特技や戦いかたなどを解説している。

## 仲間モンスター Index

| モンスターの種族 | ページ | モンスターの種族 | ページ | モンスターの種族 | ページ | モンスターの種族 | ページ |
|---|---|---|---|---|---|---|---|
| アークデーモン | P075 | ゴーレム | P078 | ドラキーマ | P081 | ボストロール | P084 |
| おおきづち | P075 | さまようよろい | P078 | ドラゴンソルジャー | P081 | ホークマン | P085 |
| おどるほうせき | P075 | しびれくらげ | P078 | トロル | P082 | まじゅつし | P085 |
| がいこつ | P075 | しりょうのきし | P079 | ばくだん岩 | P082 | マドハンド | P085 |
| ガーゴイル | P076 | シルバーデビル | P079 | バトルレックス | P082 | ミニデーモン | P085 |
| きとうし | P076 | ストーンマン | P079 | バブルスライム | P082 | ミミック | P086 |
| キメラ | P076 | スマイルロック | P079 | ひとくいばこ | P083 | メイジキメラ | P086 |
| キラーアーマー | P076 | スライム | P080 | ピンクモーモン | P083 | メタルハンター | P086 |
| キラーパンサー | P077 | スライムナイト | P080 | ブラウニー | P083 | メタルライダー | P086 |
| キラーマシン | P077 | スライムベス | P080 | ベビーサタン | P083 | モーモン | P087 |
| キングスライム | P077 | タホドラキー | P080 | ベホマスライム | P084 | ようじゅつし | P087 |
| くさった死体 | P077 | どくどくゾンビ | P081 | ヘルクラッシャー | P084 | わらいぶくろ | P087 |
| ゴールドマン | P078 | ドラキー | P081 | ホイミスライム | P084 | | |

## コラム おなじみの名前もあるぞ

**仲間モンスターの名前は20種類の中から選ばれる**

配置された仲間モンスターは、それぞれ特別な名前で表示される。種族ごとに30種類の名前から選ばれ、スラりんなどおなじみの名前もあるぞ。

名前のリストはP088を見よう！

## アークデーモン

| | |
|---|---|
| HP | ★★★★★ |
| ちから | ★★★ |
| みのまもり | ★★ |
| かしこさ | ★★★★ |
| タイプ | ディフェンス |
| スロット | 🟥🟥🟥 |

### なかまメモ
「イオナズン」を唱え周囲を大爆発させたあと持ち場を守り抜く。

## おおきづち

| | |
|---|---|
| HP | — |
| ちから | ★★ |
| みのまもり | — |
| かしこさ | — |
| タイプ | アシスト |
| スロット | 🟥⬜⬜ |

### なかまメモ
会心の一撃をおみまいする。

## おどるほうせき

| | |
|---|---|
| HP | — |
| ちから | — |
| みのまもり | — |
| かしこさ | — |
| タイプ | アシスト |
| スロット | 🟥🟥⬜ |

### なかまメモ
「ラッキーダンス」を踊り敵からゴールドを集める。

## がいこつ

| | |
|---|---|
| HP | ★ |
| ちから | ★ |
| みのまもり | ★ |
| かしこさ | ★ |
| タイプ | ディフェンス |
| スロット | 🟥⬜⬜ |

### なかまメモ
自分の頭を敵に投げつけたあと持ち場を守り抜く。

## ガーゴイル

| | |
|---|---|
| HP | ★★★ |
| ちから | ★★ |
| みのまもり | ★★ |
| かしこさ | ★★★★ |
| タイプ | ディフェンス |
| スロット | 🟧🟧⬛ |

**なかまメモ**
「マホトーン」を唱えて敵の呪文を封じたあと持ち場を守り抜く。

## きとうし

| | |
|---|---|
| HP | ★★ |
| ちから | ★★ |
| みのまもり | ★★★★ |
| かしこさ | ★★★ |
| タイプ | ディフェンス |
| スロット | 🟧🟧⬛ |

**なかまメモ**
「イオラ」を唱えて周囲を爆発させたあと持ち場を守り抜く。

## キメラ

| | |
|---|---|
| HP | ★ |
| ちから | ★★ |
| みのまもり | ★★ |
| かしこさ | ★★★ |
| タイプ | ディフェンス |
| スロット | 🟧⬛⬛ |

**なかまメモ**
自慢のつばさで飛びまわり持ち場を守り抜く。

## キラーアーマー

| | |
|---|---|
| HP | ★★ |
| ちから | ★★★ |
| みのまもり | ★★★★★ |
| かしこさ | ★★ |
| タイプ | ディフェンス |
| スロット | 🟧🟧⬛ |

**なかまメモ**
盾を使って敵に体当たりしたあと持ち場を守り抜く。

## キラーパンサー

| | |
|---|---|
| HP | ★★★ |
| ちから | ★★ |
| みのまもり | ★★★ |
| かしこさ | ★★★ |
| タイプ | ディフェンス |
| スロット | ■■■ |

### なかまメモ
するどいツメで敵を切り裂いたあと持ち場を守り抜く。

---

## キラーマシン

| | |
|---|---|
| HP | ★★★★★ |
| ちから | ★★★ |
| みのまもり | ★★★★★ |
| かしこさ | ★★★★ |
| タイプ | ディフェンス |
| スロット | ■■■ |

### なかまメモ
目の前の敵を一刀両断したあと持ち場を守り抜く。

---

## キングスライム

| | |
|---|---|
| HP | ★★★★★ |
| ちから | ★★★ |
| みのまもり | ★ |
| かしこさ | ★★★★ |
| タイプ | ディフェンス |
| スロット | ■■■ |

### なかまメモ
強烈な「スラ・スクリュー」で周囲の敵を吹き飛ばしたあと持ち場を守り抜く。

---

## くさった死体

| | |
|---|---|
| HP | ★★★ |
| ちから | ★★ |
| みのまもり | ★ |
| かしこさ | ★★★ |
| タイプ | ディフェンス |
| スロット | ■■■ |

### なかまメモ
タフな身体を活かして持ち場を守り抜く。

第一章 キャラクター／仲間モンスター

## ゴールドマン

| | |
|---|---|
| HP | ★★★★ |
| ちから | ★★★ |
| みのまもり | ★★★★ |
| かしこさ | ★★ |
| タイプ | ディフェンス |
| スロット | 🟥🟥🟥 |

### なかまメモ
「ゴールドシャワー」で敵からゴールドを集めたあと持ち場を守り抜く。

## ゴーレム

| | |
|---|---|
| HP | ★★★ |
| ちから | ★★ |
| みのまもり | ★★ |
| かしこさ | ★ |
| タイプ | ディフェンス |
| スロット | 🟥🟥🟥 |

### なかまメモ
地面を揺らしながら現れ持ち場を守り抜く。

## さまようよろい

| | |
|---|---|
| HP | ★ |
| ちから | ★★ |
| みのまもり | ★★ |
| かしこさ | ★★ |
| タイプ | ディフェンス |
| スロット | 🟥🟥⬜ |

### なかまメモ
目の前の敵を一刀両断したあと持ち場を守り抜く。

## しびれくらげ

| | |
|---|---|
| HP | ― |
| ちから | ― |
| みのまもり | ― |
| かしこさ | ― |
| タイプ | アシスト |
| スロット | 🟥🟥⬜ |

### なかまメモ
しびれる床を作りだす。

## しりょうのきし

| | |
|---|---|
| HP | ★ |
| ちから | ★★ |
| みのまもり | ★ |
| かしこさ | ★★ |
| タイプ | ディフェンス |
| スロット | ■■□ |

### なかまメモ
自分の首を敵に投げつけたあと
持ち場を守り抜く。

## シルバーデビル

| | |
|---|---|
| HP | ― |
| ちから | ★★★★ |
| みのまもり | ― |
| かしこさ | ★★★★★ |
| タイプ | アシスト |
| スロット | ■■□ |

### なかまメモ
立て続けに「メラミ」を唱える。

## ストーンマン

| | |
|---|---|
| HP | ★★★ |
| ちから | ★★★ |
| みのまもり | ★★★★ |
| かしこさ | ★★ |
| タイプ | ディフェンス |
| スロット | ■■■ |

### なかまメモ
敵を挑発して引きつけ「だいぼうぎょ」を
発動したあと持ち場を守り抜く。

## スマイルロック

| | |
|---|---|
| HP | ― |
| ちから | ★★★ |
| みのまもり | ― |
| かしこさ | ― |
| タイプ | アシスト |
| スロット | ■■□ |

### なかまメモ
前方に転がりぶつかった敵に
ボディプレスをおみまいする。

第一章 キャラクター／仲間モンスター

## スライム

| HP | ★ |
|---|---|
| ちから | ★ |
| みのまもり | ★ |
| かしこさ | ★ |
| タイプ | ディフェンス |
| スロット | ■■□ |

**なかまメモ**
敵を「スラ・ストライク」で吹き飛ばし持ち場を守り抜く。

## スライムナイト

| HP | ★★ |
|---|---|
| ちから | ★ |
| みのまもり | ★ |
| かしこさ | ★ |
| タイプ | ディフェンス |
| スロット | ■■□ |

**なかまメモ**
おとものスライムに乗って現れ持ち場を守り抜く。

## スライムベス

| HP | ★ |
|---|---|
| ちから | ★ |
| みのまもり | ★ |
| かしこさ | ★ |
| タイプ | ディフェンス |
| スロット | ■□□ |

**なかまメモ**
敵を「スラ・ストライク」で吹き飛ばし持ち場を守り抜く。

## タホドラキー

| HP | — |
|---|---|
| ちから | — |
| みのまもり | — |
| かしこさ | — |
| タイプ | アシスト |
| スロット | ■■□ |

**なかまメモ**
「ルカナン」を唱えて敵のしゅび力を下げる。

## どくどくゾンビ

| | |
|---|---|
| HP | ★★★★ |
| ちから | ★★ |
| みのまもり | ★ |
| かしこさ | ★★ |
| タイプ | ディフェンス |
| スロット | ■■□ |

### なかまメモ
おたけびをあげて周囲の敵を毒で冒したあと持ち場を守り抜く。

## ドラキー

| | |
|---|---|
| HP | ー |
| ちから | ー |
| みのまもり | ー |
| かしこさ | ー |
| タイプ | アシスト |
| スロット | ■■□ |

### なかまメモ
「マホアゲル」を唱えてMPを回復してくれる。

## ドラキーマ

| | |
|---|---|
| HP | ー |
| ちから | ー |
| みのまもり | ー |
| かしこさ | ー |
| タイプ | アシスト |
| スロット | ■■□ |

### なかまメモ
「ラリホーマ」を唱えて周囲の敵を眠らせる。

## ドラゴンソルジャー

| | |
|---|---|
| HP | ★★★★★ |
| ちから | ★★★ |
| みのまもり | ★★★★ |
| かしこさ | ★★★★ |
| タイプ | ディフェンス |
| スロット | ■■■ |

### なかまメモ
巨大なオノを振りまわし前方の敵を吹き飛ばしたあと持ち場を守り抜く。

第一章 キャラクター／仲間モンスター

081

## トロル

| | |
|---|---|
| HP | — |
| ちから | ★★★★★ |
| みのまもり | — |
| かしこさ | — |
| タイプ | アシスト |
| スロット | ■■■ |

**なかまメモ**
地面をめくりあげるほどの強烈な一撃を前方の敵に叩きこむ。

## ばくだん岩

| | |
|---|---|
| HP | — |
| ちから | — |
| みのまもり | — |
| かしこさ | — |
| タイプ | アシスト |
| スロット | ■■■ |

**なかまメモ**
いきおいよく転がり敵にぶつかると「メガンテ」を唱える。

## バトルレックス

| | |
|---|---|
| HP | ★★★★ |
| ちから | ★★★ |
| みのまもり | ★★★ |
| かしこさ | ★★★★ |
| タイプ | ディフェンス |
| スロット | ■■■ |

**なかまメモ**
激しい炎で周囲の敵を焼きつくし持ち場を守り抜く。

## バブルスライム

| | |
|---|---|
| HP | — |
| ちから | — |
| みのまもり | — |
| かしこさ | — |
| タイプ | アシスト |
| スロット | ■■■ |

**なかまメモ**
毒の沼を作りだす。

## ひとくいばこ

| | |
|---|---|
| HP | ― |
| ちから | ★★★ |
| みのまもり | ― |
| かしこさ | ― |
| タイプ | アシスト |
| スロット | ■■□ |

### なかまメモ
会心の一撃をおみまいする。

## ピンクモーモン

| | |
|---|---|
| HP | ― |
| ちから | ― |
| みのまもり | ― |
| かしこさ | ― |
| タイプ | アシスト |
| スロット | ■■□ |

### なかまメモ
かわいらしい動きでテンションを上げてくれる。

## ブラウニー

| | |
|---|---|
| HP | ― |
| ちから | ★★★ |
| みのまもり | ― |
| かしこさ | ― |
| タイプ | アシスト |
| スロット | ■■□ |

### なかまメモ
会心の一撃を連続でおみまいする。

## ベビーサタン

| | |
|---|---|
| HP | ― |
| ちから | ★★★★ |
| みのまもり | ― |
| かしこさ | ― |
| タイプ | アシスト |
| スロット | ■■□ |

### なかまメモ
「イオナズン」を唱えるがMPが足りず……かわりに爆弾で攻撃する。

第一章 キャラクター／仲間モンスター

## ベホマスライム

| HP | — |
|---|---|
| ちから | — |
| みのまもり | — |
| かしこさ | — |
| タイプ | アシスト |
| スロット | 🟥🟥⬛ |

### なかまメモ
「リベホイミ」を唱えて HPを回復してくれる。

## ヘルクラッシャー

| HP | ★★★★★ |
|---|---|
| ちから | ★★★ |
| みのまもり | ★★★★ |
| かしこさ | ★★★★ |
| タイプ | ディフェンス |
| スロット | 🟥🟥🟥 |

### なかまメモ
前方に斬撃を放ったあと 持ち場を守り抜く。

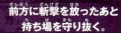

## ホイミスライム

| HP | — |
|---|---|
| ちから | — |
| みのまもり | — |
| かしこさ | — |
| タイプ | アシスト |
| スロット | 🟥🟥⬛ |

### なかまメモ
「リホイミ」を唱えて HPを回復してくれる。

## ボストロール

| HP | — |
|---|---|
| ちから | ★★★★★ |
| みのまもり | — |
| かしこさ | — |
| タイプ | アシスト |
| スロット | 🟥🟥🟥 |

### なかまメモ
いきおいよく転がり 前方の敵に大ダメージを与える。

## ホークマン

| | |
|---|---|
| HP | ★★★ |
| ちから | ★★ |
| みのまもり | ★★★★ |
| かしこさ | ★★★ |
| タイプ | ディフェンス |
| スロット | 🟥🟥⬛ |

### なかまメモ
「バギマ」を唱えながら現れ持ち場を守り抜く。

## まじゅつし

| | |
|---|---|
| HP | ★★ |
| ちから | ★ |
| みのまもり | ★ |
| かしこさ | ★★★ |
| タイプ | ディフェンス |
| スロット | 🟥🟥⬛ |

### なかまメモ
「ギラ」を唱えながら現れ持ち場を守り抜く。

## マドハンド

| | |
|---|---|
| HP | ― |
| ちから | ― |
| みのまもり | ― |
| かしこさ | ― |
| タイプ | アシスト |
| スロット | 🟥⬛⬛ |

### なかまメモ
泥の沼を作りだして敵を足止めする。

## ミニデーモン

| | |
|---|---|
| HP | ― |
| ちから | ★★★★ |
| みのまもり | ― |
| かしこさ | ★★★★ |
| タイプ | アシスト |
| スロット | 🟥🟥⬛ |

### なかまメモ
前方の敵に向かって「メラミ」を唱える。

第一章　キャラクター／仲間モンスター

085

## ミミック

| | |
|---|---|
| HP | — |
| ちから | ★★★★ |
| みのまもり | — |
| かしこさ | — |
| タイプ | アシスト |
| スロット | 🟥🟥⬛ |

### なかまメモ
得意の「ザラキ」を唱えて敵の息の根を止める。

## メイジキメラ

| | |
|---|---|
| HP | ★★ |
| ちから | ★★★ |
| みのまもり | ★★★ |
| かしこさ | ★★★★ |
| タイプ | ディフェンス |
| スロット | 🟥⬛⬛ |

### なかまメモ
氷を落としながら前方へ突進したあと持ち場を守り抜く。

## メタルハンター

| | |
|---|---|
| HP | ★★★★ |
| ちから | ★★ |
| みのまもり | ★★★ |
| かしこさ | ★★★ |
| タイプ | ディフェンス |
| スロット | 🟥🟥🟥 |

### なかまメモ
目の前の敵に矢を連射したあと持ち場を守り抜く。

## メタルライダー

| | |
|---|---|
| HP | ★★★ |
| ちから | ★★ |
| みのまもり | ★★★ |
| かしこさ | ★★ |
| タイプ | ディフェンス |
| スロット | 🟥🟥⬛ |

### なかまメモ
すばやい剣技で前方に衝撃波を放ったあと持ち場を守り抜く。

## モーモン

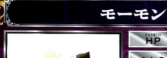

| | |
|---|---|
| HP | ― |
| ちから | ― |
| みのまもり | ― |
| かしこさ | ― |
| タイプ | アシスト |
| スロット | ■■□ |

**なかまメモ**
かわいらしい動きで
テンションを上げてくれる。

## ようじゅつし

| | |
|---|---|
| HP | ★★ |
| ちから | ★★ |
| みのまもり | ★★★ |
| かしこさ | ★★★ |
| タイプ | ディフェンス |
| スロット | ■■□ |

**なかまメモ**
「スクルト」を唱えて周囲の味方のしゅび
力を上げたあと持ち場を守り抜く。

## わらいぶくろ

| | |
|---|---|
| HP | ― |
| ちから | ― |
| みのまもり | ― |
| かしこさ | ― |
| タイプ | アシスト |
| スロット | ■■□ |

**なかまメモ**
「マホアゲル」でパーティ全員の
MPを回復してくれる。

# 仲間モンスターの名前

各モンスターに30種類ずつ用意されている名前をまとめて公開！

第一章　キャラクター／仲間モンスター

| 種族 | 名前 | | | | | | | | | |
|---|---|---|---|---|---|---|---|---|---|---|
| **アークデーモン** | アーモン | あかざわ | アクデン | あもろふ | ヴァイル | ウッシー | ギュウカ | ギルフォード | くろさき | ごんざ |
| | コンシア | さんきち | しもやん | しょうご | デアーク | デウクス | デクモア | デモーヌ | デモべえ | はばら |
| | バンコラン | ビーフラ | ピンシー | まさゆき | マスティ | またじ | モクディ | モデくん | モナーク | やえやま |
| **おおきづち** | オーくん | おおさき | オッチー | かすけ | きづちよ | きづちん | きづっち | キノックス | げんのう | ジャック |
| | じんごろう | スレッジ | ダイキ | だいごろう | ちおまる | チヅごん | チャールズ | チャイ | づちお | ハーマン |
| | ハマハマ | ハマりん | ビグハーン | フリーヤ | まさき | またえもん | まぶち | マロン | もふぞう | ルボンヌ |
| **おどるほうせき** | アモアモ | ウエノン | エティーカ | かいざん | カラット | きらの | くみよ | サッファー | シマくん | ジュエル |
| | じゅんぞう | ズトパ | ダイアン | タカーラ | ダンシル | ドルドル | ニワーク | ハルカン | ヒースイ | ぴかっち |
| | ぶっとん | ベライズ | ホーザン | マリリン | ミカエル | やす | ラルドン | リッチー | るびん | ロドリゲス |
| **ガーゴイル** | アウグス | いしやま | イルイル | イルゴー | インゴウ | ヴァッシュ | ガーこ | ガゴすけ | ガックル | ガッちゃん |
| | ゴイール | ジージー | ジャクソン | ズミサン | セイクー | せいすけ | そうへい | チェング | チオーネ | チキくん |
| | ツノっぷ | てんしゅ | トリーヌ | トリオニ | トリニタ | トントリ | ねぎし | ばたばた | ルガール | るみえ |
| **がいこつ** | エイブ | ガシャド | ギープス | くによし | ケルトン | コイーガ | こうべえ | こつこつ | こっち | こっつん |
| | シャレコーバ | すけさん | せいしろう | セボネン | ネホン | はやさか | ヒョーホル | ブルッキー | ボウンズ | ホーネバル |
| | ボーネリ | ボーン | ホネーロ | ほねお | ほねたろう | ぼんすけ | リバスト | ルーガル | ルシム | レイス |
| **きとうし** | アニミズ | アベノス | イーサン | イタッカ | いちぞう | イノーリ | ヴィヴィ | オーソル | カーネギー | かきざき |
| | かずま | カナック | キースフ | きどう | キトさん | キンジィ | キントシ | シムーク | シャマン | すいしょ |
| | チャームン | トシぼう | トンキー | ねがさき | ブレイア | ミーくん | ミカゲ | むらまつ | リアム | レンノ |
| **キメラ** | あすか | キーメル | キーリ | きめの | キメぽん | キメらん | キメリア | キラキメ | キリアス | ジョッキ |
| | そら | だいぞう | つかさ | てつ | トビー | とびやま | ドリタン | とりっち | とりはま | バサバサ |
| | はねにい | バルドフ | フェザー | ミオミオ | ミラン | メッキー | メリオン | モッチー | やぎぬま | ユリーカ |
| **キラーアーマー** | アーマル | アキラマ | アッキル | アマりん | アミアミ | ウレスラ | かなこ | きいち | キーマ | キラーム |
| | ごうぞう | このえ | すとろん | スレイヤ | セグメン | チェンメル | どうまる | ドッコア | フィルチ | ふくだ |
| | ブリガン | ブレッち | ボールス | メイル | ライオネル | ランスロー | りんじろう | ルイ | レーム | ロリカ |
| **キラーパンサー** | アンドレ | ウィフト | キーロフ | ギコギコ | キバ | こまざわ | サーベル | サキーラ | サグ | ソロ |
| | ただざね | チロル | バウムレン | バサーズ | ばさちー | はるおみ | バルシャン | バルヌ | パンクル | ビアット |
| | ヒノワ | ビビンバ | ひょうろく | ヘルキラ | ポリーン | モモ | ラーパン | ランサー | リンクス | レバこ |
| **キラーマシン** | アインシュ | インダス | エディソン | きしん | キラーマ | キラキー | きらのすけ | クリンゲ | ゴーン | コンティ |
| | さっちゃん | ジェット | ジャドー | じゅんち | シンクス | しんら | ストレム | たけちよ | タッツン | のっひー |
| | ブルキラ | マーシー | マーダー | ムサシ | メカぼう | やまと | ラキーン | らまのふ | レイジ | ロビン |

| 種族 | 名前 | | | | | | | | | |
|---|---|---|---|---|---|---|---|---|---|---|
| キングスライム | ウィリアム | オーガスタ | かずぼう | カッカー | カルロ | キゾック | キングス | キンスラ | きんぬし | グッさん |
| | グッスラ | クラウン | こういち | サクラヌ | じんた | スラおう | セリウス | たいしょう | デクスター | テラーオ |
| | ノリリン | ひさお | フィリップ | フーギー | フランソワ | ブルー | ブルゴリ | ヨーイチ | リッケン | ワンド |
| くさった死体 | アドル | アンデ | いまわぎ | オドッチ | かずや | くさかべ | くさたろう | クサックス | くさぬま | サンクル |
| | シキ | シゲぼん | ジョージ | スミス | デス | ドーン | どろブス | なおみち | フーハイ | ふかざわ |
| | ペドロ | ペンダルト | ボダーイ | マサール | モータル | ゆうぞう | ライミー | ロープス | ロッテン | ロバート |
| ゴールドマン | あんご | ヴァーリ | かねくら | かねみつ | ギルダー | クルーネ | ゴードル | ゴドルマ | ごるきち | ゴルゴル |
| | ゴルドン | ごんどう | サクマン | ジーマン | シリング | ぜんじ | タロース | デイナル | トキヤ | トラヴァ |
| | ドルバ | ナゲット | ベソン | ボドくん | もなみ | ラックス | リージュ | ルドーマ | レシオス | ワース |
| ゴーレム | あさお | いしお | エメス | オヌマン | オリオン | カンバラ | きみよし | ゴレムス | コンゾウ | ごんた |
| | サンダー | タイージ | たいら | たつま | ダビデ | チーハ | トラーケ | バスレ | ピース | ビョートル |
| | ふじたろう | ホンマ | マーオン | ミルーザ | モイモイ | モリゴー | ラッシュ | ロミオ | ロムルス | ロンダー |
| さまようよろい | アイアン | いたざね | うじさと | エンティ | ガチャ | ガントレ | グライン | ゲクラー | ゴンザロ | サイモン |
| | サマール | シュルト | ジョー | ジョニー | たたら | チャドース | チャリオン | にかいどう | のぶよし | ハウント |
| | ハルベルト | ひでみつ | ビレイト | フターミ | ヘンチマ | ミリアン | よしお | リューテ | ろいさま | ワンデル |
| しびれくらげ | アリュー | うみつき | エスター | クラウガ | くらげん | くらさわ | くらびー | ゲック | ゲッシー | ジェリー |
| | しばもり | シビこ | しびれん | シローヌ | しろふわ | スタちん | ゼラさん | トロン | バラージ | バラリン |
| | ビラゲ | ビリビリ | ビレーク | ビレくん | ふにゃお | マーフィ | みずは | ゆきみず | よしの | レビーラ |
| しりょうのきし | アムルダ | イアン | いちろう | カバネロ | キャベル | さむら | シーリョ | シェイキー | しのきし | スケルト |
| | スペクター | ダルッタ | てつご | テッド | トーテン | ドストフ | ビル | フラウン | ベイツ | ベンドラ |
| | ボール | ボンド | ミスタ | ムクロン | モート | もとみち | やすあき | やまぎわ | レムレス | ワイト |
| シルバーデビル | アイザック | エカード | おぎん | きよの | ギンおう | ぎんじ | さとる | シデーン | シビーヌ | シルキー |
| | シルビル | シルぼう | しろう | しろざる | シロっぷ | ぜんぞう | タジーマ | タルクス | デイビッド | デビこ |
| | バーディ | ハインリヒ | バルシール | バルビー | バンシー | ひでゆき | みなぎ | ルーシー | ルディ | ルビーバ |
| ストーンマン | いしざか | いしぞう | イワオ | ヴィラ | ヴェセル | うわっち | ガードナ | キーパー | きんじろう | ゲーテン |
| | ケンジ | コンシャ | しゃくじい | ジャニス | スーマン | ストニー | ストン | ストンプ | ドオール | バミやん |
| | ハワード | ブリジット | ベデスタ | ポエット | まつきち | モライオ | ユーガ | よしあき | ラシーモ | レティオン |
| スマイルロック | いわたろう | えいろく | ガンこ | きはちろう | きりしま | グリット | クローイ | ケニス | ゴロンド | すいせい |
| | スマック | せっきん | チャリー | ドナルド | ニコニコ | バガーン | ピエドラ | ビショー | ベニントン | マイルン |
| | マリアンヌ | マロック | むぐるま | ユウジ | ようすけ | りくどう | ロールン | ろきのす | ロクマス | ロッチャ |
| スライム | あお | アキーラ | おスラ | サスケ | シズック | スースー | スーラン | スラお | スラきち | スラすけ |
| | すらぞう | すらた | スラッシュ | スラッス | すらのしん | スラビー | スラぼう | スラまる | スラりん | スリップ |
| | スリム | セイくん | チャンプ | ブルージ | ムニブル | むろっち | むんべえ | メルトン | もちっぷ | ルーキー |

第一章　キャラクター／仲間モンスター

| 種族 | 名前 | | | | | | | | | |
|---|---|---|---|---|---|---|---|---|---|---|
| **スライムナイト** | アーサー | イートス | イムナル | エクター | エドワード | かしわだ | かねひろ | きっしー | こてっち | スラナイ |
| | スロット | ソネックス | タイーチ | ちゅん | トーマス | としくに | ナイティ | ナイトン | ぱろみー | ピエール |
| | まきや | マスター | みにまろ | ムナート | むなっち | モーレウス | モンバリー | ライモア | リチャード | ろでお |
| **スライムベス** | エミール | エリザベス | オレンヌ | けいいち | ジェレミー | スラチ | スラベス | ソルくん | タケぼう | ネリナ |
| | ベスお | ベスきち | ベスこ | ベスター | ベスたろう | ベスぼう | ベスミン | ベッシー | べっちー | ベッツ |
| | ベベ | ベルティ | ベローザ | むべのすけ | ムベんべ | ムベロン | むわっち | ライム | リンカ | ロペス |
| **タホドラキー** | あきほ | アナベリー | キーやん | キタホー | きはら | きんぞう | シュデム | セラム | タッキー | タフバット |
| | タホドラ | タンド | たんどら | つねもり | ディップ | ドータ | ドラッタ | なおた | ネリム | バッさん |
| | ホーキンス | ほたろう | ホドラック | ホドらん | ホミーカ | モリジエ | もりりん | もりろう | よしのぶ | ラキッホ |
| **どくどくゾンビ** | アダムス | ヴェニン | ぐーらん | げっぴー | こがねい | サンゲリー | ジャックス | シュナイダー | ショーン | ステイル |
| | スリラー | セアーカ | セメタス | ゾゾビン | ゾンたろう | テトロ | どくお | ドクゾン | トックス | ニアジン |
| | ハザルド | ひろし | ひろゆき | ふじしろ | ぶすじま | ブワゾン | ボイどん | ボイビー | ゆずき | ローム |
| **ドラキー** | アイコ | あかさか | アルケード | いろひこ | ヴァンピー | おがた | カミラ | すぎやん | ダーレン | ドーリー |
| | ドミニク | ドラお | ドラきち | ドラクロー | ドラップ | ドラム | ドランタン | ノスヘラ | はくしゃく | バッドラー |
| | ボリドラ | まなぶ | まみや | ミワリン | モスキー | ヨッキー | らきすけ | らきぼん | ラッキー | ラミアン |
| **ドラキーマ** | あすま | アラント | えいいち | エドルガ | かける | カリーヌ | カレック | キマじろう | キマっち | こがねん |
| | スティーブ | セドス | タイト | たまき | たみお | ドマーヌ | ドラキマ | ドラドラ | ニケイア | はやま |
| | マーブル | まきらん | マッキー | マドーラ | マドラフ | みやじま | モンゴス | ヨーガマ | ラキーマ | ラマどん |
| **ドラゴンソルジャー** | アートル | イクミー | えいじろう | ガトール | くにひろ | ゴルゴ | ゴレンド | ザードン | ジャード | ジャゴラ |
| | ジャッキー | じゅんいち | ソランゴ | ソルゴン | たつじい | タッタ | デュバン | ドラソル | ドランジャ | にしかわ |
| | ニルセン | ぱらん | マフォス | みねお | ラディール | リヴァト | リざまる | リミスタ | リャンシ | ループス |
| **トロル** | あんじろう | ウッディ | かおる | かさね | かんいち | グエース | ゲッツィ | ゴーくん | ゴンぼう | シャリム |
| | タゴリラ | チグリス | ディンゴ | でえだら | ドミンゴ | トルンバ | どろーん | トロっち | トロルン | トンろう |
| | ピーリー | フォルク | ブクさん | ベルグ | べろべろ | マッシブ | むっち | ローるん | ロナルド | ロニー |
| **ばくだん岩** | いわだん | いわぼん | おいわ | カコーガ | かずみ | がんすけ | げんぶう | コジマン | ゴロゴロ | シュタイン |
| | ズガーン | ダイナ | だんぞう | つぶって | テツハン | ドッカン | ヌマージ | ノベイル | ばくだるま | バクチフ |
| | ばくのじ | バクやん | バッカイ | ハッパス | ボームバ | ぼむお | ボルダー | よんいち | りゅうも | ロッキー |
| **バトルレックス** | アックス | アルバート | エイスト | おばた | かついえ | きくじ | きょうすけ | ケセーラ | ザウラ | スパーダ |
| | ターボ | たつのしん | ティラン | ドランゴ | トルクス | バッカム | バトレア | バトレク | バルレス | ひろあき |
| | ブロンテ | ベンティス | ホイット | ムシュケ | ラブトレ | りゅうぞう | レクドラ | レッキン | レックウ | レツぼう |
| **バブルスライム** | あつし | あわお | あわっち | アワデル | あわはち | アワブール | あわぼん | アワワン | グリーン | しゃぼん |
| | ジュリナ | たかいち | トレディ | ぱちぱち | バブーラ | バブスラ | バブリィ | バブリーナ | バブルス | バブレ |
| | ブルーム | ブルタ | ベイパー | ぽいずん | ホイプス | ミツグ | ミドリン | ムーブル | もりぞの | ラムポン |

| 種族 | 名前 | | | | | | | | | |
|---|---|---|---|---|---|---|---|---|---|---|
| ひとくいばこ | イーター | イヴァン | いくと | いすず | イバコ | ヴァックス | ガジくん | クーこ | クーバー | こーくす |
| | シン | じんちょ | チョーツ | ティアナ | デージー | トコりん | なつひこ | バイーコ | バコウ | ハコっち |
| | はこづめ | ハコにい | バックル | ハニーバ | ヒクソン | ベネロビー | ボックス | やじま | よりざね | ラプラス |
| ピンクモーモン | アーニー | ウーモ | うえしげ | エデーン | くにまつ | ジェニス | すもも | ちなつ | とーきち | ナタリー |
| | ハービィ | ハインケル | はなえ | ピークル | ピクさん | ヒスイ | ピンキー | ピンコス | ピンちょん | マチャコ |
| | モーたん | モービン | モクッバ | もこっぶ | モモージ | モモカ | ももたろ | ももや | モンクス | モンシェル |
| ブラウニー | ウィレット | うまる | うらべ | かずあき | ココーア | サガーワ | しげまる | ダルマタ | チャズ | チャックス |
| | ちゃみ | ツッチー | つぼね | ドーゴ | トントン | ニゥちゃん | ニライブ | バーサ | バンホーン | ファニム |
| | ブニール | ブラーニ | ブラウン | ブラきち | ポコポコ | ミュラー | モクべえ | もたろー | ラウーラ | リーマス |
| ベビーサタン | アックル | アメーイ | コアクマ | こうすけ | コミダ | サターナ | サタちん | ジャブロ | しゅうこ | たっち |
| | ちーさた | デビーロ | デビちゃん | としひろ | なきほ | パピタン | バブール | ぴいさん | ビータン | ビルマン |
| | フィーン | フォーク | ベイーモン | ベビータ | ベビタン | ベビラー | マミタン | よりさだ | リュック | ワーグナ |
| ベホマスライム | あかすけ | あきよ | エレーヌ | オカビー | カイユウ | サルカン | ステりん | たかりん | てるま | ヌスタフ |
| | ハニー | ひーらん | ふみあき | ベイーム | ベホスラ | ベホック | ベホっち | ベホップ | ベホベホ | ベホぽん |
| | ベホマン | ベホみ | ホーマー | ホッスラー | ホマス | マーカス | ますらお | マッスラ | ミライ | レグルス |
| ヘルクラッシャー | アーミー | インパク | ウバーラ | かいのすけ | かずたか | クジョー | ゲロルト | ごうき | こわすけ | じごくん |
| | ジャイレス | シャヘル | ゾアンテ | たきまる | ディクト | デストロ | デモール | トムソン | バオング | はっかい |
| | ハルク | ビグボン | ブレクル | ヘルクラ | ヘルさま | ヘルみち | メイシス | やしゃ | ラッシャー | ルーイン |
| ホイミスライム | あおぼん | きゅあら | くすりん | くねぼう | げんきち | シュルフ | スラッポ | スラホイ | そういち | チャム |
| | デラック | トミー | はぴスラ | ふくちん | ホイくん | ホイすけ | ホイぞう | ホイちよ | ホイホイ | ホイまる |
| | ホイーム | ホーキー | ホーライ | ほむら | マルホイ | ミスラー | ミムさん | もちよ | もにもに | りかっち |
| ホークマン | いずみだ | ヴィンセント | エアりん | きよたか | くうちん | こへいじ | しのぶ | ジルベット | スカイエ | ソラマン |
| | タカオ | たかゆき | テキール | トグリル | とびきち | トマーン | とみよ | とりじん | ナオキネ | パピーザ |
| | バンクス | ハンジ | ヒコーヌ | ホーカー | ホーくん | ほくさい | ホックル | ホマット | マックス | やじろう |
| ボストロール | オヤびん | くっきん | くまじ | クローダ | コニー | ゴファザー | ゴンやん | サイトン | ストろう | スメルト |
| | デービス | てるきー | トスこ | トビーヌ | とろっこ | とろのしん | とろろ | トロンボ | ひこいち | ビッグ |
| | ボス | ボストコ | ボスロン | ボルスン | マダムン | ミタナー | ラムダ | ランボー | ルーボ | ルベール |
| まじゅつし | アウスト | アスター | おづの | くずのは | クロイツ | クロウリー | くろたん | けいおす | ジェラール | しましま |
| | しまぼん | シャーミー | じゅーじ | じゅっちー | ジョーカー | ジョゼ | ソロモーン | ツシマ | つもりん | どうしん |
| | バビー | バラケル | ヒーラー | まーくん | マージー | マーロン | マジック | マヒート | まめお | まんじ |
| マドハンド | おてて | グリーシ | しゅらむ | じんさく | スラッジ | セドリック | せんいち | テダート | テブー | ドーファ |
| | どろえもん | ドロテン | どろのじ | ぬまお | バリエル | ハンディ | ハンドロ | ファンゴ | ボボロス | マッディ |
| | マドンド | もどろん | よりずみ | ヨンド | リームス | ルトム | レマシー | ろうど | ロタぼう | ワーヘル |

第一章 キャラクター／仲間モンスター

第一章 キャラクター／仲間モンスター

| 種族 | 名前 | | | | | | | | | |
|---|---|---|---|---|---|---|---|---|---|---|
| ミニデーモン | あくぼん | アリエス | エムッピ | かずとし | クリック | コクベえ | このみ | こばし | シャイロ | つとむ |
| | ディアポ | デーちゃん | てつあき | デニア | デムーバ | デモっち | デモニン | デリト | としき | にゃみお |
| | プチデモ | ヘイター | みつひろ | ミニデビ | ミニモン | ミミーモ | モーミン | りかち | ルシファ | ルビモン |
| ミミック | アディフ | かつや | キューブ | クーみん | くまがみ | くみこう | クラッショ | グレイス | コバさん | ザッキー |
| | サブラー | ジェニファー | せいじ | ディーン | デミーク | ドニョク | ハコイル | ハコぼう | バッコス | ブイヨン |
| | ポルカ | ミクッパ | ミクラモ | ミっくん | ミミー | ミリーヤ | みんこ | ムーさま | ヤマシー | りょうぞう |
| メイジキメラ | あさみ | アンデス | ヴァーチャ | カーター | キジくん | キメージ | キメーベル | キメじい | きめじろう | キメぞう |
| | クリアー | くるす | ジゼル | とやま | とりひろ | ののむら | パドマ | ヒコー | ファウル | マクレガー |
| | メイキメ | メイジン | メイファン | メイメイ | メキちょん | メッジー | ヨーク | ランラン | わしお | ワゾー |
| メタルハンター | カラール | ガリウン | クロム | コジロウ | コバルテ | スピット | タルティ | たるほ | チイさん | つなよし |
| | ティング | てつのじ | ノーベリ | バナージ | はんぞう | ハンちゃん | ハンドー | ハンメル | ファルセ | マグナー |
| | メターグ | メタこ | メタハン | メタルガ | メッター | モーデン | モルファ | よしひろ | ルコン | レザノス |
| メタルライダー | イザーク | ウェイン | ガラハッド | ギデオン | グライデ | けいじ | ジョック | ストラ | たるじろう | てつきし |
| | てるお | ニコラス | パーシー | ハザール | ベルーノ | ミルダン | メタディ | メタべえ | メタライ | メタルダ |
| | めっきち | メルダー | ライダー | らいでん | ライメイ | ライリオ | ラダッタ | ランス | リマソン | リンゼ |
| モーモン | うしお | エマ | キャトル | しんぐう | トモくん | ニルス | ひでじ | マイケル | みう | ミルキー |
| | メアリー | モイーズ | モーザス | モーすけ | モノトン | モモりん | モリー | モリーン | モリソン | モリッツ |
| | モルモー | モンキー | モンきち | もんざえもん | もんじゃ | モンたん | モンティ | モンティーヌ | モンモン | モンロー |
| ようじゅつし | あにまろ | あやかし | エイジ | エルビス | オビト | かよう | きみまろ | ギョウジ | コーキン | こくしょう |
| | コレオ | ジェシア | ジューシー | しょぼん | シルビア | そうみん | ビーキー | フレイザー | ベニッサ | まろ |
| | みきたぬし | ミネルバ | ミラール | ムラジ | メイロー | やすかつ | ようきち | ようじろう | ヨーモ | レジナル |
| わらいぶくろ | エクぼう | おさぶ | クルトン | くろいぶ | ケタケタ | ゲラさん | こたろう | サンタナ | たけまる | ダスティ |
| | チェッキー | ディアンヌ | ニコぼん | ニコロ | ニタニタ | バッグ | バックシ | フーシャ | ブーちゃま | ふくてい |
| | ふくふく | ふみえ | ポーちん | ほってい | マオール | ラーフ | りょういち | ルラーナ | ワハこ | わりゃーん |

# 第二章
## システム

バトルアクションに始まり、
DQシリーズならではの
スキルポイントや錬金など、
さまざまなゲームシステムを知ろう。
知識もまた、キミを強くするはずだ。

# ゲームの基礎知識

ゲームの流れやバトルのルールなど『DQH』の基礎知識を解説！

## 主人公の選択

### 異なる属性を操る2人から選んでスタート！

ゲームスタート時はアクトとメーアの一方を主人公に選択する。選ばなかった方も味方として一緒に行動し、キャラクターチェンジで操作できるぞ。

←アクトとメーアはどちらも片手剣を使い、アクションにあまり差はない。ただし、一部の特技や呪文が変わるのだ。

## ゲームの流れ

### バトルへの出発と拠点への帰還をくり返してゲームを進行！

活動の足場として拠点が用意されていて、バトルを終えると必ず拠点に帰還する。そこでさまざまな準備を整えたら、目的地を選んで次のバトルに出発するのだ。それをくり返してゲームを進行しよう。

### バトル ➡P096

**敵をガンガン撃破して目標を達成せよ！**

物語に沿って展開するストーリーバトルのほか、クエストバトルとフリーバトルも数多く待ち受けるぞ。

| バトルの種類 | |
|---|---|
| ●ストーリーバトル | ➡P111 |
| ●クエストバトル | ➡P194 |
| ●フリーバトル | ➡P204 |

←さまざまなモンスターが群れをなして襲いかかる。なぎ倒してバトルごとの目標を達成しよう！

**出発 ↑　くり返す！　↓ 帰還**

### 拠点 ➡P106

**さらなる激戦に備えて準備を整えろ！**

拠点は施設が充実していて、装備品の調達やパーティメンバーの入れ替えを行える。拠点にはキャンプと空艦バトシエの2種類があるぞ。

| 拠点でできる主なこと | |
|---|---|
| ●スキル習得 | ➡P105 |
| ●パーティ編成 | ➡P107 |
| ●装備新調 | ➡P107 |
| ●クエスト受注 | ➡P108 |

←スキル習得も拠点での大切な作業。キャラがどんどん強くなる！

↑空艦バトシエの施設では、アクセサリーの錬金も楽しめるのだ。

# バトルのルール

## バトルの目的に合わせて立ちまわりを変えていこう！

バトルの目的は大まかに下記の3つにわけられる。目的により、敵の行動パターンなども変わってくる。フィールドの進みかたや、倒す敵の優先順位など、こちらの動きも変えて対応していくといいだろう。

### モンスターの全滅
**敵集団を残らず撃破！**
フィールドに出現するすべてのモンスターを倒すことが目的。とにかく攻撃あるのみ！

### 防衛対象を守る
**対象のHPを死守！**
防衛対象のHPがなくならないように、モンスターの激しい侵攻から守ってあげよう。

防衛対象のHP

### ボスモンスターを倒す
**強大な敵との死闘！**
ドラゴンやギガンテスなどのボスモンスターが出現。ボス専用のHPゲージがあるぞ。

ボスのHP

## バトル画面の見かた

各種ゲージや仲間モンスターの状況などバトル画面内のさまざまな情報は、戦況に応じて刻一刻と変化する。すべての情報に目を配ることが勝利への近道だ。

### ◇◇◇ 基本画面

### ◇◇◇ サブウィンドウ表示画面（R1を押す）

① **味方キャラクターの情報**
操作していないパーティメンバーのレベルとHP。

② **操作キャラクターの情報**
操作しているキャラクターのレベルと各種ゲージ。

③ **ヒット数**
攻撃がどれだけ連続でつながっているかをカウント。
・HPゲージ　・MPゲージ　・経験値ゲージ
・テンションゲージ　→P098

④ **仲間モンスタースロット**　→P104
呼びだせる状態になっている仲間モンスターの種類。

⑤ **所持ゴールド**
バトル中に獲得したゴールドが加算されていく。

⑥ **ミニマップ**
マップ全体図。対応するボタンで拡大／縮小も可能。

⑦ **世界樹の葉**　→P099
枚数のぶんだけ倒れた味方を復活させられる。

⑧ **アイテム獲得ログ**　→P101
バトル中に獲得したアイテムの種類と獲得者を表示。

⑨ **ホイミストーンウィンドウ**　→P099
所持しているホイミストーンの一覧を表示する。

⑩ **特技・呪文ウィンドウ**　→P097
習得している特技・呪文の一覧を表示する。

第二章　システム／ゲームの基礎知識

095

# バトルアクション

バトルで役立つ多彩なアクションを解説。使い道を覚えておこう！

## こうげき1・こうげき2

こうげき1：□ ／ こうげき2：△

### 攻めの起点となる強弱2種類の基本攻撃！

基本攻撃は2種類あり□でこうげき1を、△でこうげき2をくり出せる。こうげき1は威力は低いもののすばやく攻撃できるのが利点。モーションの大きいこうげき2は少しスキがあるが、威力や攻撃範囲に優れる。

↑敵と密着したときも先手をとりやすい！

↓広範囲をカバーして複数の敵を攻撃！

## 連続攻撃（コンボ）

特定のコマンドを入力

### コマンドを組み合わせて多彩な攻撃をくり出そう！

特定のコマンドを組み合わせると連続攻撃が発生する。すばやく連続入力したり、タイミングを合わせてつなげたり、使用武器によっていろんなタイプがあるぞ。

### 連続入力系

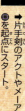

→片手剣のアクトやメーアは□を起点にスタート。

→△まで連続で入力すれば最後に大技をくり出す！

### タイミング系

→ジュリエッタのブーメランは投げたあとに戻るので…

→キャッチした瞬間に次のコマンドを入れれば別の技が！

## 弱体系特技・呪文に強いモンスターも！

味方は装備品で、敵の攻撃に対するさまざまな耐性を上げられる。モンスターの中にも、弱体系に対しては耐性を持つものがいるぞ。

### 耐性の種類

- 物理攻撃：殴る、斬るなど
- 攻撃系特技・呪文：メラ、ドラゴンのブレスなど
- 弱体系特技・呪文：ルカニ、マヌーサなど

## 特技・呪文　　R1を押しながら □・△・○

### MPを消費して強力な攻撃を発動だ！

MPを消費して習得済みの特技・呪文を放つ。MPは自動で回復するので、手ごわい状況ではガンガン使っていこう。また、段階のある特技・呪文はボタンを長押しすることで上位のものに切り替わっていくぞ。

↑連続攻撃よりさらに強力な性能！

↓ボタン長押し中は攻撃にもひるまない。

**ボタン長押しによる段階技の使いわけ（例：デイン系呪文）**

| ボタン入力ですぐに発動可 | ボタン長押しで発動可 | さらにボタン長押しで発動可 |
| --- | --- | --- |
| 1段階目：デイン | 2段階目：ライデイン | 3段階目：ギガデイン |

 →  →

## ジャンプ　　×

### その場で飛びあがって空中攻撃へ！

進行方向に向かって飛びあがる。空中からも攻撃をしかけられるほか、段差や障害物を乗りこえられる。

→使い勝手のいい空中攻撃を持つキャラクターも多いのだ。

## みかわし　　R2

### 攻撃を避けながら移動可能！

前転やステップをすばやく行い、敵の攻撃をとっさにかわす。アクション開始時に無敵時間がある。

→みかわしの動作はキャラクターによって変わってくる。

## ぼうぎょ・カウンター　　L1

### 守りをかためて敵の猛攻を防げ！

防御中に正面から攻撃を受けた場合、武器や盾の防御力より低いダメージが0になるぞ。また、特定のキャラはスキルを覚えると、タイミングよくL1を押すことで攻撃をはじき返したり反撃できる。

→猛攻を防御でしのぎながら反撃のチャンスを待つ！

←カウンターは攻守を兼ねそなえた便利なアクション。タイミングを見きわめよう。

**ふき飛び中はL1でダウンを回避！**
敵の攻撃でふき飛ばされると、通常はダウンして起きあがるのに時間がかかる。だが、空中で受け身をとっておけばダウンせずに着地できるぞ！

# ハイテンション

テンションゲージ最大で◯

## テンションゲージをためて秘めたるチカラを引きだそう！

テンションゲージが最大のときはいつでもハイテンションになれ、一定時間が経過するか必殺技を発動するまで状態が持続する。また、特定のクエスト（→P105）をクリアするとテンションの段階がアップするぞ。

↑超パワーアップするスペシャルタイム！

↓ハイテンション中は体がオーラを放つ！

## テンションゲージをためる方法

### いつでもゲージをためられる！

テンションゲージは自動ではたまらず、攻撃を当てるか◯を長押しすることでたまっていく。早いうちにゲージが最大に達すればそれだけ有利に戦えるので、普段からゲージためを意識して行動しよう。

**攻撃を当てる**

←ヒット数が増えると大きくたまる。中断しないようにスムーズにコンボをつなげること！

**◯を長押しする**

←◯を押している間は少しずつたまっていく。無防備になるので敵のいない場所で！

↑敵の多い場所でガンガン攻め続けるとゲージの伸びがいい。ハイテンションをめざしてどんどんためよう！

## ハイテンション中のメリット

### 敵集団を一気に蹴散らす大チャンス！

ハイテンション中はたくさんのメリットを受けられる。たとえば攻撃力や移動速度が上がり、MPを消費せずに特技・呪文を使えるのだ。通常時は使えない2段ジャンプや空中みかわしが可能になるのも大きいぞ。

**発生する効果**
- ●状態異常が消える　●攻撃力がアップ
- ●移動速度がアップ
- ●無敵になる
- ●2段ジャンプ（空中で✕）ができる
- ●空中みかわし（空中でR2）ができる
- ●MPを消費せずに特技・呪文が使える
- ●必殺技（◯）を発動できる

←習得している中でもっとも強い特技・呪文を連発可能。目の前の敵に好きなだけぶちかまそう！

→特技・呪文をはるかにしのぐ強力な必殺技が一度だけ使える。並のモンスターなら一撃でKO！

**必殺技**

←2段ジャンプと空中みかわしの使いかたをきちんと覚えておこう。

## ロックオン `R3`

### 攻撃のターゲットを切り替えよう！

ロックオンするとカメラがその敵を追いかけるのだ。ボスや魔扉の番人などの強敵をロックオンできるぞ。

→対象の切り替えはロックオン中に右スティックの左右。

## キャラクターチェンジ `L2`

### 好きなときに操作キャラを交代！

操作するキャラクターをほかのパーティメンバーに切り替える。物語を進めると使えるようになるぞ。

→臨機応変に切り替えて状況に適したキャラを操作！

## 世界樹の葉　倒れた仲間の近くで✕

### 倒れた仲間に近づいてすぐに復活させてあげよう！

HPが0になったキャラクターはその場で倒れ、キャラクターチェンジもできない。ただし、ほかのキャラで近づいて世界樹の葉を使うと復活し、HPがフル回復した状態でバトルに復帰できるのだ。

↑世界樹の葉はバトルごとに使用できる回数の制限がある。残り回数を常に把握しておこう。

使用可能回数

→画面上にコマンドが表示されたら使用可能だ。すぐに復活するぞ。

## ホイミストーン　`R1`を押しながら方向キー上

### パーティのHPを瞬時に回復！

物語中にホイミストーンを入手したあとは、拠点の教会でチカラを満たすことでバトル中に味方全員の回復が行える。回復には「ホイミ」や「ベホマ」など4種類があり、それぞれ回復量が変わるのだ。

所持ホイミストーン

←ホイミストーン1つにつき1回の回復が可能。所持数は特定のクエスト（→P105）で増やせるぞ。

### 回復の種類

 ホイミ（小回復）
 ベホイミ（中回復）
 ベホイム（大回復）
 ベホマ（完全回復）

→常に全員のHPをチェック。ピンチの味方がいたらホイミストーンの出番！

### ホイミストーンの準備については P107 へ！

# バトルの知識

アクションだけじゃなく、バトルに関するすべての知識を学ぼう！

## オプションメニュー

### バトルを中断してさまざまな情報をチェック！

オプションメニューを表示させるとバトルが一時中断し、「バトル情報」、「アクション一覧」、「せんれき」、「リレミト」などの各メニューを利用できるぞ。

←一部を除いて拠点でも共通のメニューが使えるのだ。

### オプションメニュー一覧

| | |
|---|---|
| バトル情報 | バトルにおける現在の行動目的が表示される。何をするべきか迷ったらここで確認しよう。 |
| せんりひん | 現在獲得しているゴールドと素材の一覧。ここにあるものは拠点への帰還時に入手できる。 |
| アクション一覧 | 各パーティメンバーが現在使えるアクションの一覧。操作タイプの切り替えも行える。 |
| せんれき | 討伐モンスターリストや素材リストなどの戦いの記録。各項目のコンプ率も確認できる。 |
| さくせん | 受注中のクエストやプレイマニュアルを確認できる。システムやカメラの設定もOK。 |
| リレミト | バトルから離脱して拠点に帰還する。フリーバトルではバトルを終了するときに必要。 |

## ルーラ

R1を押しながら✕

### 戦況に応じてマップのルーラストーンを行き来！

クエスト「ルーラの試練」（→P194）を達成すると主人公は「ルーラ」を覚え、特定のバトルでルーラストーンが現れるようになる。「ルーラ」を使ってフィールド内をスムーズに移動しよう。

↑防衛対象の近くにルーラポイントがあるなら必ず起動を。離れた場所からでもすぐに警護に向かえるぞ！

### ルーラの利用手順

**❶ ルーラストーンに目印をつける**

←ルーラポイントを発見したら✕で起動。自動的に目印がつけられる。

**❷ ルーラを使用して行き先を選択**

←「ルーラ」使用時は起動済みのルーラポイントがマップ上に表示される。

**❸ 選んだ行き先に瞬時にワープ！**

←どんなに離れていても「ルーラ」が発動した瞬間にその場所にワープ！

### ルーラ使用のルール

- クエスト「ルーラの試練」を達成した主人公のみ使用できる
- 使用ごとにMPを消費する
- 同じバトル内で何回でも使用できる
- ルーラストーンの設置数はマップによって異なる

# アイテムやゴールドの入手

## 宝箱や敵からアイテムを入手しよう！

バトル中のアイテム入手方法は「宝箱を開ける」、「ツボを壊す」、「敵を倒す」の3パターン。回復アイテムや素材が手に入るぞ。

### 宝箱
**出現するもの**
ゴールド、素材、ちいさなメダル、敵に変化（ミミックなど）のうちいずれか1つ

### ツボ
**出現するもの**
ドロップアイテムのうちいずれか1つ

### 敵を撃破
**出現するもの**
①ゴールド
②モンスターコイン、ドロップアイテム、ちいさなメダル、素材、錬金レシピのうちいずれか1つ

※上記の①、②を同時に入手可

↑アイテムは持ちこめないのですべて現地調達。HPやMPを回復するためにもどんどん集めよう！

↓宝箱からはいいアイテムが手に入りやすい。ステージ中を探索して全回収！

←敵はさまざまなものを落とすぞ。

### ドロップアイテムリスト

| アイテム名 | 効果 |
| --- | --- |
| やくそう | 獲得した者のHPを回復する。 |
| 特やくそう | 獲得した者のHPを大きく回復する。 |
| まほうのせいすい | 獲得した者のMPを回復する。 |
| エルフの飲み薬 | 獲得した者のMPを全回復する。 |
| ファイトいっぱつ | 獲得した者の攻撃力を一定時間アップする。 |
| たたかいのドラム | 味方全員の攻撃力を一定時間アップする。 |
| ふしぎなタンバリン | 獲得した者のテンションゲージをアップする。 |
| 世界樹の葉 | 世界樹の葉を1枚獲得する。 |

## HPがピンチのときはホミロンが助けに来てくれる！

HPが大きく減るなど特定の条件を満たすと、どこからともなくホミロンが現れて操作キャラクターを一定量回復してくれる。ピンチを救ってくれるのだ！

「ぼくが回復してあげるからね！」

↑周囲に敵がいると来てもらえない。これ以上ダメージを受けないように遠くまで逃げて出現を待とう。

**ホミロン出現条件**
● 操作しているキャラクターのHPゲージの色が黄色以下
● 操作しているキャラクターの周囲に敵がいない
● 同バトルでの2回目以降の出現は1分以上経過する必要がある
● ホミロンが仲間から外れていない

## 魔物の扉

### 魔扉の番人をすばやく倒して魔物の出現をシャットアウト！

次元の裂け目である魔物の扉からは次々にモンスターがわき出てくる。いくら倒してもキリがないので、近くにいる魔扉の番人を優先して倒すようにしよう。番人がいなくなれば魔物の扉も消滅するぞ。

魔扉の番人
魔物の扉

←防衛対象がいるときなどは、一刻も早く魔物の扉をなくしておこう！

## 発明品の利用

### すさまじい威力の発明品を利用して大ダメージを与えよう！

バトルによっては魔弾砲やバリスタといった発明品が設置されている。照準を合わせる特別な操作が必要だが、ボスに大ダメージを与えたり、大軍をまとめて吹き飛ばせるぞ。見かけたら積極的に使おう。

↑発明品に近づいて○を押すと、自分で操作できるように。照準カメラに切り替わるのでねらいを定めよう！

↑敵が発明品を使ってくるバトルもある。その場合、攻撃してダメージを与えれば一定時間無力にできるのだ。

## 防衛戦の心得

### 防衛対象から目を離さず警護！

防衛戦では防衛対象のHPがなくなると敗北してしまう。敵は防衛対象を直接ねらってくるので、仲間と体を張って食いとめよう。防衛対象に敵が迫っていないか、マップで確認すること。

↑敵を倒しきるまで防衛は終わらない。

### 防衛対象の特徴
- すべての敵は防衛対象の破壊を目的として行動する。
- 防衛対象に接近した敵は、その防衛対象に対して攻撃をしつづける。
- 防衛対象はバトルごとに異なる
- 防衛対象にはHPがあり、それが0になると敗北する。
- 防衛対象は反撃するものとしないものがある。
- 防衛対象が同時に複数ある場合もある。

## 状態変化

### 状態変化にかかったら自分が置かれた立場を知ろう！

状態変化には味方の特技・呪文によるいい効果と、敵の攻撃による悪い効果がある。悪い効果は状態異常と呼ばれ、ジュリエッタの「浄化の雨」でも治せるぞ。

**攻撃力アップ**

攻撃力がアップする。「バイキルト」などで発生し、一定時間の経過か「いてつくはどう」で解除される。

**守備力アップ**

守備力がアップする。「スクルト」などで発生し、一定時間の経過か「いてつくはどう」で解除される。

**守備力ダウン**

守備力がダウンする。「ルカナン」などで発生し、一定時間の経過か「いてつくはどう」で解除される。

**毒**

少しずつHPが減少していく。「毒攻撃」などを受けると発生し、一定時間が経過することで解除される。

**封印**

特技・呪文が使えなくなる。「マホトーン」などで発生し、一定時間が経過することで解除される。

**眠り**

しばらくの間、眠って行動不能になる。「ラリホー」などで発生し、一定時間が経過することで解除される。

**幻惑**

特技・呪文と必殺技以外の攻撃がミスになる。「マヌーサ」などで発生し、一定時間の経過で解除される。

**氷結**

しばらくの間、凍りついて行動不能になる。「ヒャド」などで発生し、一定時間が経過することで解除される。

## 獲得物の加算

### 経験値やゴールドは獲得した瞬間に自分のモノに！

バトル中に獲得した経験値、ゴールド、素材などの戦利品はその場で加算される。リレミトで離脱した場合も失わずにすむので安心だ。また、獲得物の一覧は拠点に帰還したときに発表されるぞ。

←そのバトルで何をどれだけ獲得したのか、帰還したらすべてチェックを！

↑経験値は敵の撃破時に入り、経験値バーが最大になるとレベルアップ。レベルアップ時はSPももらえるのだ。

**得られるもの** ●経験値 ●ゴールド ●アイテム

**スキルポイントについてはP105へ！**

# 仲間モンスター

仲間モンスターの特徴と利用法を覚えてうまく使いこなそう！

## 仲間モンスターの力を借りれば戦況がグンと有利に！

敵を倒すとモンスターコインに変化することがある。それを手に入れると、そのモンスターが仲間になって画面左下のモンスタースロットにストックされるぞ。ストック中のモンスターはいつでも呼びだして、タイプに応じた攻撃やサポートを任せられるのだ。

↑スロットが空いていれば何体でもストック可能。モンスターによって必要なスロットのサイズは違う。

スロット

### 仲間モンスターのルール
- 同じモンスターを複数ストックできる
- ストック中の仲間モンスターはいつでも別れられる
- 一度実体化するとストックに戻せない
- 仲間モンスターは戦闘が終わったら全員いなくなる

## 仲間モンスターの利用手順

**① 敵を倒してモンスターコインを獲得**

←倒しかたなどの条件でコインに変わるかどうかはランダムだ。

**② ストックの中から仲間モンスターを選択**

←複数の仲間モンスターがいる場合は方向キーの左右で種類を選ぼう。

**③ 仲間モンスターが目の前に実体化！**

←呼びだした直後、元の大きさに戻ってバトルに参加。今度はこちらの味方だ！

## 仲間モンスター タイプ① ディフェンス

効果を発動しながら現れ、その後もフィールドに残る。HPがなくなるまで一緒に戦ってくれるぞ。

←スロットにHPが表示。敵がモンスター用の回復アイテムを落とすことも。

### ディフェンスタイプモンスター例
| | |
|---|---|
|  どくどくゾンビ |  スライム |
|  キラーマシン |  バトルレックス |

## 仲間モンスター タイプ② アシスト

アシストタイプは効果を発動したあと、すぐに去っていく。攻撃や回復など効果はさまざまだ。

←1回のアシストでいなくなるぶん、強力な効果の持ち主がそろっているぞ。

### アシストタイプモンスター例
| | |
|---|---|
|  おおきづち |  しびれくらげ |
|  ドラキー |  ホイミスライム |

# キャラクターの成長

ここではレベルアップやスキルの習得、チカラの強化について解説！

## レベルアップによる成長

### 敵をどんどん倒して経験値を稼ごう！

キャラクターを成長させる基本的な方法はレベルを上げること。敵を倒すごとに経験値バーが伸び、最大までたまるとレベルアップする。そのときに各種のパラメータが上昇するぞ。

←レベルは最大で99まで上げられる。伸びやすいパラメータはキャラクターごとに変わってくる。

#### パラメータの種類と効果

- さいだいHP→HPの最大値
- さいだいMP→MPの最大値
- こうげき力→与える物理ダメージに影響
- しゅび力→受ける物理ダメージに影響
- 魔力→呪文ダメージに影響
- ちから→こうげき力に影響
- みのまもり→しゅび力に影響
- かしこさ→魔力に影響
- きようさ→かいしん率に影響

## スキルの習得

### スキルポイントで能力を底上げ！

レベルアップ時に得られるSPを振りわけるとスキルを習得できる。新しい特技・呪文が使えるようになったり、パラメータを大きく上げられるのだ。

←スキルによっては特別な習得条件も設定されている。事前に情報をチェック！

#### スキルの系統

| とくぎ・じゅもん | パラメータ |
|---|---|
| 新しい特技・呪文を覚える。2〜3段階に強化できるものもある。 | 各種のパラメータを上げる。スキルの項目は各キャラクター共通。 |

| キャラ専用 | 特殊なこうか |
|---|---|
| 新しいアクションなど、そのキャラクター専用のスキルを覚える。 | さまざまな特殊効果を覚える。スキルの項目は各キャラクター共通。 |

## チカラの習得・成長

### 試練を乗りこえて新たなチカラを宿す！

主人公が使える数々のチカラは、特定のクエストをクリアすれば習得・成長が可能だ。チカラが強くなればなるほど、より有利にバトルを進められる！

| アイテム名 | おもな対応クエスト |
|---|---|
| ルーラ習得 | ルーラの試練（→ P194） |
| テンション最大値増加 | テンション20の試練（→ P195） |
|  | テンション100の試練（→ P201） |
| ホイミストーン数増加 | いやしの石を求めてその1（→ P190） |
|  | いやしの石を求めてその2（→ P191） |
| 仲間モンスターストック数増加 | 発明品改良のためにその1（→ P189） |
|  | 発明品改良のためにその2（→ P190） |
|  | 発明品改良のためにその3（→ P197） |
|  | 発明品改良のためにその4（→ P192） |

# 拠点

バトルとバトルの合間は拠点でひと息。各施設を解説していくぞ！

## 拠点とは

### 便利な施設をフル活用して次のバトルに備えよう！

バトル終了後は拠点に戻り、さまざまな施設で装備の強化やクエストの受注を行える。序盤の拠点はキャンプだが、物語を進めると大規模な空艦バトシエが利用可能だ。

#### キャンプ

→施設は少なく、教会と武器屋のみ用意されている。

#### 空艦バトシエ

→バトシエでの冒険が始まると施設の種類も一気に増える。

### 宝箱やタルの中身はバトルから戻ると復活するぞ！

キャンプにはタルが、空艦バトシエにはタルと宝箱がいくつか置かれている。中には素材が入っていて、自由に持っていける上にバトルから戻るたびに中身が復活するのだ。こまめに入手するといいぞ。

←空艦バトシエの武器屋やオーブ屋はカウンターの内側に宝箱がある。外周を経由して裏から回りこもう。

## ワールドマップ

### 好きな目的地を選んでいざバトルに出発！

すべてのバトルへはワールドマップから出発する。行き先は物語の進行に応じて増え、いろんなバトルに挑戦できるようになるのだ。

 宝の地図で行けるほこら　 ストーリーバトル

 クエストバトル　 フリーバトル

↑目的地を選択すると、その場所の概要が表示される。出発前にしっかりチェックしておこう！

# 教会

## 教会で神に祈りをささげてさまざまな恩恵を受けよう！

冒険の記録を残すときは教会に向かおう。記録を残さないでタイトル画面に戻ることも可能だ。教会ではそのほか、キャラクターのスキルを振りなおしたり、ホイミストーンのチカラを満たすこともできる。

### スキルを振りなおす

振りわけてあるSPをリセットする。ポイント数を決めることはできず、すべてのSPが元に戻るぞ。また、1Pにつき100Gの寄付が必要。

← これまでの経験を踏まえ、理想どおりにキャラを再強化！

### ホイミストーン

物語でホイミストーンを入手すると、このメニューが利用できるようになる。ホイミストーンのチカラを満たすか、満たされているチカラを消すことが可能だ。かかる費用は下の表を参照しよう。

#### チカラを満たす費用

| ホイミ | 100G | ベホイミ | 500G |
|---|---|---|---|
| ベホイム | 800G | ベホマ | 4000G |

## ルイーダの酒場

### 仲間キャラの中からパーティを編成！

パーティメンバーの入れ替えや並び替えはルイーダの酒場で行う。パーティに入っていない仲間はこの場所で待機するぞ。なお、待機メンバーも主人公がバトルで獲得した経験値の一部をもらえるのだ。

↑パーティメンバー選びの際は装備やステータスを確認！

↑物語展開によって変わる仲間たちとの会話を楽しもう。

## 武器屋

### 各キャラの装備武器が勢ぞろい！

武器と盾を購入でき、購入時はその場で装備することもできる。物語が進むと品ぞろえが充実していく。

→片手剣やオノなどのカテゴリ別に商品リストを見られる。

## オーブ屋

### 不思議なオーブで守備力アップ！

ジュリエッタが発明したさまざまなオーブを販売。武器と同じく物語の進行によって新商品が入荷されるぞ。

→特殊な効果を持つオーブもあるので性能をチェック！

## クエスト所

### みんなの依頼を引きうけて報酬を集めていこう！

世界中から寄せられた依頼をクエストとして受けられる。素材の納品やバトルの勝利などさまざまな条件があり、達成して報告することで報酬を獲得できるぞ。なお、クエストは8つまで同時受注が可能だ。

**素材納品系**

←特定の素材を集めるクエスト。その素材を落とすモンスターが出現する場所へ向かおう。

←指定された数の特定のモンスターを倒すクエストもある。

**クエストバトル系**

←受注後は専用のバトルが発生。ワールドマップの目的地のバトル選択画面に追加される。

**クエスト情報はP188へ！**

## 表彰所

### 活動の成果に応じて称号や報酬を獲得！

特定の条件を満たすと活躍がたたえられ、ご褒美としてちいさなメダルがもらえる。表彰には称号授与と討伐報告の2つがあり、どちらも多くの条件が用意されているぞ。コンプリートをめざそう！

**称号授与**

↑多くのモンスターを仲間にしたり、ヒット数が一定以上に達するなどの条件がある。

↓同種の敵を100体倒すごとに、5回までちいさなメダルを獲得。

**討伐報酬**

## メダル王

### ちいさなメダルを集めて豪華景品を次々にゲット！

バトルや表彰所で入手したちいさなメダルを武器やオーブ、素材と交換してもらえる。貴重な品ほど多くのメダルが必要になるのでがんばって集めよう。

|  |  |
|---|---|
| うまのふん | 1枚 |
| ごくじょうソルト | 1枚 |
| てつのクギ | 1枚 |
| するどいキバ | 1枚 |
| きんのネックレス・初級 | 1枚 |
| うさぎのおまもり・初級 | 1枚 |
| インテリめがね・初級 | 1枚 |
| ちょうのはね | 1枚 |
| きんのブレスレット・初級 | 1枚 |
| ピンクパールリング・初級 | 2枚 |

↑魅力的な品ばかりだが、ちいさなメダルは入手しにくいので無駄遣いは禁物。本当に必要なものをセレクト！

↑品名が白表示なら何回も交換可。レシピや武器など黄色表示の場合、交換は一度きりだ。

**交換品のリストはP110を見よう！**

# 錬金屋

## 素材を組み合わせてアクセサリーを作成！

錬金屋はアクセサリーの作成と合成を行う施設。アクセサリーは特殊な効果を持つ便利な装備品だが、非売品なので錬金屋を利用して手に入れよう。基礎効果に加えて別の効果も3つまで上乗せできるぞ。

### 付加効果の基本ルール
- アクセサリーには＋1～＋3があり、合成によって最大3つの付加効果を付けられる。
- 付加効果の内容は候補からランダムで選ばれる。

アクセサリー情報はP221から！

### アクセサリーの作成

アクセサリーのレシピと、そこに書かれた素材を使って作成する。大成功が発生すれば＋1となり、候補の中からランダムで付加効果が1つ付く。

← 素材に余裕があるなら好みの付加効果が付くまで挑戦！

### アクセサリーの合成

同じアクセサリーを2つ組み合わせて強化する。必ず付加効果が付くほか、付加効果が付いているもの同士を合成すれば両方の効果を引き継ぐぞ。

**合成による付加効果強化例**
スライムピアス＋1（付加効果：毒ガード＋10％）
＋
スライムピアス＋1（付加効果：最大MP＋5）
＝
スライムピアス＋2
（付加効果：毒ガード＋10％と最大MP＋5）

# 郵便屋

## みんなからの手紙や贈り物を受け取ろう！

物語やクエストを進めていくと、世界中の人々からいろんな手紙が送られてくる。それを閲覧できるのが郵便屋だ。手紙によっては届けものが同封されているので、新着がないかちょくちょく確認しよう。

↑助けた人々から感謝の手紙が続々と届く。励みにしよう！

↑宝の地図が手に入ることも。新たなバトルに出発だ！

## メタル系モンスターが出現！

メタルスライム、はぐれメタル、メタルキングは遭遇しにくい上に攻撃を当てにくいが、経験値が多いラッキーな敵。難易度が一定以上のバトルならどこでも低確率で出現するぞ。

➡すばやく動き回ったあげく一定時間が経つといなくなってしまう。姿を見失わないように！

がんばって倒してガッポリ稼ごう！

# ちいさなメダルを集めよう！

**ちいさなメダルでレアな品物もたくさん手に入る！**

ちいさなメダルと交換できるのは素材、レシピ、オーブ、武器の4カテゴリ。オーブや武器はここでしか手に入らない貴重品ばかりで、80枚ためれば超強力なメタルキングの盾の入手も！

## 交換品リスト

| 必要枚数 | 交換品 | カテゴリ |
|---|---|---|
| 1 | うまのふん | 素材 |
| 1 | ごくじょうソルト | 素材 |
| 1 | するどいキバ | 素材 |
| 1 | ちょうのはね | 素材 |
| 1 | てつのクギ | 素材 |
| 1 | インテリめがね・初級 | レシピ |
| 1 | うさぎのおまもり・初級 | レシピ |
| 1 | きんのネックレス・初級 | レシピ |
| 1 | きんのブレスレット・初級 | レシピ |
| 2 | 網タイツ・初級 | レシピ |
| 2 | いかりのタトゥー・初級 | レシピ |
| 2 | いのりのゆびわ・初級 | レシピ |
| 2 | ガーターベルト・初級 | レシピ |
| 2 | スライムピアス・初級 | レシピ |
| 2 | 聖印のゆびわ・初級 | レシピ |
| 2 | ちからのペンダント・初級 | レシピ |
| 2 | ちからのゆびわ・初級 | レシピ |
| 2 | ちょうネクタイ・初級 | レシピ |
| 2 | パーティーメガネ・初級 | レシピ |
| 2 | ハートのペンダント・初級 | レシピ |
| 2 | ハイドラベルト・初級 | レシピ |
| 2 | はくあいのゆびわ・初級 | レシピ |
| 2 | 破幻のリング・初級 | レシピ |
| 2 | 破毒のリング・初級 | レシピ |
| 2 | ひきよせのすず・初級 | レシピ |
| 2 | ピンクパールリング・初級 | レシピ |
| 2 | まもりのペンダント・初級 | レシピ |
| 2 | まよけのすず・初級 | レシピ |
| 2 | めざましリング・初級 | レシピ |
| 2 | ようせいの首かざり・初級 | レシピ |
| 2 | 竜のおまもり・初級 | レシピ |
| 2 | ロイヤルバッジ・初級 | レシピ |
| 3 | あやかしそう | 素材 |
| 3 | うるしキノコ | 素材 |
| 3 | おいしいミルク | 素材 |
| 3 | 大きな貝がら | 素材 |
| 3 | ガマのあぶら | 素材 |
| 3 | きよめの水 | 素材 |
| 3 | げんこつダケ | 素材 |
| 3 | こうもりのはね | 素材 |

| 必要枚数 | 交換品 | カテゴリ |
|---|---|---|
| 3 | 氷のけっしょう | 素材 |
| 3 | さとりそう | 素材 |
| 3 | じょうぶな枝 | 素材 |
| 3 | 小さな化石 | 素材 |
| 3 | つけもの石 | 素材 |
| 3 | てっこうせき | 素材 |
| 3 | どくどくヘドロ | 素材 |
| 3 | ネコずな | 素材 |
| 3 | 花のみつ | 素材 |
| 3 | まりょくの土 | 素材 |
| 3 | みがきずな | 素材 |
| 3 | 緑のコケ | 素材 |
| 3 | ようがんのカケラ | 素材 |
| 3 | よごれたほうたい | 素材 |
| 5 | 赤い宝石 | 素材 |
| 5 | いかずちのたま | 素材 |
| 5 | 大きなこうら | 素材 |
| 5 | かがみ石 | 素材 |
| 5 | かぜきりのはね | 素材 |
| 5 | げんませき | 素材 |
| 5 | さえずりのみつ | 素材 |
| 5 | スライムゼリー | 素材 |
| 5 | せいじゃのはい | 素材 |
| 5 | ドラゴンのツノ | 素材 |
| 5 | ドラゴンの皮 | 素材 |
| 5 | にじいろの布きれ | 素材 |
| 5 | ぶどうエキス | 素材 |
| 5 | プラチナこうせき | 素材 |
| 5 | ブラックパール | 素材 |
| 5 | へびのぬけがら | 素材 |
| 5 | ヘビーメタル | 素材 |
| 5 | ホカホカストーン | 素材 |
| 5 | ホワイトパール | 素材 |
| 5 | まじゅうのツノ | 素材 |
| 5 | まじゅうの皮 | 素材 |
| 5 | まほうの樹木 | 素材 |
| 5 | みかわしそう | 素材 |
| 5 | やわらかウール | 素材 |
| 5 | ようせいのひだね | 素材 |

| 必要枚数 | 交換品 | カテゴリ |
|---|---|---|
| 5 | 妖精の綿花 | 素材 |
| 5 | よるのとばり | 素材 |
| 7 | 命のゆびわ・初級 | レシピ |
| 7 | かいとうの仮面・初級 | レシピ |
| 7 | 海魔の眼甲・初級 | レシピ |
| 7 | きんのロザリオ・初級 | レシピ |
| 7 | ちからのルビー・初級 | レシピ |
| 7 | はやてのリング・初級 | レシピ |
| 7 | パワーベルト・初級 | レシピ |
| 7 | ひらめきのゆびわ・初級 | レシピ |
| 7 | 魔王のネックレス・初級 | レシピ |
| 7 | まもりのルビー・初級 | レシピ |
| 7 | 女神のゆびわ・初級 | レシピ |
| 8 | あまつゆのいと | 素材 |
| 8 | かがやきの樹液 | 素材 |
| 8 | 幻獣の皮 | 素材 |
| 8 | せいれいせき | 素材 |
| 8 | 天使のソーマ | 素材 |
| 8 | ときのすいしょう | 素材 |
| 8 | ほしのカケラ | 素材 |
| 8 | メタルのカケラ | 素材 |
| 15 | 命のネックレス・初級 | レシピ |
| 15 | ごうけつのうでわ・初級 | レシピ |
| 15 | しあわせのくつ・初級 | レシピ |
| 15 | しんぴのカード・初級 | レシピ |
| 15 | スーパーリング・初級 | レシピ |
| 15 | ソーサリーリング・初級 | レシピ |
| 15 | バトルチョーカー・初級 | レシピ |
| 15 | ビーナスのなみだ・初級 | レシピ |
| 20 | ほしふるうでわ・初級 | レシピ |
| 35 | ふしぎなオーブ | オーブ |
| 50 | デーモンスピア | 武器(ヤリ) |
| 53 | きせきのつるぎ | 武器(片手剣) |
| 59 | ケイロンの弓 | 武器(弓) |
| 59 | ドラゴンスティック | 武器(スティック) |
| 65 | しんぴのオーブ | オーブ |
| 70 | 天使のオーブ | オーブ |
| 75 | オリハルコンのコテ | 武器(コテ) |
| 80 | メタルキングの盾 | 武器(盾) |

アイテムの効果などくわしくはデータページ(P213)へ！

# 第三章
## ストーリーバトル

物語は主人公アクト、メーアの住む
エルサーゼより始まる。
彼らとともにさまざまな国を
旅することになるキミの戦いを、
物語終盤近くまでサポートしよう。

# ストーリーバトル攻略ページの見かた

バトルの攻略に必要な情報が満載だ。見かたを覚えてしっかり役立てよう！

## ① エリア・バトル名

## ② マップ
フィールドの全体図。構造をチェックしよう。

## ③ バトル目標
勝利条件を達成するために必要な行動目標。バトル中に変更される行動目標も、発生順にすべて記載している。

## ④ 作戦ゾーン
右ページで解説する「作戦」に対応したゾーン。

## ⑤ マップ情報
魔物の扉や防衛対象などの位置をアイコンで表示。

## ⑥ 出現モンスター
そのバトルで戦うことになるモンスターの一覧。

## ⑦ 作戦準備
バトルに出撃する前に準備すべきことを解説。

## ⑧ 作戦解説
各地点における攻略のポイントを解説。対応ゾーンはマップの「作戦ゾーン」とリンクしている。

## ⑨ 要注意モンスター／ボスモンスター対策
そのバトルの強敵やボスモンスターを紹介。おすすめの攻撃方法や行動パターンを解説している。

## STORY
### エルサーゼ

### 王様のもとへ

**推奨レベル 1**

玉座をめざして城内を進んでいくぞ。チュートリアルステージなのでプレイのコツを学習だ！

第三章 ストーリーバトル

**バトル目標**
すべてのモンスターをやっつけよう！

Ⓢ スタート地点　宝 宝箱　♥ 目的地

- スライム ➡ P237
- ドラキー ➡ P237
- まじゅつし ➡ P239

↑この中で唯一、まじゅつしが攻撃呪文を使ってくる。

### 作戦
**ホミロンの指南にしたがってアクションに慣れておこう！**

コンボや特技、みかわし、防御などの基本アクションをホミロンが解説してくれる。言われたとおりに練習しながら進もう。

↑倒されても最初からやり直すだけですむ。心おきなく練習！
←大広間の隅には宝箱とツボが。近づくと取りかたを学べるぞ。

113

# STORY
## エルサーゼ

### 玉座の間の攻防

**推奨レベル 1**

城内から脱出するためには、玉座の間にひしめく
モンスターをすべて倒さならければならない！

第三章 ストーリーバトル

バトル目標

すべてのモンスターを
やっつけよう！

Ⓢ スタート地点

 がいこつ
➡P235

 スライム
➡P237

 ドラキー
➡P237

 まじゅつし
➡P239

### 作戦
**ディルクと協力して玉座の間の大量の敵を片っ端から撃破！**

主人公と合流したディルクは、このステージから味方として戦闘に参加してくれる。目標地点などはないので、とにかく攻撃して敵を全滅させよう。

↑新たな魔物のがいこつは一度倒れても立ちあがる。トドメを忘れずに！

←敵の数が多いので、味方の近くで行動して連携を心がけるといいぞ。

# STORY エルサーゼ

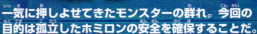

## ホミロン危機一髪！

**推奨レベル 2**

一気に押しよせてきたモンスターの群れ。今回の目的は孤立したホミロンの安全を確保することだ。

第三章 ストーリーバトル

**バトル目標**
- ホミロンを助けにいこう！
- すべてのモンスターをやっつけよう！

Ⓢ スタート地点　❕ 目的地　♛ 防衛対象

 がいこつ ➡P235
 スライム ➡P237
 ドラキー ➡P237
 まじゅつし ➡P239

### 作戦
**ホミロンに襲いかかる魔物をすべて倒して守ってあげよう！**

ホミロンは自分を回復できるが攻撃手段を持っていない。プレイヤーが助けにいかないと、どんどんピンチになってしまうぞ。

↑まずは遠くにいるホミロンのもとへ急いで駆けつけよう！
←動き回るホミロンを見失わないようにマップで位置を確認！

115

## STORY エルサーゼ

### あらわれた強敵

**推奨レベル 3**

城下町に現れたドラゴンを倒すことが今回の使命。その後はテンションのチカラが解放されるぞ。

第三章 ストーリーバトル

**バトル目標**
- ドラゴンをやっつけよう！
- すべてのモンスターをやっつけよう！

Ⓢ スタート地点　🌀 魔物の扉

 がいこつ ➡ P235
 ゴーレム ➡ P236
 スライム ➡ P237
 ドラキー ➡ P237
 ドラゴン ➡ P238
 まじゅつし ➡ P239

### 作戦準備

**覚えたアクションを活用して初のボス戦にチャレンジ！**

これまでの戦いは攻撃重視のゴリ押しでも勝ちぬけたが、ボス戦はそうはいかない。長期戦になるので防御やみかわしでダメージをおさえることも重要だ。使えるアクションをフルに駆使しよう。

↓今回も群れの中からまじゅつしが呪文を放ってくる。

↑体の大きいゴーレムはHPと守備力が非常に高いのだ。

←バトルが始まったらアクション一覧でどんなアクションが使えるか再確認。

# ボスモンスター

## BOSS ドラゴン

### 弱点の頭と尻尾を集中して攻撃！

ドラゴンは丈夫な体を持つが頭と尻尾が弱点で、そこを重点的に攻めれば効率よくHPを減らせる。横に回りこんでおくと比較的安全だが、攻撃範囲が広い尻尾攻撃は常に警戒しておこう。1か所にとどまらないよう、みかわしやジャンプですばやく動き回りながら頭を攻めるのがコツだぞ。

↑ドラゴンは一撃の威力が大きいので殴り合いは不利。1回コンボを決めたらすぐにその場を離れるといいぞ。

| HP：★★★★ | みのまもり：★★ |
|---|---|
| ちから：★ | かしこさ：★★ |

↑射程の長い「火炎の息」も使う。息を吸いこむモーションが見えたら、すばやく左右に大きく移動！

↓先に周囲のモンスターを片づけて一騎打ちに専念！

## 作戦

**エリア：マップ全体**

### 次々に現れる魔物を一定数撃破！

ドラゴン撃破後は魔物の扉から無数のモンスターが出現。扉の番人はいないが、敵を一定数倒すとイベントが発生して扉が消滅するぞ。その後、必殺技を使えば敵を全滅させられるのだ。

→ディルクから気合の宝玉を授けてもらい、自動的にハイテンション状態に！

←ゴーレムはかなりの強敵。必殺技で倒すまで相手にしないのも手だ。

→超強力な必殺技で残っているモンスターを一網打尽！

# STORY コートルダ

## 大草原の向こうに　推奨レベル5

他の町でも魔物たちが暴れているかも!?　王都の西にあるコートルダの町の様子を確かめに行こう。

第三章　ストーリーバトル

**バトル目標**
すべてのモンスターをやっつけよう！

Ⓢ スタート地点　宝 宝箱　⊙ 魔物の扉

 おおきづち　➡P235

 がいこつ　➡P235

 ゴーレム　➡P236

 スライム　➡P237

 スライムナイト　➡P237

 スライムベス　➡P237

 ドラキー　➡P237

 モーモン　➡P240

## 作戦準備

### スキルを習得しておこう

「さくせん」メニューでスキルの習得が可能に。まずは「デイン」と、アクトなら「火炎斬り」、メアなら「氷結斬り」を覚えておくといいぞ。

← 最初は特技の種類を増やしていくのがおすすめだ。

## 作戦

**エリア：マップ全体**

### 魔扉の番人を倒そう！

魔物の扉を放置しておくとモンスターが増え続けるので、魔扉の番人を倒して消滅させよう。新たな魔物の扉が出現したら、マップで位置を確認して、急いで次の番人を倒しに行こう。

← 長く放置しておくと、ゴーレムなど手強いモンスターも出現してしまう。

→ 他のモンスターよりHPが高い魔扉の番人。呪文や特技を使って速攻で倒そう。

← 今回の戦いでは3つの魔物の扉が時間差で出現するぞ。

### 出発前はキャンプで準備！

キャンプには戦いの準備に役立つ施設が設置されている。フィールドへ出発する前にここで準備を整えておこう。教会では冒険の記録やスキル振り直し、武器屋では武器の購入ができるぞ。

↑ 物語が進んだら、こまめに冒険の記録をしておこう。

→ 主人公の武器を購入できる。戦いに敗れてしまったら装備を見なおしてみよう。

→ まだ使えない施設もあるが、しっかり話を聞いておこう。

## 要注意モンスター

**エリア：マップ全体**　⚜ **おおきづち**

### 痛恨の一撃に注意！

パラメータはそれほど高くないが、ハンマーによる攻撃が痛恨の一撃で大ダメージだ。攻撃を受ける前に倒すか、正面をなるべく避けて戦おう。

← 痛恨の一撃が出ると大ダメージを受けてしまう。直線上に攻撃してくるので、横や背後にまわりこんで戦おう。

ヒットポイント
HP：★
ちから：★
みのまもり：★
かしこさ：★

119

# 第三章 ストーリーバトル

## STORY コートルダ

## 天才研究者の手引き
### 推奨レベル 7

草原に出現したモンスターも皆、正気を失っていた。町の中の状況はどうなっているのだろうか？

### バトル目標
- 魔物の扉を守るモンスターをやっつけよう！
- すべてのモンスターをやっつけよう！
- ジュリエッタについていこう！
- 魔弾砲を撃ってみよう！

Ⓢ スタート地点　宝 宝箱　● 目的地　― 扉　● 魔物の扉　● 魔弾砲

おおきづち
→P235

がいこつ
→P235

スライム
→P237

スライムナイト
→P237

スライムベス
→P237

ドラキー
→P237

モーモン
→P240

### 作戦準備

#### より強い武器を装備させておこう

このステージでは、入りくんだ場所でたくさんの魔物と戦うことになる。殲滅スピードを上げるために、より強い武器に買いかえておくといいぞ！

← 武器を購入した後は、装備することも忘れずに！

## 作戦1  エリア：マップ全体

### 3つの魔扉を消滅させよう！

3つの魔物の扉からモンスターがわいてくるぞ。早めに扉を消さないと、モンスターが増えすぎて倒しきれなくなるので、マップで魔扉の番人の位置をチェックして、すばやくやっつけよう！

→ジュリエッタが参戦！自動的に行動し、ブーメランで敵を攻撃してくれるぞ。

←冒頭で魔物の扉が3か所に、同時に出現する。近い扉から攻めていこう。

←扉をすべて消したら、残りのモンスターを掃討しよう。

## 作戦2  エリア：マップ全体

### 魔弾砲で魔物の大群を撃破！

魔弾砲を操作して、町の外から押しよせるモンスターの大群をねらい撃とう。3発撃つと弾切れとなり、次に使えるようになるまで少し時間がかかってしまうので、慎重にねらっていこう。

←×ボタンで使用できる。今後も使うので操作方法をしっかり覚えておこう。

←モンスターを一掃した後、ジュリエッタに付いていくと魔弾砲に到着！

←モンスターの集団を、ほぼ全滅させればステージクリア。

## 作戦3  エリア：A

### 町に侵入したモンスターを倒そう！

魔弾砲での攻撃に失敗すると、モンスターの群れが門を破って町に侵入してしまう！ 急いで町の入口に向かい、モンスターたちをやっつけよう。すべて倒せばステージクリアとなるぞ。

←スタート地点の町の入口に移動して、侵入したモンスターを撃退しよう。

## 要注意モンスター  エリア：マップ全体

### 確実に1体ずつ倒していこう

パラメータが高く「ホイミ」で回復もする厄介な敵。優先的にねらい、1体ずつ確実に倒そう。

**スライムナイト**

HP：★★
ちから：★★
みのまもり：★
かしこさ：★★

# STORY コートルダ

## 大切な発明品

推奨レベル8

魔法研究所の所長・ジュリエッタが仲間に加わった。彼女の大切な発明品、動力装置を守りぬこう。

**バトル目標**
モンスターをやっつけ動力装置を守り抜こう！

S スタート地点　宝 宝箱　魔物の扉　防衛対象

 おおきづち ➡P235

 がいこつ ➡P235

 ゴーレム ➡P236

 スライム ➡P237

 スライムナイト ➡P237

 スライムベス ➡P237

## 作戦準備

### 仲間たちのスキルをチェック！

新たに加入したジュリエッタを含め、仲間たち全員がスキルを習得できるようになった。まずはR1で使える特技と呪文を覚えておこう。

←「スキルふりわけ」メニューに仲間たちが加わるぞ。

## 作戦1

**エリア：マップ全体**

### 動力装置を守れ！

動力装置の南に魔物の扉が出現する。動力装置が破壊されないようにモンスターの侵攻を食いとめよう。群れが動力装置にたどりつく前に魔扉の番人を倒せば、その後の戦いが楽になるぞ。

← マップの下に動力装置のHPが表示されるのでチェックしながら戦おう。

### 戦況に合わせてキャラクターをチェンジ！

このステージから操作するキャラクターを切り替えられるようになる。肉弾戦はディルク、遠距離攻撃はジュリエッタ、など状況に応じてキャラをチェンジすれば、効率よく敵を倒せるぞ。

↑ それぞれの特技や呪文もしっかり確認しておこう。

## 作戦2

**エリア：マップ全体**

### モンスターコインで魔物の群れをくいとめよう

動力装置の西と東に魔物の扉が出現！ 2方向から押しよせるモンスターの片方は、モンスターコインで仲間モンスターを出して守らせよう。

← まずは最初にもらえるスライムナイトを動力装置の前に呼び出そう。

→ 入手したコインは次のステージに持ちこせないので惜しまずに使っていこう。

← 最後の猛攻は仲間モンスターを複数配置してガード！

## 要注意モンスター

**エリア：マップ全体**

### 🏵 ゴーレム

### 周囲の敵を一掃してから攻撃！

魔物の扉を長く放置しておくと出現する、HPが格段に高い強敵だ。乱戦になると攻撃が避けづらいので、先に周囲の弱い敵を倒してから挑もう。

← ↑ パンチを受けるとふっ飛ばされて大ダメージ。まず広範囲攻撃技でまわりの弱いモンスターをかたづけよう。

ヒットポイント
HP：★★★
ちから：★★
みのまもり：★★
かしこさ：★★

第三章 ストーリーバトル

123

# STORY
### コートルダ

## 押しよせる魔物の群れ

**推奨レベル 10**

ジュリエッタの発明したモンスターコインの力を借りて、魔物たちの群れから動力装置を守ろう！

### バトル目標
モンスターをやっつけ動力装置を守り抜こう！

Ⓢ スタート地点　宝 宝箱　魔物の扉　防衛対象

おおきづち
➡P235

がいこつ
➡P235

ゴーレム
➡P236

スライムナイト
➡P237

スライムベス
➡P237

ドラキー
➡P237

バブルスライム
➡P238

まじゅつし
➡P239

## 作戦準備

### 「浄化の雨」を覚えておこう

バブルスライムの毒にそなえ、ジュリエッタに「浄化の雨」を習得させておこう。また、敵を凍らせる技を覚えておくとゴーレム戦が楽になる。

魔法の雨で、仲間の状態異常を回復してくれるのだ。

## 作戦 1

**エリア：マップ全体**

### 3方向から押しよせるモンスターに対応しよう

3か所に魔物の扉が出現し、3方向からモンスターが動力装置を襲ってくる。敵の侵攻が遅い方向に仲間モンスターを配置し、早い方向を優先して倒しにいくといい。

モンスターの侵攻ルート

← 仲間モンスターの管理も重要だ。敵が近くにいなくなったら、すぐに交代させよう。

## 作戦 2

**エリア：マップ全体**

### 最後の猛攻までに魔物の扉を減らそう

3つの魔物の扉を消して、しばらくすると再び魔物の扉が3か所に出現。その後、最後の猛攻が始まると扉からゴーレムが出現してしまうので、それまでにできるだけ消滅させておこう。

← 仲間モンスターで動力装置の守りを固めてから、魔物の扉の番人をめざそう。

### アシストタイプのモンスターコインが登場！

このステージでは個性的な特技で戦いを有利にするアシストタイプのモンスターコインが入手できる。呼びだすとすぐに特技を使っていなくなるので、必要になるまでは温存しておこう。

↑種族によって異なるさまざまな特技を持っているぞ。

## 要注意モンスター

**エリア：マップ全体**

### ⚜ バブルスライム

#### 毒を受ける前に倒してしまおう！

毒の攻撃があり、くらうと毒状態にされてしまう。動作は遅めなので、攻撃される前に倒すか、魔法などで遠距離から攻撃するのがおすすめだ。

↑毒になると、徐々にHPが減っていく。できるだけ近よらずに広い範囲の攻撃でまとめてやっつけよう。

- HP：★
- ちから：★
- みのまもり：★
- かしこさ：★

# STORY コートルダ

## コートルダ奪還目前！
**推奨レベル 12**

動力装置も無事運びおわり、コートルダ奪還まであとわずか。町に残るモンスターを一掃しよう！

第三章 ストーリーバトル

**バトル目標**
- すべてのモンスターをやっつけよう！
- ギガンテスをやっつけよう！

Ⓢ スタート地点　宝 宝箱　― 扉　魔物の扉　防衛対象　魔弾砲

おおきづち
➡P235

がいこつ
➡P235

ギガンテス
➡P235

スライムナイト
➡P237

ドラキー
➡P237

バブルスライム
➡P238

まじゅつし
➡P239

モーモン
➡P240

## 作戦準備

### 「空中旋回斬り」を習得しよう

アクトとメーアのスキル「空中旋回斬り」は連続で放つと高い位置まで上昇でき、巨大なギガンテスへの攻撃に最適だ。2人とも習得させておこう。

← 仲間のみのまもりも強化！ポイントに余裕があれば

## 作戦1　エリア：マップ全体

### モンスターの群れが2回出現！
町に残るモンスターを全滅させよう。最初の群れを倒すと新たな群れが出現する。動力装置を守りながらの戦いとなるが、特に面倒な敵はいないので、あせらずに敵の数を減らしていこう。

←モンスターの出現数は多いが、魔物の扉がないため、増えることはない。

## 作戦2　エリア：マップ全体

### 魔扉の番人は速攻で倒そう
ダウンしたギガンテスは、起きあがったあとに、おたけびをあげて魔物の扉を呼びだす。ギガンテスの侵攻も気になるところだが、敵が増えると危険なので、急いで番人を倒しに行こう。

←魔物の扉から出るドラキーのコインは、終盤のMP不足解消に役立つぞ。

---

## ボスモンスター　BOSS ギガンテス

### 超巨大モンスターの侵攻をくいとめろ！
2回目の魔物の群れをすべて倒すと、ギガンテスが出現！動力装置に到着される前に撃破しよう。アリーナとクリフトも一緒に戦ってくれるぞ。

**ギガンテスの侵攻ルート**

↑巨大な足に踏まれると大ダメージ！攻撃後は、すぐに回避して間合いをとろう。

↑「空中旋回斬り」を連続ヒットさせて、ギガンテスの頭まで登って攻撃できるぞ。

### 魔弾砲で大ダメージを与えよう！
魔弾砲を使えば、より大きなダメージを与えることができるぞ。侵攻ルートを参考にして、ギガンテスの頭をねらいやすい魔弾砲に移動しよう。

| ヒットポイント | |
|---|---|
| HP：★★★★★ | みのまもり：★ |
| ちから：★★ | かしこさ：★★★ |

↑弱点の目をねらえ！命中すると振りかえるので足止めにもなるのだ。

↑3発撃ち終えたら、別の魔弾砲へ向かうか、地上戦に切り替えよう。

↑大ダメージをあたえると膝をついてダウンする。集中攻撃のチャンス。

# STORY ラバトール

## 灼熱の流砂をこえて

**推奨レベル 14**

ジュリエッタが開発した空艦バトシエに乗って、新たな仲間と一緒に、次の目的地をめざそう！

バトル目標: ラバトールの門を守り抜こう！

S スタート地点　宝 宝箱　魔物の扉　防衛対象

 おおきづち ➡ P235

 がいこつ ➡ P235

 くさった死体 ➡ P236

 ゴーレム ➡ P236

 ベビーサタン ➡ P239

 まじゅつし ➡ P239

 モーモン ➡ P240

 わらいぶくろ ➡ P240

## 作戦準備

### 空艦バトシエの施設をチェック！

バトシエ内の施設では、さまざまな効果を持つアクセサリーや、守備力が上がるオーブなどが入手できる。品ぞろえや利用方法を確認しておこう。

← 酒場では戦いに参加するパーティの編成が行えるぞ。

## 空艦バトシエで目的地までひとっ飛び！

バトシエのワールドマップで行きたい場所を選べば、瞬時に目的地へ移動できる。ストーリーの目的地だけでなく、ほこらやフリーバトルも選択できるので、冒険の合間に訪れてみよう。

↑ストーリーを進めるときは赤い本の場所を選ぼう。

### 作戦1　エリア A

## ラバトールの門を守れ！

モンスターの群れからラバトール正門を守ろう。流砂に入ると仲間もモンスターも足をとられて動きが遅くなる。流砂が少ない場所を選んで進み、モンスターが門に近づく前にやっつけよう。

←流砂のない場所から流砂内のモンスターをねらえば有利に戦えるぞ。

### 作戦2　エリア B

## 流砂を避けて魔物の扉へ向かおう！

モンスターの進行が早い北の魔物の扉をはじめに消しておくと、その後の戦いが楽になるぞ。流砂が多い東のルートは避け、中央の道から魔物の扉へ向かおう。

←門の状況をチェックしながらすばやく撃破！扉が消滅したらすぐに門へ引き返そう。

### 北の魔物の扉へのおすすめルート

### 作戦3　エリア A

## 仲間モンスターを配置して最後の猛攻に備えよう

最後の猛攻の前に、門の近くに仲間モンスターを配置して守りを固めておこう。ゴーレムが現れたら、優先的に倒してコインを手に入れよう。

←流砂から出現するくさった死体で、序盤からコインが手に入る。

→倒しづらいゴーレムだが、仲間モンスターにすれば攻守に優れた心強い味方に！

←わらいぶくろはアシスタイブのモンスターコイン。

第三章　ストーリーバトル

## STORY ラバトール

### 砂漠の町を守る者　推奨レベル16

ラバトールも魔物たちに襲われていた。住民の安否を確かめるため、町の様子を確認しにいこう！

第三章　ストーリーバトル

バトル目標：町長を守り抜こう！

Ⓢ スタート地点　🌀 魔物の扉　♜ 防衛対象

おおきづち
→P235

がいこつ
→P235

くさった死体
→P236

ゴーレム
→P236

さまようよろい
→P236

バブルスライム
→P238

ベビーサタン
→P239

ホイミスライム
→P239

わらいぶくろ
→P240

### 作戦準備

#### 「氷結斬り」を強化しておこう

何度も戦うことになるゴーレムは凍らせてから攻撃すると倒しやすい。メーアに「氷結斬り強化」を覚えさせて、パーティに入れておくといい。

←凍らせる技ではティルクの「氷結らんげき」も強力。

## 作戦1
**エリア：A**

### 町長の状況をしっかりチェック！
防衛対象のラバトール町長は、みずからモンスターに戦いをいどむ勇敢な男。弱い敵なら倒してくれるが、ダメージも受けやすい。町長の様子をしっかり監視してモンスターから守ろう！

← 町長のHPが0になると失敗だ。群れに囲まれないようにガードしよう。

## 作戦2
**エリア：マップ全体**

### 毒の沼で敵の群れを弱らせよう
バブルスライムのモンスターコインを使うと毒の沼が発生する。魔物の群れが進む方向に出せば多くの敵を毒状態にできるぞ。味方は影響を受けないので、町長の近くで出しても大丈夫だ。

← 仲間モンスタースロットの空きを残すため、入手したらすぐに使おう。

## 作戦3
**エリア：A**

### 2体のゴーレムで町長をガード！
仲間モンスターのゴーレムはサイズ3なので、ここでは2体まで同時に呼びだせる。町長から離れて戦うときは、町長の近くにゴーレムを2体配置して、しっかりガードさせておこう。

→ 町長の北と南にゴーレムを配置して、2方向から来る魔物の群れから守ろう。

→ 序盤から近くにゴーレムがいるぞ。すばやく倒してコインを入手しよう。

← ゴーレムのほかに、HPが高いくさった死体もおすすめ。

## 作戦4
**エリア：マップ全体**

### モンスターの動きを確認しつつ魔物の扉へ向かおう
町長と配置した仲間モンスターの様子を確認しながら魔物の扉を減らしに行こう。最後の猛攻が始まったら、すぐに町長の元へ引き返すのだ。

→ 町長の安全が最優先だ。危険を感じたら、深追いは避けて助けに戻ろう。

## 要注意モンスター
**エリア：マップ全体**

### 正面を避けて攻撃！
盾をかまえているときは、攻撃をはじかれてしまう。背後にまわりこんで攻撃するといいぞ。

**さまようよろい**

HP：★★
ちから：★★
みのまもり：★★
かしこさ：★★

第三章 ストーリーバトル

## ラバトールの生命線

推奨レベル 17

ラバトール町長と共に、西の市街地のモンスターたちを撃退した。次は東の市街地へ行ってみよう。

バトル目標: 世界樹の根を守り抜こう！

Ⓢ スタート地点　宝 宝箱　● 魔物の扉　♟ 防衛対象

がいこつ
→P235

キラーパンサー
→P236

くさった死体
→P236

ゴーレム
→P236

さまようよろい
→P236

バブルスライム
→P238

ひとくいばこ
→P238

ベビーサタン
→P239

ホイミスライム
→P239

モーモン
→P240

わらいぶくろ
→P240

## 作戦準備

### ホイミストーンのチカラを満たしておこう

町長からもらえるホイミストーンは、はじめから「ホイミ」がチャージされた状態。使ったら忘れずに、教会でいやしのチカラを満たしておこう！

←自分だけでなく、パーティ全員を回復できるのだ。

## 作戦1

**エリア**: マップ全体

### モンスターの群れから世界樹の根を守ろう

4つの魔物の扉からモンスターが出現し、世界樹の根に向かって2方向から押しよせる。自分がいない方向には仲間モンスターを配置して世界樹の根を守りぬこう。

モンスターの侵攻ルート

←大量のモンスターが侵攻してくるぞ。ゴーレムなどの強力な仲間を手に入れておこう。

## 作戦2

**エリア**: マップ全体

### 魔物の扉をできるだけ減らそう!

モンスター軍の最後の猛攻が始まると、残っている魔物の扉から強敵のキラーパンサーが出現してしまう。複数を相手にするのは危険なので、猛攻までに可能なかぎり扉を消滅させておこう。

→世界樹の根がしっかり守られているようなら、北にある2つの扉へ向かおう。

←まずは世界樹の根から近い距離にある2つの扉へ行って番人を倒そう。

←最後の猛攻では残った扉の数だけキラーパンサーが出現。

## 要注意モンスター

**エリア**: マップ全体

### 🎴 キラーパンサー

#### ジャンプ後のひっかき攻撃に注意!

攻撃力が高く、ひんぱんにジャンプして移動する。見失わないようにロックオンして戦おう。世界樹の根に到着される前に倒してしまいたい。

**ヒットポイント**
- HP: ★★★
- ちから: ★★★
- みのまもり: ★★★
- かしこさ: ★★★

←↑ジャンプからのひっかき攻撃を受けると大ダメージを受ける。「みかわし」で確実に回避しながら攻撃だ。

# STORY ラバトール

## 熱砂の闘技場

推奨レベル 18

市街地の世界樹の根も守り抜いた。残るは闘技場のみ。まだ見ぬ強敵が待つ激闘の地へ向かおう！

第三章 ストーリーバトル

**バトル目標**
キラーマシンたちをやっつけよう！

Ⓢ スタート地点

 キラーマシン1号 ➡P236

 キラーマシン3号 ➡P236

 キラーマシン2号 ➡P236

## 作戦準備

**デイン系の呪文を強化しよう！**

機械のような敵をひるませる効果を持つ「デイン」はキラーマシンにも有効だ。アクトとメーアをパーティに入れて「ライデイン」まで習得させよう。

← MP消費が増えるので、最大MPも上げておきたい。

## 作戦　｜　エリア：マップ全体

### キャラチェンジして呪文で攻撃！

まずアクトとメーアの「デイン」系の呪文でひるませてから他の攻撃につなげよう。MPがきれたら、キャラを切り替えて再び「デイン」で攻撃し、キラーマシンをひるませ続けるのだ。

→MPは徐々に回復するので、1人が呪文を使っている間にもう1人が回復！

←「ライデイン」なら、範囲が広いので2体をひるませることが可能だ。

←戦いに加わるテリーも機械に強い雷の技の使い手だぞ。

第三章 ストーリーバトル

---

## ボスモンスター　BOSS キラーマシン

### ナンバー順に倒していこう！

はじめに弓で遠距離攻撃をする1号、次にビームで中距離をなぎはらう2号、最後に近接攻撃の3号、の順番で倒していくと、ダメージを受けにくいぞ。

↑肩のマークでナンバーを確認しよう。デイン系の呪文で弱点をついた攻撃がいいぞ。

### 数が減ると攻撃が変化するぞ！

キラーマシンは1体倒していくごとに攻撃スタイルが変わる。残り2体になると連携攻撃を交えて戦い、1体になるとパワーアップして暴れだすのだ。後ろに回りこみ「デイン」で止めよう。

| キラーマシン1号 | キラーマシン2号 | キラーマシン3号 |
|---|---|---|
| HP：★★★★ | HP：★★★★ | HP：★★★★ |
| ちから：★★ | ちから：★★ | ちから：★★ |
| みのまもり：★★ | みのまもり：★★ | みのまもり：★★ |
| かしこさ：★★★ | かしこさ：★★★ | かしこさ：★★★ |

←2体でジャンプしたら連携攻撃。急いで回避しよう。

←蒸気を噴いてパワーアップ。1体でも油断は禁物！

# STORY シーラ

## 美しき森を騒がすもの

推奨レベル 19

ラバトールでの戦いで剣士のテリーを仲間に迎えたアクトたちは、次なる目的地シーラをめざす。

第三章 ストーリーバトル

### バトル目標
すべてのモンスターをやっつけよう！

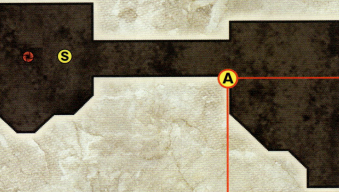

Ⓢ スタート地点　　魔物の扉

キメラ
➡P236

さまようよろい
➡P236

スマイルロック
➡P237

ブラウニー
➡P238

ホイミスライム
➡P239

メタルハンター
➡P240

### 作戦準備

**キメラに強いキャラを選ぼう**

空中を舞うキメラが登場するため、飛び道具のブーメランを使うジュリエッタが有利。また、氷結攻撃を持つメーアかディルクなども加えたい。

← 射程が長いブーメランは空を飛ぶモンスターに有効。

## 作戦1

**エリア：マップ全体**

### さまようよろいは回りこんで攻撃！

さまようよろいは盾を構えているため、正面からはダメージが与えづらい。なるべく側面や背後に回りこみ攻撃しよう。集団で登場してきた場合は、凍らせる技で動きを止めるのも効果的。

→さまようよろいの右側や背後に回りこんでから攻撃するのがセオリーとなる。

←正面からの攻撃は、盾でガードされるためダメージが与えにくいのだ。

←「ブリザーラッシュ」などで広範囲攻撃もいいぞ。

## 作戦2

**エリア：マップ全体**

### キメラは降りてきた瞬間をねらおう！

しばらく進むと、空中に出現した魔物の扉からキメラが登場する。キメラにはジュリエッタのブーメランで攻めるのがおすすめ。他のキャラは地上に降りてきた瞬間をねらって攻撃！

→普通のキャラでは攻撃が届きにくいので、地上に降りてきた瞬間をねらうのだ。

←マップ西側の空中に魔物の扉が。空飛ぶモンスターのキメラが出現！

←ブーメランを使うジュリエッタなら攻撃が当てやすい。

## 要注意モンスター

**エリア：A**

### 🔱 メタルハンター

### 雷系の攻撃が効果的だぞ！

ステージ終盤に登場してくるメタルハンターは、機械タイプなので「デイン」のような雷系の攻撃が有効だぞ。痺れさせてから追撃を加えよう。

←↑メタルハンターは雷系の攻撃を受けると確実に痺れて一定時間動けなくなるぞ。連続攻撃のチャンスだ！

| | |
|---|---|
| ヒットポイント HP： | ★★★★ |
| ちから： | ★★★ |
| みのまもり： | ★★★ |
| かしこさ： | ★★★ |

第三章 ストーリーバトル

137

## STORY シーラ

### やってきた侵入者たち　推奨レベル 20

エルフの住む森の村、シーラも魔物の襲撃を受けていた。アクトたちは急いで奥の集落をめざす。

第三章　ストーリーバトル

**バトル目標**
- 村への扉を守り抜こう！
- 道を先に進もう！

Ⓢ スタート地点　宝 宝箱　目的地　魔物の扉　防衛対象

| | |
|---|---|
|  キメラ ➡P236 |  ブラウニー ➡P238 |
|  さまようよろい ➡P236 |  ベビーサタン ➡P239 |
|  スマイルロック ➡P237 |  ホイミスライム ➡P239 |
|  タホドラキー ➡P237 |  メタルハンター ➡P240 |
|  ピンクモーモン ➡P238 | |

### 作戦準備

**メタルハンター対策が重要だ**

出現モンスターの中で手強いのはメタルハンター。そこで機械タイプを麻痺させる雷系の技が使えるアクトやメーア、テリーを仲間に加えよう。

← 主人公2人は呪文、テリーは特技に雷系があるぞ！

## 作戦 1　エリア A

### 扉を守りながらモンスターを排除

モンスターたちは、集落に続く扉めがけて集まってくる。扉を壊されるとゲームオーバーなので、まずは広範囲の技をメインに使って、扉の周辺にいるモンスターを優先して倒していこう。

→ピンクモーモンやスマイルロックなどのモンスターを範囲攻撃で排除しよう！

←村の奥へ向かおうとする一行だが、モンスターたちも扉に殺到してくる。

←さまようよろいは背後に回って攻撃するようにしよう。

## 作戦 2　エリア B・C

### 周囲の敵を倒したら魔物の扉に向かおう

村への扉の安全を確保したら、モンスターを生む魔物の扉の番人を倒しに向かう。近い順にB→Cと移動しよう。その際は、仲間モンスターを呼び出して、集落に続く扉を守らせるのだ。

→まず近くにあるBの魔物の扉に向かい、番人を排除。番人はさまようよろい だ。

←ゲットしたコインを使って仲間モンスターを呼びだし、扉を守らせよう。

←B周辺のモンスターを全員倒してCの魔物の扉へ向かう。

## 作戦 3　エリア D

### 番人を倒したら崖を飛び降りて扉へ

B、Cの番人を片付けるとD地点に新たに魔物の扉が出現する。ここから生まれたモンスターは、崖を降りて集落に続く扉に向かう。早めに番人を倒してこちらも崖を降りて扉を守ろう。

→メタルハンターに対しては、雷系の技で痺れさせ、連続攻撃を叩きこむのだ。

←大ダメージの技を中心に、早めに魔扉の番人を倒すことが重要になる。

←後は崖を降り、残ったモンスターを排除すればクリアだ。

第三章 ストーリーバトル

# STORY シーラ

## わかれた道の先で
**推奨レベル21**

エルフたちの住む集落の近くにやってきたアクトたち、そこには思いがけない出会いが待っていた。

第三章 ストーリーバトル

**バトル目標**
- どっちについていくか決めよう！
- 集落を守り抜こう！
- すべてのモンスターをやっつけよう！

Ⓢ スタート地点　宝 宝箱　魔物の扉　防衛対象　ルーラポイント

 キメラ
➡P236

 キラーパンサー
➡P236

 ゴーレム
➡P236

 さまようよろい
➡P236

 スマイルロック
➡P237

 タホドラキー
➡P237

 ブラウニー
➡P238

 メタルハンター
➡P240

## 作戦準備

### 「ルーラ」を習得しておこう

「やってきた侵入者たち」のクリアで、クエスト「ルーラの試練（P194）」が受注可能となる。「ルーラ」が使えると今後の攻略がかなり楽に！

←ルーラストーンのある場所では一瞬で移動が可能。

## 作戦1　エリア A

### 左側ルートはゼシカと共闘！

異世界からやってきたゼシカとヤンガスは、意見の衝突から別々のルートへ。左側の道を進むとゼシカとの共闘となる。ちなみに、一旦左側を選ぶと、右側のマップは通行不能となるぞ！

→まずは攻撃力の高いゴーレムに攻撃を集中して、集落の被害を抑えるのが重要。

←ステージの目的は、エルフの集落3か所をモンスターから守ることだ。

←ルーラストーンにチャージして村の移動を楽にしよう。

## 作戦2　エリア B

### 右側ルートはヤンガスが仲間に

右側ルートではヤンガスと共に戦う。目的は同じく3か所の集落をモンスターの攻撃から守ることだ。ゼシカのルートと同様に、一旦右側を選ぶと、左側のマップには入ることができない。

→こちらもルーラストーンがあるので、チャージして移動に役立てるように！

←ヤンガスルートでも、やはり攻撃力の高いゴーレムを優先して倒そう。

←守る場所が多いので、モンスターを使うのも重要だ。仲間

## 作戦3　エリア マップ全体

### 両ルートとも最後は大型3種が出現！

ゼシカ、ヤンガスルート共に終盤は新たな魔物の扉が出現し、そこからゴーレム、キラーパンサー、メタルハンターの大型モンスター3種が登場。MPやテンションを温存して備えよう。

→メタルハンターには、「デイン」など、雷系の特技や呪文で一気に大ダメージ!!

←大型3種類が同じ場所に出現する。魔物の扉の出現場所に急行しよう！

←鋭い爪を持つキラーパンサーは、側面や背後から攻撃を。

第三章　ストーリーバトル

141

第三章 ストーリーバトル

## STORY
シーラ

### 招かれざる客人たち
推奨レベル22

意見の対立から別々の道に向かったゼシカとヤンガスもどうにか合流。一行は、村長の家をめざす。

バトル目標

ボストロールとスターキメラをやっつけよう！

Ⓢ スタート地点　バリスタ

キメラ
➡P236

しりょうのきし
➡P237

スターキメラ
➡P237

ボストロール
➡P239

メタルハンター
➡P240

### 作戦準備

#### 「あくなき探求心」を習得しよう

フィールドに2台のバリスタが設置されている。ジュリエッタが「あくなき探求心」を習得していれば、バリスタで与えるダメージが大きくなるぞ。

←ジュリエッタの飛び道具は、バトルでも有利だぞ!!

142

## ボスモンスター

### BOSS スターキメラ

**バリスタを使って攻撃しよう！**

スターキメラはボストロールのHPを回復するので、最優先で倒そう。また、空中を舞うスターキメラにはバリスタでの攻撃がおすすめだ！ 身を守るバリアが消えた瞬間をねらって射撃しよう！

← バリアを張っている間はダメージが与えられない。

→ 回復を行っている間は無防備なのでチャンス！

| ヒットポイント | | | |
|---|---|---|---|
| HP：★★★★ | | みのまもり：★★★ | |
| ちから：★★★ | | かしこさ：★★★ | |

第三章 ストーリーバトル

---

## ボスモンスター

### BOSS ボストロール

**転がり攻撃は確実に回避だ！**

ボストロールは、踏みつけや棍棒での打撃など高ダメージの攻撃をくり出してくる。中でも脅威なのは転がり攻撃だ。両手を大きく広げたら転がり攻撃の合図。距離を取って、確実に回避しよう！

← 転がりの前動作を見のがさずに回避するように。

→ 万一に備え、ホイミストーンを用意しておこう。

| ヒットポイント | | | |
|---|---|---|---|
| HP：★★★★★ | | みのまもり：★★★ | |
| ちから：★★★ | | かしこさ：★★★ | |

143

## STORY ドワドキア

### 長いトンネルの奥へ
推奨レベル23

エルフの村長から光の腕輪の情報を得たアクトたちは、新たな情報を求めてドワーフの町をめざす。

第三章 ストーリーバトル

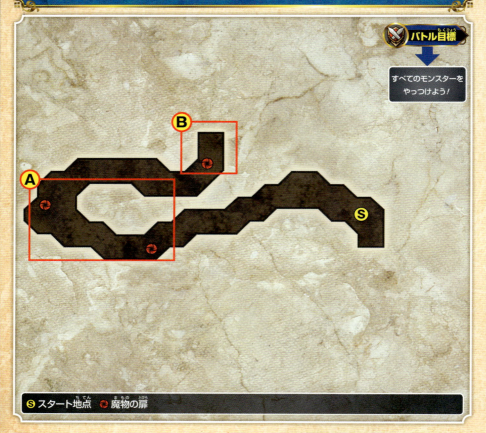

**バトル目標**
すべてのモンスターをやっつけよう！

Ⓢ スタート地点　魔物の扉

 おどるほうせき ➡P235
 キラーパンサー ➡P236
 しりょうのきし ➡P237
 トロル ➡P238
 ホイミスライム ➡P239
 マドハンド ➡P239
  ミニデーモン ➡P239

### 作戦準備

**回復手段を多めに用意しよう**

大量のモンスターが登場するステージなので、回復手段を多めに用意したい。ゼシカにHPを回復できる「ハッスルダンス」を習得させておこう。

ダンスでHPを回復させる、ゼシカ独自のスキルだ。

144

## 作戦1

**エリア：マップ全体**

### 群がる敵を倒しつつ奥をめざそう

曲がりくねった洞窟に、大量のモンスターがひしめくステージだ。アクトの「灼熱火炎斬」のような範囲攻撃技をメインに、ガンガンモンスターを蹴散らしながら、洞くつの奥をめざそう。

→ミニデーモンは呪文攻撃をしてくる。呪文の発動前に攻撃するのが重要だぞ！

←敵が密集しているので、範囲攻撃技が有効。「灼熱火炎斬」などで攻撃だ。

←一本道なので、小細工なしの戦闘能力が試されるのだ。

## 作戦2

**エリア：マップ全体**

### 仲間モンスターは即座に呼びだそう

特定の場所やキャラクターを守る必要がない、バトル中心ステージなので、モンスターコインを手に入れたら、即座に呼びだして戦力を増強しよう。ミニデーモンは特におすすめだぞ！

→ミニデーモンの「メラミ」は、敵の集団に一気にダメージを与えられる。

## 作戦3

**エリア：A**

### 魔扉の番人は優先して攻撃だ！

ステージには、3つの魔物の扉が出現している。モンスターの数を効率的に減らすために、魔扉の番人は優先して攻撃しよう。番人は盾を持っているので、背後から攻めるのがおすすめだ。

→盾を構える正面は避けて、ダメージを与えやすい背後から攻撃するのだ。

## 要注意モンスター

**エリア：B** ⚜ **トロル**

### ヒット&アウェイを心がけて攻撃しよう

トロルはよろけを発生させる踏みつけと、棍棒での打撃で攻めてくる。なるべく背後から攻撃し、片足を上げたら距離を取って踏みつけを回避！

←↑片足を上げたら踏みつけの合図。距離を取って回避しよう。踏みつけの瞬間をねらったジャンプ攻撃も有効。

**HP：★★★★**
**ちから：★★★**
**みのまもり：★★**
**かしこさ：★★★★**

第三章 ストーリーバトル

## STORY ドワドキア

### ドワドキアの生命線　推奨レベル24

ドワドキアにも魔物の大群が押しよせていた。アクトたちはドワーフを救うため、町中へと進む。

第三章 ストーリーバトル

**バトル目標**
世界樹の根を
守り抜こう！

Ⓢ スタート地点　宝 宝箱　魔物の扉　防衛対象

 おどるほうせき ➡P235
 キラーパンサー ➡P236
 ゴーレム ➡P236
 しりょうのきし ➡P237
 トロル ➡P238
 ひとくいばこ ➡P238
 マドハンド ➡P239
 ミニデーモン ➡P239

### 作戦準備

**集団戦の強さを優先して選ぼう**

世界樹の根を守りながら多数のモンスターと戦うため、せん滅能力が重要だ。攻撃範囲の広いディルクや、「はやぶさ斬り」を使えるテリーが有利。

◀ 多くの敵をまとめて攻撃できるキャラを仲間に！！

## 作戦1 　エリア A

### まずは根に群がるモンスターを排除

世界樹の根を壊されてしまうと敗北となるので、最優先で根の周辺にいるモンスターを倒そう。最初に根の周辺には、しりょうのきしやマドハンドがいる。連続攻撃で手早く片付けよう。

← マドハンドは、目の前に沼を作りだして、移動を妨害する特技を使う。

## 作戦2 　エリア A

### 仲間モンスターに根を守らせよう！

モンスターコインをゲットしたら、世界樹の根の側で呼びだして護衛に当たらせよう。敵の数が多いので、護衛役としてはもちろん、敵の数を減らすためにも積極的にコインを使うのだ!!

← 世界樹の根の側に仲間モンスターを配置して、しっかりと安全を確保!!

## 作戦3 　エリア B・C

### 最短ルートで番人を倒しに向かおう

周辺のモンスターを片付けたら、根に近い場所にいる番人から順に排除していこう。この際も、根の状況をチェックするのを忘れずに。番人を1体倒したら、一旦守りに戻ることも必要だぞ。

← まずは世界樹の根に一番近い、東側にいる魔扉の番人から排除。

→ 1体目の番人を倒したら、一旦根の側に戻って西側から来ている魔物を一掃!

← 大型の魔物が増加する終盤は、テンションを解放だ!!

## 要注意モンスター

### 幻惑や眠りなど状態異常攻撃を使うぞ

攻撃力は高くないが、状態異常攻撃をくり出すおどるほうせきは、集団戦闘では厄介な相手。スキルを使われる前に優先して倒すようにしたい。

エリア マップ全体　**おどるほうせき**

↑ 守備力の低下や幻惑など、さまざまな状態異常攻撃をしてくる。その際は、キャラを切り替えて対応しよう

ヒットポイント
HP：★
ちから：★★
みのまもり：★★★
かしこさ：★★

## STORY ドワドキア

### 狙われた洞くつの町
推奨レベル 25

世界樹の根を守りきったアクトたち。しかし、ドワーフの姿は見あたらない。彼らの安否やいかに。

**バトル目標**
族長の娘を守り抜こう！

Ⓢ スタート地点　宝 宝箱　魔物の扉　防衛対象

 キラーパンサー ➡P236
 ゴーレム ➡P236
 しりょうのきし ➡P237
 トロル ➡P238
 バトルレックス ➡P238
 マドハンド ➡P239
 ミニデーモン ➡P239
 メタルハンター ➡P240

### 作戦準備
**強敵とのバトルに備えるのだ**

序盤からトロルやキラーパンサーなどの手強いモンスターが多く登場する。「スクルト」の使えるクリフトや、回復ができる仲間がいると便利だ。

回復には「ハッスルダンス」が使えるゼシカが最適。

## 作戦1

**エリア：マップ全体**

### 族長の娘を守りつつ強敵を排除！

族長の娘は、ビアンカ、フローラとともにマップ北東のエリアに留まっている。彼女を守りぬくことが、ステージの目的だ。まずは、キラーパンサーとメタルハンターから撃破していこう。

→マップ左のキラーパンサーがすばやくて、倒しにくいので最初に倒しにいこう。

←マップ右から来るメタルハンターには、主人公の「ダイン」が有効だ。

←族長の娘のそばに仲間モンスターを呼びだして守ろう。

## 作戦2

**エリア：A・B**

### 魔物の扉をすばやく破壊！

最初のモンスターたちを撃破したら、魔物の扉が出現しだすぞ。族長の娘に近いAの魔物の扉から消滅させよう。魔物の扉を1つ破壊したら、族長の娘の近くに戻るようにして戦うのだ！

→強敵のキラーパンサーやキラーマシン、ゴーレムはコインを落としやすいぞ。

魔物の扉は全部で6つ出現するぞ、4つ撃破で最後の猛攻が始まる。

←遠くの魔物の扉に行くときは、族長の娘周辺を安全に！

## 要注意モンスター

**エリア：C**

### 🔱 バトルレックス

### 必殺技を中心に一気に大ダメージ！

バトルレックスは、オノによる斬りつけに加え、怯みを発生させる雄叫びや突進、炎のブレスなどで攻めてくる。必殺技を使って一気に倒そう。

←温存していたテンションを解放し、ハイテンション状態に。雄叫びなどを使うスキを与えず、攻めつぶそう。

ヒットポイント
HP：★★★★
ちから：★★★
みのまもり：★★★
かしこさ：★★★

# STORY ドワドキア

## 愛する人たちを探して

推奨レベル 26

異世界から来た2人の女性、族長の娘と出会った一行は、彼女のフィアンセと族長探しに協力する。

**バトル目標**
- 族長の娘を目的地まで連れていこう！（4回くり返す）
- 族長の娘を守り抜こう！

Ⓢ スタート地点　宝 宝箱　— 扉　◯ 魔物の扉　♛ 防衛対象

第三章 ストーリーバトル

 ゴーレム ➡P236

 しりょうのきし ➡P237

 トロル ➡P238

 バトルレックス ➡P238

 マドハンド ➡P239

 ミニデーモン ➡P239

 メタルハンター ➡P240

## 作戦準備

### 盾のスキルを習得させよう

強力な棍棒での攻撃をくり出すトロルが複数登場するので、「はじき返し」が使えると有利だ。アクトやメーア、テリーなどに覚えさせておこう。

← 盾装備キャラには「はじき返し」は重要なスキルだ。

## 作戦1

**エリア：マップ全体**

### 族長の娘を守りつつ町を探索！

前のステージと異なり、ここでは移動する族長の娘を護衛することになる。彼女から離れすぎないようにして、移動方向を先読みしながら、進路上にいるモンスターを排除するのが重要だ。

→族長の娘からやや先行する形で、彼女の進路上にいるモンスターを排除しよう。

←前のステージと同じく、族長の娘にはビアンカとフローラが同行する。

←トロルなど、大型のモンスターは最優先で倒していこう。

## 作戦2

**エリア：A・B・C**

### モンスターを排除したら新たなエリアへ

基本的にステージは、1つのエリアの探索が終わると、次のエリアへ続く扉が開く形で進行していく。移動はA→B→Cの順。いずれも探索の最後には、新規の魔物の扉の番人が出現。

→まずはBへの扉に近い位置にいる番人を排除し、進路上の安全を確保するのだ。

←Aのエリアでは、他の場所に移ろうとすると3体同時に番人が出現する。

←族長の娘が扉の前にたどり着くと、次のエリアに行ける。

## 作戦3

**エリア：D**

### 探索のラストは大型モンスターラッシュ！

探索の最後はDのエリア。ここの扉を開くと、トロル、メタルハンター、バトルレックスなどの大型モンスターが続々登場！！　MPやテンションを温存した状態でDに入るようにしたい。

→氷結効果を持つスキルで動きを止めて、連続攻撃を叩きこむのも効果的だぞ！！

←扉を開けた途端、目の前にはトロルの集団が。盾持ちキャラで対応しよう。

←もし仲間が倒されたら、すぐ世界樹の葉で復活させよう。

第三章　ストーリーバトル

# STORY ドワドキア

## 大聖堂にたたずむ巨像　推奨レベル 27

捜索を続けるものの、依然としてフィアンセと族長は行方不明。アクトたちは町の大聖堂へ向かう。

第三章 ストーリーバトル

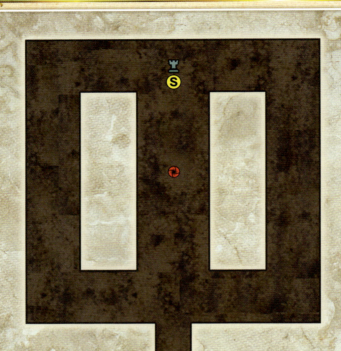

### バトル目標
族長たちを守り抜こう！

Ⓢ スタート地点　　魔物の扉　　防衛対象

 おどるほうせき　➡P235
 だいまじん　➡P237
 キラーパンサー　➡P236
 マドハンド　➡P239
 しりょうのきし　➡P237
 メタルハンター　➡P240

## 作戦準備

### 攻撃力重視でメンバーを選ぼう

族長とフィアンセを守りながらのボス戦。短期決着が必要なので、攻撃力が重要となる。強敵以外の撃破も考え、範囲攻撃が得意な仲間を中心に。

←メタルハンターに備えて主人公やテリーがおすすめ。

## 作戦　　エリア：マップ全体

### 族長たちを守りながらのボス戦だ

族長たちは、マップ上を時計回りに逃げていく。彼らがだいまじんに追いつかれないように足止めしつつ、族長たちのHPが0になる前に倒しきることが必要だぞ。

だいまじんはHPが減ってくると魔扉の番人を召喚するぞ。優先的に倒してしまおう。

#### 族長たちの逃走ルート

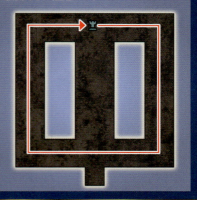

## ボスモンスター

### BOSS だいまじん

#### ジャンプ攻撃をメインに踏みつけを回避！

中央通路の南側にあるツボには、ふしぎなタンバリンが入っている。これでいきなりテンションをMAXにできるので、まずはこの効果を活かして大ダメージを与えよう。だいまじんは、よろけてしまう踏みつけを使ってくるので、ジャンプ斬りで回避しつつ攻撃するのがおすすめだぞ！！

| HP：★★★★★ | みのまもり：★★★★ |
|---|---|
| ちから：★★★ | かしこさ：★★★ |

↑まずはふしぎなタンバリンをゲットしてテンションMAX。攻撃力を高め、必殺技で一気に大ダメージ!!

↑だいまじんは意外と移動が速く、背後からはダメージが与えづらい。やや危険だが、正面から攻めよう。

↓膝をついている瞬間はチャンス。連続攻撃を叩きこもう。

## STORY 世界樹

### 樹上の攻防

推奨レベル 28

魔物たちが世界樹を襲撃！ ビアンカとフローラを仲間に加えたアクトたちは、世界樹へ急行する。

第三章 ストーリーバトル

**バトル目標**
すべてのモンスターをやっつけよう！

Ⓢ スタート地点　魔物の扉　ルーラポイント

 キングスライム
➡P236

 しりょうのきし
➡P237

 シルバーデビル
➡P237

 スライム（合体）
➡P237

 どくどくゾンビ
➡P237

 ドラキーマ
➡P238

 ホークマン
➡P239

 ミニデーモン
➡P239

### 作戦準備

**飛行モンスター対策がポイント**

空を飛ぶ魔物が多く登場するので、ジュリエッタやビアンカのような飛び道具を使うキャラが有利。治療スキルを持つジュリエッタは特におすすめだ。

←新たに仲間になったビアンカは、弓の使い手なのだ。

## 作戦 1

| エリア |
|---|
| A・B |

### 樹上から落下すると大ダメージ！

このステージは、所々に奈落に通じる穴が空いており、落下するとダメージを受けてしまう。逆に、モンスターを落とすことができれば、戦いは有利に。ふっ飛ばし攻撃の活用が重要だ。

→穴から落ちてしまうと、HPが減った状態で樹上のスタート地点に戻されるぞ。

←世界樹の上だけに、高さは半端ではない。落ちたらダメージ必至だ。

←穴付近にいるモンスターは、ふっ飛ばして落とをねらおう。

---

## 作戦 2

| エリア |
|---|
| マップ全体 |

### 飛行タイプの魔物がいっぱい！
### 足元に気をつけながら戦おう！！

このステージでは、ドラキーマやホークマンなど飛行タイプの魔物が多く出現する。ジャンプ攻撃の際は、着地で穴に落ちないようにしよう。飛行タイプは穴を無視して移動できるため、かなり厄介な相手となる。

→このステージの魔扉の番人は飛行タイプ！ホークマンのような姿の魔物だ！

←魔扉の番人はしっかりロックして戦おう！

---

## 要注意モンスター

| エリア |
|---|
| C |

## ⚜ キングスライム

### スライムが集まるとキングスライムに変身！

巨体を活かしたボディプレス攻撃に加え、ベホマラーでの回復なども行う。初登場時は合体を阻止できないが、合体させないようにするのが基本。

←↑プルプルした身体で高くジャンプし、ボディプレスをしてくる。氷結する技で動きを封じて攻撃していこう。

| ヒットポイント | |
|---|---|
| HP： | ★★★★ |
| ちから： | ★★★ |
| みのまもり： | ★★★ |
| かしこさ： | ★★★★ |

第三章 ストーリーバトル

## STORY 世界樹

### 祭壇の間を目指して　推奨レベル29

世界樹に群がる魔物には、今までと異なる高い統率性が感じられる。その背後にあるものとは!?

第三章 ストーリーバトル

**バトル目標**
すべてのモンスターをやっつけよう!

Ⓢ スタート地点　魔物の扉

 キメラ ➡P236
 キラーマシン ➡P236
 キングスライム ➡P236
 しりょうのきし ➡P237
 シルバーデビル ➡P237
  スライム(合体) ➡P237
 どくどくゾンビ ➡P237
 ドラキーマ ➡P238
 トロル ➡P238
 ヘルクラッシャー ➡P239
 ホークマン ➡P239
 ミニデーモン ➡P239

### 作戦準備

**氷結での足止めを考えよう**

序盤から大型モンスターを含む大群を相手にする必要があるため、氷結での足止めが効果的。メーアやゼシカを仲間に加えておくのがおすすめだ。

ゼシカは氷結に加え、HPの回復もできるので便利。

156

## 作戦1

**エリア A**

### 大型モンスターには出し惜しみなしで！

ステージ開始から、いきなりトロルとキングスライムを含む大群とのバトルだ。ここはMPを惜しまず、特技を積極的に使って対処しよう。大型を早めに倒すことがスムーズな進行のカギ。

→メーアの「氷結斬り」で敵の動きを止めてからの追撃をねらうのも効果的だ。

←アクトは一撃のダメージに優れた「火炎斬り」などをガンガン使おう。

←MPが少なくなったら、すばやく仲間にチェンジ！

## 作戦2

**エリア マップ全体**

### 範囲攻撃型の仲間モンスターを積極的に活用しよう！

大型を含む集団が相手なので、仲間モンスターの活用も重要なポイントだ。「メラミ」でまとめてダメージを与えるミニデーモンがおすすめ。

→敵が密集しているところで「メラミ」を使わせれば、ダメージの効果がいいぞ。

←ドラキーマのスキルで周囲の敵を眠らせてしまえば、バトルは楽になる。

で、高低差があるステージなので、飛行モンスターも役立つ。

---

## 要注意モンスター

**エリア B**

# ヘルクラッシャー

### 驚異の攻撃力を誇る肉弾型モンスター

4本の腕それぞれに武器を構え、大ダメージの攻撃を連発する。回復手段を多めに用意して挑みたい相手だ。正面は避けて背後から攻めること。

←↑凍結が効くので、「氷結斬り」などで動きを封じ、集中攻撃をしかけよう。MPをガンガン使って勝負だ！

| ヒットポイント | |
|---|---|
| HP | ★★★★★ |
| ちから | ★★★ |
| みのまもり | ★★★ |
| かしこさ | ★★★ |

第三章 ストーリーバトル

157

## STORY 世界樹

### たちはだかる門番　推奨レベル30

魔物たちの襲撃を退け、一行は世界樹の最上部に到着。調和の祭壇で、彼らを待っていた者とは!?

第三章 ストーリーバトル

バトル目標
イーメスをやっつけよう！

Ⓢ スタート地点

イーメス
➡ P235

### 作戦準備

**防御重視でパーティを組もう！**

クリア条件が特殊なイーメス戦は、条件が合わないと戦いが長引く場合も。長期戦に備えて、支援や回復ができるクリフトとゼシカを入れておこう。

←バトル中は「スクルト」で常に守備力を上げておこう。

## BOSS イーメス

### イーメスの攻撃直後の
### スキをねらおう

イーメスは「突進」や「叩きつけ」で攻撃してくる。大ダメージを受けてしまうので、イーメスが構えたら横に回りこむようにして回避しよう。少し離れて、攻撃後のスキをねらうと戦いやすいぞ。

| | |
|---|---|
| HP： | ★★★★★ |
| ちから： | ★★★ |
| みのまもり： | ★★★ |
| かしこさ： | ★★★ |

↑イーメスから少し離れ、仲間が横か後ろにいるようにして仲間へのダメージを減らそう。

↑イーメスが両手を抱えこむと「叩きつけ」がくるぞ。

↑右腕を振りあげたら「突進」。「みかわし」で回避だ。

### 復活後は、ひるませてからの
### ふき飛ばしをねらうのだ！

イーメスを倒し、祭壇の間に入れると思いきや、倒したはずの相手が復活!? はたして、どうしたら倒せるのか？ ポイントはここが世界樹の最上部であること。樹上から落下すれば、驚異的な再生能力を誇るイーメスでも復活はできないハズだ。

←イーメスは復活後、守備力が大幅にアップするのだ。

↑与えられるダメージは大幅に低くなるが、諦めずに攻撃を続けよう。HPが半分になると、ひるみ状態になる。

↑イーメスがひるんでいる際は、ふっ飛ばすことができる。ステージの端まで追いこんで、たたき落とすのだ!!

159

# STORY
## 光の塔

### 光の女神のもとへ
**推奨レベル 31**

闇に染められたパートナーを救う手がかりを探るため、主人公は光の塔を訪れようと決意する。

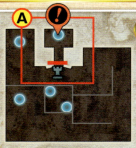

**バトル目標**

- 最上階を目指そう！
- 上層への扉を守り抜こう！
- 最上階を目指そう！

光の円盤

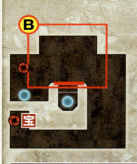

Ⓢ スタート地点　宝 宝箱　◎ 目的地　— 扉　🚪 魔物の扉　🛡 防衛対象

 きとうし　→P236
 しりょうのきし　→P237
 ストーンマン　→P237
 ドラキーマ　→P238

 ばくだん岩　→P238
 バトルレックス　→P238
 ヘルクラッシャー　→P239
 メタルライダー　→P240

## 作戦準備

### 集団戦に強い仲間がおすすめだ

頻繁にエリア移動をしながら大勢のモンスターと戦う。混戦になりがちなので、すばやく範囲攻撃がくり出せるテリーやビアンカなどをメンバーに。

テリーは「しんくう斬り強化」を習得しておこう。

第三章 ストーリーバトル

## 作戦1

| エリア |
|---|
| マップ全体 |

### マップのつながりを把握しよう！

このステージの各所には光の円盤が設置されており、この上で○ボタンを押すと別の場所に移動が可能。どの光の円盤がどこにつながっているかの把握がポイントだ。

←光の円盤の上に立ち、○ボタンを押すと別のエリアへワープで移動できるぞ。

光の円盤のつながり

※図のように、同じ数字の光の円盤がつながっており、往復できるようになっている。

## 作戦2

| エリア |
|---|
| A |

### 扉は仲間モンスターに守らせよう

Aのエリアには、目的地である女神の祭壇に通じる扉が存在する。この扉をモンスターから守りつつ、扉を開ける方法を探るのがステージの目的だ。防衛には仲間モンスターを活用しよう。

←扉の前にはバトルレックスのような強力な仲間モンスターを配置したい。

## 作戦3

| エリア |
|---|
| B |

### トラップに触れないように戦おう

Bのエリアにある石像が手にした水晶玉からは、レーザーのように炎が噴きだしてくる。触れるとダメージを受けるので、予め炎が噴きだすラインを避けながらバトルを行うよう心がけよう。

←炎は常時出ているわけではないが、バトル中はこのラインを避けよう。

## 作戦4

| エリア |
|---|
| B |

### ストーンマンを倒すと扉が開く

炎を噴きだす2体の石像の間には、扉が存在する。この扉は、正面にいるストーンマンを倒すと開く。扉の先にはサークルがあり、これを使うことで今まで行けなかった場所へ移動できる。

←ストーンマンに、ある程度ダメージを与えると膝をつき、無防備になる。

## 作戦5

| エリア |
|---|
| A |

### 上層の扉を開くには！？

最終目標の女神の祭壇に続く上層の扉を開く方法は、ステージ上のすべてのモンスターを倒すこと。番人を排除した後は、マップ上に記された赤い点を参考に残りのモンスターを倒そう。

←モンスターをすべて倒しきると、エリアAの扉が開いてステージクリア。

# STORY 光の塔

## 塔のてっぺんへ向かって　推奨レベル32

ヘルムードは、既に光の塔の存在を嗅ぎつけていた。魔物たちの妨害の中、一行は最上階をめざす。

第三章　ストーリーバトル

**バトル目標**
- 塔のてっぺんを目指そう！
- 女神像の装置を守り抜こう！

Ⓢ スタート地点　　目的地　　防衛対象　　光の塔の扉

 きとうし ➡P236
 しりょうのきし ➡P237
 どくどくゾンビ ➡P237
 ドラキーマ ➡P238
 ばくだん岩 ➡P238
 バトルレックス ➡P238
 ヘルクラッシャー ➡P239
 メタルライダー ➡P240
わらいぶくろ ➡P240

## 作戦準備

### MPを十分に高めておこう

前のステージに輪をかけて、より多くのモンスターが出現する。効率よく敵を倒すためには、高レベル呪文の習得や、最大MPを高めることが重要。

← ゼシカやフローラなどの呪文を強化しておくように。

## 作戦1

**エリア** A・B・C・D・E

### 侵入してくるモンスターを排除！

フロア全体がエレベーターとなっている特殊なステージ。フロアの上昇が止まると、扉が開いてモンスターが殺到してくる。彼らの襲撃から、女神像を守りぬくことがステージの目的となる。

→フロアを動かしているのは女神像の魔力。この像を守ることがステージの目的。

←ステージ中央付近まで移動すると、フロア全体が上昇をし始めるのだ。

→開いた扉の中から、大量の魔物が押しよせてくるぞ！

## 作戦2

**エリア** A・B・C・D・E

### 各フロアの出現パターンを把握しよう

モンスターが出現してくる扉は、フロアの上昇に応じて1つずつ増加し、最終的には5か所になる。ちなみに扉の場所はA〜E。6層ではA、7層ではA、Bというパターンで出現してくる。

→出現地点は固定なので、待ちぶせして密集しているところを叩くのが効果的だ。

←モンスターの出現する扉は、フロアの上昇に応じて徐々に増加していく。

→いくつかの扉の前に、仲間モンスターを配置しておこう。

## 作戦3

**エリア** マップ全体

### ラストに備えてテンションを温存！

第10層では、5か所の扉からモンスターが出現することに加えて、バトルレックス、ヘルクラッシャーなどの大型モンスターも多数登場。ここでテンションを一気に解放して戦うように！

→大型には大型。ヘルクラッシャーなどの仲間モンスターで対抗しよう。

←大型モンスターにはMPを惜しまず使って、大ダメージをねらおう！

→ヘルクラッシャーを含む集団は、必殺技で一掃するのだ。

第三章 ストーリーバトル

# STORY 光の塔

## 凶暴な侵入者

**推奨レベル 33**

アクトたちはついに光の塔の最上階に到着。果たして、光の祭壇を目前にした彼らが見たものは!?

第三章 ストーリーバトル

**バトル目標**
キングレオをやっつけよう！

Ⓢ スタート地点　魔物の扉　防衛対象

 きとうし
→P236

 キングレオ
→P236

 バトルレックス
→P238

 ピンクモーモン
→P238

 わらいぶくろ
→P240

## 作戦準備

**テリーの攻撃＆回復技が効果的！**

キングレオは、攻撃力とスピードをあわせ持つ難敵。苦戦するようなら、攻撃と回復が同時にできる「ミラクルソード」が使えるテリーで挑もう。

←さらに「はやぶさ斬り」を強化しておくと有利だぞ。

# ボスモンスター

## BOSS キングレオ

### まずは扉から離れた場所まで誘いだすのだ！

祭壇への扉を破壊されると敗北となる。祭壇のダメージを抑えるため、攻撃しつつ離れた場所に誘きだそう。相手は突進しながらの切り裂き攻撃を多用してくるので、なるべく側面から攻撃を行うこと。

| | |
|---|---|
| HP | ★★★★★ |
| ちから | ★★★★ |
| みのまもり | ★★★ |
| かしこさ | ★★★★ |

↑屈んだ体勢を取ったら突進攻撃の合図。早めにサイドに回りこんで回避するように!!

↑爪の攻撃は高ダメージ。正面に立つのは危険だぞ!!

↓ダメージを受けたら「ハッスルダンス」などで回復だ。

### キングレオに召喚されたモンスターから扉を守るのも忘れずに！

キングレオはHPが一定以下になると、魔扉の番人を召喚してくる。キングレオにばかり気を取られていると、召喚したモンスターに扉を壊されるケースもありうる。召喚を行った際は、MPを惜しまず大技を使って早めに排除することが重要だ。

バトルレックスなども登場。大技ですばやく倒そう。

↓離れていると「メラミ」で遠距離攻撃もしてくるのだ。

↑立ちあがったら凍結する冷気のブレスを使ってくるぞ。

第三章 ストーリーバトル

## STORY 海底神殿

### 閉ざされた扉の先へ　推奨レベル34

海底神殿に入り、敵を倒して女神像を守ろう。扉のレバーを操作すると、敵の進路が変えられるぞ。

第三章 ストーリーバトル

■バトル目標
女神像の装置を守り抜こう！

Ⓢ スタート地点　　扉　　魔物の扉　　防衛対象　　レバー（赤）

きとうし
➡P236

しびれくらげ
➡P236

しりょうのきし
➡P237

ストーンマン
➡P237

マドハンド
➡P239

ミミック
➡P239

メタルライダー
➡P240

### 作戦準備

**ルイーダの酒場でビアンカを連れていこう**

敵は入りくんだ通路を通り、女神像に向かってくるぞ。遠距離攻撃が得意なビアンカなら、橋など見渡しができる場所から移動中の敵をねらえる。

「さみだれうち」を覚えさせ、多くの敵をねらおう。

## 作戦1　エリア A

### ストーンマンのコインを入手だ

まずはマップ左下に出現する、ストーンマンを倒してコインを入手しよう。女神像の左側にあるつり橋の上に、入手したコインのストーンマンを呼びだし攻めてくる敵への盾にするといい。

←月の扉の手前あたりにストーンマンを配置して、敵の侵入をガードしよう。

## 作戦2　エリア B

### 2つの扉を使って敵の進路を変えよう

レバーの操作により太陽の扉、月の扉のどちらかが出現して、敵の進路を変えられるぞ。出現した敵がすぐに女神像へと到着しないように、レバーを操作して遠回りさせるようにしよう。

←一度に敵が攻めてこないように、レバーを操作して敵の進路を変更するんだ。

## 作戦3　エリア C

### すばやく魔物の扉を消滅させよう

マップ右下に最初の魔物の扉が出現するので、できるだけ早く消滅させよう。消滅後は右下から敵が来ないので、太陽の扉を閉じれば女神像への侵攻ルートを1つにでき守りやすくなるぞ。

←作戦1で仲間モンスターを配置していれば、扉は操作しなくてもいい。

## 作戦4　エリア B

### ビアンカの遠距離攻撃で太陽の扉の向こう側を攻撃！

ビアンカの弓なら、太陽の扉や月の扉を超えた攻撃ができる。魔扉の番人を太陽の扉越しにビアンカで攻撃すれば、魔物の扉が楽に壊せるぞ。

←「サンダーボルト」や「ブラストアロー」で、魔扉の番人を倒そう！

## 要注意モンスター　エリア マップ全体　ミミック

### 「ザラキ」と「つうこんの一撃」が強力だ

ミミックは宝箱が開けられ、出現した瞬間に「ザラキ」を唱えてくるぞ。戦闘不能になってしまう可能性があるので、開けた瞬間に遠くに離れよう。

←宝箱を開ける前にビアンカの「サンダーボルト」を宝箱の場所に撃っておき、すぐにダメージを与えよう。

ヒットポイント：★★★★
ちから：★★★★★
みのまもり：★★★
かしこさ：★★★★★

第三章　ストーリーバトル

# STORY 海底神殿

## 海の底へやってきたものたち　推奨レベル35

敵の出現と進路を考えて、敵を倒し女神像を守ろう。また、マーニャがパーティ外で参戦するぞ。

第三章　ストーリーバトル

バトル目標：女神像の装置を守り抜こう！

凡例：Sスタート地点　■扉(赤)　■扉(黄)　魔物の扉　防衛対象　レバー(赤)

 アークデーモン ➡P235

 おどるほうせき ➡P235

 きとうし ➡P236

 キラーマシン ➡P236

 しびれくらげ ➡P236

 しりょうのきし ➡P237

 ストーンマン ➡P237

 メタルライダー ➡P240

## 作戦準備

バイキルトを習得したフローラを連れていこう

キラーマシンやストーンマンなど、守備力が高いモンスターが多く出現するので「バイキルト」を覚えたフローラをパーティに入れておくといい。

「バイキルト」を使い、常に攻撃力をアップしよう。

## 作戦1

**エリア** マップ全体

### 魔物の扉を出現順に消滅していこう

出現する魔物の扉は合計8つ。最初に現れる①から順に消滅させよう。後半の⑦と⑧は同時に出現し、その後すぐに最後の猛攻が始まるが、あせらず作戦3を実行だ！

← 魔物の進行状況に合わせて、レバーで太陽の扉と月の扉を切り替えながら戦っていこう。

魔物の扉の出現順

赤い扉　　　黄色い扉
黄色い扉　　赤い扉

※数字は魔物の扉が出現する順番を表している。

---

## 作戦2

**エリア** A・B

### 女神像の周辺に仲間モンスターを配置

マップ中央にできるだけ多くの仲間モンスターを配置し、女神像の守りを固めよう。仲間モンスターに女神像を守らせ、魔物の扉がある場所へ急いで行き、できるだけ早く扉を消滅しよう。

← まずはメタルライダーなどから、コインを入手。そしてどんどん配置だ。

---

## 作戦3

**エリア** C・D

### 魔物の扉⑤を消滅させたらアークデーモンを撃破だ

⑤の番人を倒すと⑥そして⑦、⑧がたて続けに出現。特に⑦と⑧からはアークデーモンが登場するので、中央に来る前に1体ずつ撃破しよう。

← アークデーモンは、フローラの「メイルストローム⑧」で足止めすると楽。

---

## 要注意モンスター

**エリア** B

### 🔱 キラーマシン

### 足止めしてミラクルムーン∞で攻撃しよう

攻撃力と守備力が高いキラーマシンにはフローラの「メイルストローム」がおすすめ。足止めしてから「ミラクルムーン∞」や雷系の技を使おう！

← ↑ 女神像で迎え撃つ場合も「メイルストローム」で足止めし、配置した仲間モンスターとともに全力で攻撃だ！

| | |
|---|---|
| ヒットポイント HP | ★★★★★ |
| ちから | ★★★★ |
| みのまもり | ★★★★ |
| かしこさ | ★★★★ |

第三章 ストーリーバトル

# STORY 海底神殿

## 神秘の海底神殿　推奨レベル36

海底神殿を進み、3つ目の女神像を守ろう。扉の操作レバーが2つあり、魔物の扉も多く出現だ。

▶バトル目標
女神像の装置を守り抜こう！

Ⓢ スタート地点　宝 宝箱　■ 扉　■ 扉　○ 魔物の扉　□ 防衛対象　レバー(黄)　レバー(赤)

アークデーモン
➡P235

うごくせきぞう
➡P235

おどるほうせき
➡P235

きとうし
➡P236

キラーマシン
➡P236

しびれくらげ
➡P236

しりょうのきし
➡P237

ストーンマン
➡P237

ヘルクラッシャー
➡P239

ミミック
➡P239

メタルライダー
➡P240

## 作戦準備

### 新規加入のマーニャを連れていこう

マーニャは、敵の守備力を下げ、さらに足止めする「さそうおどり」や、強化すれば空中でも使える「疾風炎舞扇」など便利で強力な特技が多数あるぞ。

←敵が多いので「さそうおどり」がとても役立つぞ。

## 作戦1　エリア A

### ストーンマンのコインを入手しよう

開始直後マップ左に出現する魔物の扉は、しばらくするとストーンマンが現れる。ストーンマンは女神像の防衛に役立つので、出現を待ってコインを入手してから、魔扉の番人を倒そう！

← ストーンマンが現れたら、魔扉の番人を倒して魔物の扉を消滅させよう。

## 作戦2　エリア C

### ヘルクラッシャーを女神像に近づけるな!!

2番目に現れるマップ右下の魔物の扉から強敵ヘルクラッシャーが登場。女神像に近づかれる前に特技や呪文を駆使して倒そう。「さそうおどり」を使うと敵の守備力が下がり倒しやすい。

← 入手したコインを女神像の左に配置し、西からくる魔物に備えておこう。

## 作戦3　エリア B

### 2つのレバーを操作して侵攻ルートを減らすといいぞ

太陽の扉と月の扉の開閉を操作するレバーが2つあるぞ。レバーを2つとも操作すると、右側から侵攻する敵のルートを1つに絞れるのだ。

← できるだけ早く2つのレバーを操作することで、より戦いやすくできるぞ。

## 作戦4　エリア B

### 「さそうおどり」で引きつけながら戦うのだ

キラーマシンやヘルクラッシャーなどの強敵も出現するぞ。ミニマップを確認して、強敵がいる場所へ急いで行き女神像に近づく前に倒そう。

← マーニャがいれば「さそうおどり」で守備力を下げ、強敵でも楽々撃破。

---

## 要注意モンスター　エリア B　うごくせきぞう

### 守備力を下げてから全員で総攻撃！

終盤に左側から、うごくせきぞうが出現する。動きは遅いが攻撃力がとても高いので、女神像に近づく前に特技や呪文をガンガン使って倒したい。

← ↑「さそうおどり」で足止めして守備力を下げ、「疾風炎舞扇」などで攻撃して、女神像への接近を阻止するのだ。

HP：★★★★
ちから：★★★
みのまもり：★★★★★
かしこさ：★★★★

## STORY 海底神殿 — 光の試練

海底神殿の最深部で光の試練へ挑戦するぞ。主人公1人だけで、光の番人と対決し撃破するのだ。

**推奨レベル 37**

### バトル目標
- 光の番人をやっつけよう！
- 闇の人形をやっつけよう！

Ⓢ スタート地点

 光の番人 ➡P238

 闇の人形 ➡P240

### 作戦準備

**クエスト「テンション20の試練」クリアで挑戦できるぞ**

テンション20の試練をクリアして、必殺技を強化すると「光の試練」に挑戦できるのだ。「光の試練」は主人公1人での挑戦なので、ホイミストーンのチャージをして、装備を整えてから挑もう。

←まずP195の「テンション20の試練」に挑戦。試練のほこらでガゴラに会おう。

## ボスモンスター

### BOSS 光の番人

#### 弱点の頭と尻尾をねらって攻撃していこう

光の番人はドラゴン系なので、頭と尻尾が弱点だ。吠えて頭に雷を溜めると口からいかずちを吐く。雷をためない場合は主人公の頭上に3回連続でいかずちを落としてくるぞ。

←光の番人が吠えたらすぐに横側へ移動。頭上へのいかずちは「みかわし」で回避だ。

| ヒットポイント | | | |
|---|---|---|---|
| HP：★★★★★ | | みのまもり：★★★ | |
| ちから：★★★★ | | かしこさ：★★★★ | |

#### 舞台の上にのったら回避に専念しよう

光の番人のHPが残り7割と残り3割になったときに、舞台へと移動してフィールド内全域に無数のいかずちを落とす。落ちる場所が光るので、地面をよく見て回避しよう。

#### 放射状のいかずちは大きく離れて待ちかまえよう

一度舞台に行った後は、放射状に走るいかずちの特技を追加で使うぞ。走るいかずちをよく見て、隙間に移動して回避しよう。

←最後に巨大ないかずちがくるので「みかわし」で急いで攻撃範囲から出よう。

←光の番人が吠えたら、すぐに横へと移動して特技に備えるといいぞ。

---

## ボスモンスター

### BOSS 闇の人形

#### ドルマや斬撃を「みかわし」で回避しよう

闇の人形は右手の剣や、闇の球を飛ばして攻撃してくるぞ。剣を振ったときの斬撃などは正面に飛ぶので、つねに闇の人形の横へ回るように移動すれば、攻撃を受けにくいのだ。

←闇の球は追尾性能がとても高いのでタイミングよく「みかわし」を使い回避しよう。

| ヒットポイント | | | |
|---|---|---|---|
| HP：★★★★★ | | みのまもり：★★★ | |
| ちから：★★★ | | かしこさ：★★★ | |

#### HP半分以下で攻撃が強力になる！

闇の人形はHPが半分以下になると、強力な特技を使うようになるぞ。前方に非常に広い範囲の強力な斬撃を飛ばすようになり、剣の連続攻撃も斬撃が飛ぶようになるのだ。

#### 闇の人形の攻撃後に背後から「火炎斬り」で攻撃しよう！

攻撃を回避するために常に背後へ回るように移動して、威力が高い「火炎斬り」を使ってどんどんダメージを与えていこう。

←斬撃を飛ばすまでのためが長いので、後ろに回りこめば大ダメージを与えるチャンス。

←攻撃後の大きなスキをねらって、背後から「火炎斬り」を叩きこもう。

## STORY 始原の里

### 太古の森を抜けて　推奨レベル38

ジュリエッタの話に従い、始原の里へ向かう。一行は彼女の案内で、深い森林地帯を進むことに。

**バトル目標**
ジュリエッタを守りながら先に進もう！

Ⓢ スタート地点　宝 宝箱　━ 扉　◉ 魔物の扉　Ｙ 防衛対象

アークデーモン
➡P235

アームライオン
➡P235

ガーゴイル
➡P235

キラーアーマー
➡P236

ゴールドマン
➡P236

しりょうのきし
➡P237

シルバーデビル
➡P237

ストーンマン
➡P237

謎の策士
➡P238

ばくだん岩
➡P238

ようじゅつし
➡P240

### 作戦準備

**ジュリエッタを含めたパーティを組もう**

ジュリエッタをパーティに入れることが、挑戦の条件。残る2人は「気合の宝玉」が使えるディルクと、遠距離攻撃中心のビアンカがおすすめだ。

← ジュリエッタはゲスト扱いなので、操作はできない。

## 作戦1　エリア：マップ全体

### ジュリエッタに門を開けてもらおう

このステージをクリアするまでに7つの門を通過しなければならない。閉じている門は、周囲の魔物をすべて倒すとジュリエッタが開けてくれる。ジュリエッタが倒されないように戦おう。

← ジュリエッタの案内に従って進み、門前に群がる敵を次々と倒そう。

## 作戦2　エリア：A

### はさみ撃ちされるので片方から攻撃だ

森の中を少し進むと、前後に魔物の扉が出現！はさみ撃ちにされる前に、まず近い前方の魔物を特技や呪文を使って短時間で倒そう。そうすれば、残った後方の魔物たちに集中できるぞ！

← ばくだん岩のコインが落ちていたら入手しておこう。あとで役に立つぞ。

## 作戦3　エリア：B

### 高台に魔物の扉が出現！上から魔物が襲ってくるぞ

最初の門を越えた先の高台に魔物の扉が出現！近接武器では攻撃できない高台から魔物が攻撃してくる。回りこみ、早急に扉を消滅させよう。

← ビアンカなら「さみだれうち」で下から直接、高台の魔物に攻撃できる。

## 作戦4　エリア：C

### 沼地では仲間モンスターを呼びだすのだ

中盤に足場が悪く移動が困難な沼地があるぞ。敵に囲まれると危険なので、沼地の入口にストーンマンを配置し、さらに、ばくだん岩を出現させてから、先にある魔物の扉を破壊するのだ。

→ 仲間モンスターのばくだん岩は沼地でもすごい速さで転がって爆発する。

## 要注意モンスター　エリア：D　謎の策士

### 7つもの魔物の扉をあやつり多数の強敵を呼びだすぞ

最後の広場に入ると、謎の策士が現れ7つの魔物の扉を開く！強力な敵が多く出現するので、ジュリエッタを守りながら謎の策士を倒そう。

| ヒットポイント | |
|---|---|
| HP： | ??? |
| ちから： | ??? |
| みのまもり： | ??? |
| かしこさ： | ??? |

← コインを入手したらすぐに仲間モンスターとして呼びだして、攻撃の手を増やして乱戦を有利に進めよう。

## STORY 始原の里

### 里をおびやかす者たち　推奨レベル39

出現する敵を倒し、闇の魔弾砲を止めて、始原の里の入口にあるバリケードの破壊を阻止するのだ。

バトル目標：バリケードを守り抜こう！

凡例：Sスタート地点　宝宝箱　魔物の扉　防衛対象　ルーラポイント　闇の魔弾砲

アークデーモン
➡P235

キラーマシン
➡P236

ゴールドマン
➡P236

しびれくらげ
➡P236

しりょうのきし
➡P237

シルバーデビル
➡P237

ストーンマン
➡P237

どくどくゾンビ
➡P237

ドラゴンソルジャー
➡P238

ばくだん岩
➡P238

マドハンド
➡P239

ようじゅつし
➡P240

### 作戦準備

**闇の魔弾砲に対応しやすいビアンカを連れていこう**

マップ中央の高台にある闇の魔弾砲を止めるために、高台の下からでも攻撃が可能なビアンカをパーティに入れよう。また、教会でホイミストーンに「ベホイム」の力を満たしておくのを忘れずに。

←ビアンカなら「さみだれうち」などで高台の闇の魔弾砲を直接ねらえるのだ！

## 作戦1

**エリア A**

### 高台にある闇の魔弾砲を無力化しよう

スタート地点から回りこんで、高台へ登ると中央に闇の魔弾砲がある。闇の魔弾砲を操作するモンスターを攻撃しHPを0にすれば、一定時間魔弾砲の攻撃が止まるぞ。

闇の魔弾砲へのルート

← キゼツした操縦者の魔物は、しばらくすると回復する。回復したら再びキゼツさせよう。

---

## 作戦2

**エリア マップ全体**

### ルーラで移動して魔物の扉を消滅させよう

高台を含むフィールドに、ルーラストーンが4つあるぞ。魔物の扉を消滅させるときに各ポイントのルーラストーンをチャージしておけば、敵モンスターの出現にすばやく対応できるのだ。

← 闇の魔弾砲の近くにもルーラストーンがあるぞ。チャージして活用しよう。

---

## 作戦3

**エリア B・C**

### ばくだん岩を優先的に倒そう

マップ上側の通路には、ばくだん岩が出現する。バリケードが、ばくだん岩の「メガンテ」を受けると大ダメージを負ってしまうので、見つけたら優先的に倒そう。

← 「れんごく斬り」などで通路の奥に向けてふきとばすように攻撃しよう。

---

## 要注意モンスター ドラゴンソルジャー

**エリア A**

### 仲間モンスターを盾にして遠距離攻撃だ

最後に出現する魔物の扉からドラゴンソルジャーが出現するぞ。仲間モンスターに攻撃させて、遠距離で背後からダメージを与えると安全だぞ！

← 遠距離から攻撃できるビアンカの「ストレートショット」なら、「つうこんの一撃」を恐れることなく戦える。

| | |
|---|---|
| ヒットポイント | ★★★★ |
| ちから | ★★★★ |
| みのまもり | ★★★★★ |
| かしこさ | ★★★★ |

# STORY 始原の里

### 逃げおくれた里の住人
**推奨レベル40**

始原の里に敵モンスターが次々と襲いかかる。敵を倒しながら、逃げおくれた住民を守り抜くのだ。

第三章 ストーリーバトル

**バトル目標**
里の人々を守り抜こう

Ⓢスタート地点　宝宝箱　魔物の扉　防衛対象　ルーラポイント

 アークデーモン
➡P235

アームライオン
➡P235

うごくせきぞう
➡P235

ガーゴイル
➡P235

ゴールドマン
➡P236

しびれくらげ
➡P236

しりょうのきし
➡P237

 シルバーデビル
➡P237

ストーンマン
➡P237

どくどくゾンビ
➡P237

ドラゴン
➡P238

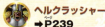ヘルクラッシャー
➡P239

マドハンド
➡P239

ようじゅつし
➡P240

## 作戦準備

### 住民を守るためフローラを連れていこう

住民を守るため、敵をできるだけ遠ざけたい。フローラを連れていけば「メイルストロム」で敵を足止めして、住民に近づけないで戦闘できるぞ。

←敵を「メイルストロム」で足止めして攻撃するのだ。

## 作戦1  エリア A・B

### 始原の里の住人を1人ずつ助けにいこう

2人の住人を目標地点まで案内し、救出することが目的。住人2人は別々の場所にいるので1人ずつ目標地点まで連れていこう。救出ルートは右の図を参考にしてほしい。

← 住人は周囲に魔物がいると怖がって動けない。魔物を全滅させ、安全な状態にしよう。

里の住人のおすすめ救出ルート

## 作戦2  エリア C

### 目標地点の前に魔物の扉が出現するぞ

1人目の住人を助けて案内していると、目標地点の手前に魔物の扉が出現するぞ。魔物の扉から現れた魔物たちを全滅させ、1人目を目標地点に移動させてから、2人目の救出に向かおう。

← 2人目の救出の前に、目標地点付近に仲間モンスターを配置しておこう。

## 作戦3  エリア マップ全体

### ルーラストーンをチャージしておこう

目標地点とマップ中央のルーラストーンをチャージしよう。終盤マップ下側から多くの敵が出現するので、あらかじめ「ルーラ」で飛べるようにしておけばすばやく敵を倒しに行ける。

最後の猛攻になるとドラゴンも出現。「ルーラ」ですばやく対応しよう！

## 要注意モンスター  エリア C  アームライオン

### 目標地点到達前にテンションをためておこう

6本腕による引っかき攻撃や氷結させるブレスなどが恐ろしいアームライオン。多数の魔物といっしょに現れるので、乱戦時は見失わないように！

← 乱戦になると、思わぬところから攻撃を受ける。集団の中でアームライオンの相手をせず、離して戦おう！

| | |
|---|---|
| HP | ★★★★★ |
| ちから | ★★★★ |
| みのまもり | ★★★★ |
| かしこさ | ★★★★ |

第三章 ストーリーバトル

# STORY 始原の里

## ねらわれた霊木

**推奨レベル 41**

まおうのつかいたちが太古の霊木をねらっている。
強敵を迎えうち、太古の霊木を敵の手から守ろう。

バトル目標: 太古の霊木を守り抜こう！

Ⓢ スタート地点　♛ 防衛対象　🔫 闇の魔弾砲

キラーマジンガ
➡ P236

まおうのつかい
➡ P239

## 作戦準備

**敵の守備力を下げるマーニャが大活躍するぞ**

まおうのつかいとキラーマジンガは、どちらも守備力がとても高い。マーニャを連れていき「さそうおどり」で守備力を下げて戦うのがおすすめだ。

← 空中のキラーマジンガもマーニャの特技で戦おう！

# ボスモンスター

## BOSS まおうのつかい

### 2つの闇の魔弾砲を無力化しながら戦おう

太古の霊木をねらう闇の魔弾砲が2つ、マップ上側にあるぞ。闇の魔弾砲を放っておくと、太古の霊木がダメージを受ける。まずは闇の魔弾砲を攻撃して、砲撃を止めよう。以降、闇の魔弾砲は復活するたび攻撃を加えて砲撃を止めるように。

↑闇の魔弾砲を操作する敵にダメージを与えキゼツさせれば、一時的に砲撃が止まる。

| | |
|---|---|
| HP | ★★★★★ |
| ちから | ★★★★★ |
| みのまもり | ★★★★★ |
| かしこさ | ★★★★★ |

## BOSS キラーマジンガ

### 空中のキラーマジンガはマーニャにおまかせ！

まおうのつかいとの戦闘中、キラーマジンガが襲ってくるぞ。弓矢やレーザーを使った攻撃が厄介なので先に倒そう！事前に、マーニャの特技や呪文を空中で使えるように強化しておくと、空中にいるキラーマジンガに攻撃を当てやすいぞ。

↑「さそうおどり」で守備力を下げ、強化した「疾風炎舞扇」で空中から攻撃しよう！

| | |
|---|---|
| HP | ★★★★★ |
| ちから | ★★★★★ |
| みのまもり | ★★★★ |
| かしこさ | ★★★★★ |

### まおうのつかいは連続攻撃のあとにうずくまるぞ

キラーマジンガを倒すとまおうのつかいが強化！攻撃力や守備力が上がる。まおうのつかいが武器を振りまわしたあとにできるスキをねらって攻撃だ。

↑まおうのつかいは霊木をねらうが、接近すればこちらに攻撃を向けてくるぞ。

↑「バイキルト」で攻撃力を高めている間は、効果が切れるまで距離を開けよう。

第三章 ストーリーバトル

# STORY 世界樹

## 闇に落ちゆく大樹の上で

推奨レベル 42

世界樹を救うため、聖なるしずくを持ち調和の祭壇をめざす。だがそこは魔物の巣窟と化していた。

第三章 ストーリーバトル

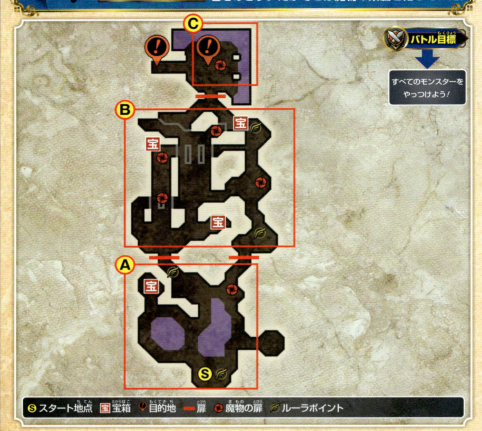

### バトル目標

すべてのモンスターをやっつけよう！

Ⓢ スタート地点　宝 宝箱　◎ 目的地　━ 扉　━ 魔物の扉　🍃 ルーラポイント

| | | |
|---|---|---|
|  | アームライオン ➡P235 |  ドラゴンソルジャー ➡P238 |
|  | ガーゴイル ➡P235 |  ベホマスライム ➡P239 |
|  | キラーアーマー ➡P236 |  ポストロール ➡P239 |
|  | ゴールドマン ➡P236 |  メイジキメラ ➡P239 |
|  | シルバーデビル ➡P237 |  ようじゅつし ➡P240 |

## 作戦準備

### 遠距離攻撃できる仲間が活躍するぞ

ガーゴイルやメイジキメラなど飛行タイプの魔物が多数出現する。そこで空中への攻撃が得意なビアンカやジュリエッタをパーティに加えるといい。

← 敵を遠距離から攻撃できる仲間を必ず連れていこう。

## 作戦1　エリア：マップ全体
### モンスターを全滅させると壁や扉が開く
調和の祭壇がある北をめざして進もう。道中には壁や扉で行く手を阻んでいる場所が3つある。ふさがった壁や扉は周囲の魔物をすべて倒すことで壁や扉が開き、先に進めるようになるぞ！

←枝やツタがからまって進めない場所は、魔物を倒すと通れるようになる。

## 作戦2　エリア：A
### 奈落に落ちないように魔物を倒そう
以前と同じく、世界樹のステージはミニマップで確認できる紫の部分が穴となっており、落下するとダメージを受けてしまう。穴の周辺で戦う場合は、自分が落ちないように行動しよう！

←特にキラーアーマー戦は背後をねらって動きまわるので、落下に注意！

## 作戦3　エリア：A・B
### 魔扉の番人も飛行タイプの魔物だぞ！
空中にいる魔扉の番人をすばやく倒すため、地上から飛んでいる魔物を攻撃できる仲間で攻撃しよう。番人をしっかりロックオンして攻撃だ。

←接近して攻撃する場合も番人をロックオンすれば、番人を見失うことがないぞ。

## 作戦4　エリア：C
### 仲間モンスターを呼びだして強敵に対抗しよう
ラストの北側の部屋に入ると魔物の扉が出現！アームライオンなど3体の強敵が襲ってくるぞ。仲間モンスターを呼びだし、総力戦で勝負だ!!

←ドラゴンソルジャーやゴールドマンがおすすめ。いっしょに強敵に挑もう。

## 要注意モンスター　エリア：B　ボストロール
### ボストロール再び！遠距離から攻撃しよう
シーラのボスであったボストロールが登場。棍棒攻撃や転がりなど危険な攻撃は健在だ。同時に出現する魔物も手強く、シーラのときより厄介だぞ！

←リーチのある攻撃をくり出してくるので、遠距離から攻撃しよう。乱戦時は見失うと危険なので真っ先に倒そう。

HP：★★★★★
ちから：★★★
みのまもり：★★★
かしこさ：★★★

第三章　ストーリーバトル

# STORY 世界樹

## 立ちはだかる魔界の戦士

推奨レベル43

調和の祭壇にたどり着くと敵が待ちかまえていた。魔界の戦士であるヘルバトラーが行く手を阻む！

第三章 ストーリーバトル

### バトル目標
ヘルバトラーをやっつけよう！

Ⓢ スタート地点

 ガーゴイル ➡P235

 キラーアーマー ➡P236

 シルバーデビル ➡P237

 ベホマスライム ➡P239

 ヘルバトラー ➡P239

 ようじゅつし ➡P240

## 作戦準備

### 攻撃力の高い仲間を連れていこう

ヘルバトラーは攻撃力・守備力が高くHPも多い。強敵のアークデーモンなども出現するので、できるだけ攻撃力が高い仲間でパーティを組もう。

←アリーナやヤンガスなど攻撃力が高い仲間で挑戦だ。

# BOSS ヘルバトラー

## 「魔蝕」の詠唱が始まったら すぐに逃げよう

叫んで魔方陣が出ると、特技を封じられる「魔蝕」を発動してくる。すぐに範囲外へ逃げよう。また、火炎系とメラ系の強力な特技も使うぞ。前方へ飛ぶ攻撃が多いので、常にヘルバトラーの横に回りこむように移動しながら攻撃するのだ。

↑両手を突いて足で地を蹴った後は、操作キャラクターに向けて突進攻撃してくるぞ。

↑「魔蝕」に触れて特技が封じられると戦いが厳しくなるので、すばやく逃げよう。

| | |
|---|---|
| HP | ★★★★★ |
| ちから | ★★★★★ |
| みのまもり | ★★★★ |
| かしこさ | ★★★★★ |

## 呼びだされた魔扉の番人を すばやく撃破！

ヘルバトラーが両手を広げて、魔扉の番人を呼びだす。最大4か所の魔物の扉が出現する。モンスターが増える前に、すばやく魔扉の番人を倒そう。

↑4か所に出現する魔扉の番人は、5種族の中から選ばれて出現してくるぞ。

↓「イオナズン」を使う魔扉の番人は、出現したら優先的に攻撃して倒すのだ。

## 飛びあがったら 「メラミ」を連射してくるぞ

後半は飛びあがり呪文を唱え、強力な特技を連続で使うことが多くなる。特技後のスキをねらうのは難しいので、横へ移動しながら距離をあけよう。

↑詠唱が短いと3連続で特技を使うぞ。「魔蝕」を避けるため、急いで離れよう。

↓長い詠唱のときは「メラミ」を連続で放つので、足を止めずに逃げること。

# 第四章
## クエスト&フリーバトル

『DQH』ではメインストーリー以外に、クエストやフリーバトルが楽しめる。本書の攻略範囲で出現するクエストや、フリーバトルについて解説していこう。

# クエスト

人々の依頼を引き受ける
クエストを解説するぞ！

## クエスト所でいろいろな依頼を受けよう！

ストーリーを進めると、クエストを受けられるようになる。主人公が新たなチカラに目覚めたり、アイテムの所持数が増えたりと、冒険に役立つ報酬が手に入ることもあるぞ！

←クエストの達成条件を満たしたらクエスト所に報告に行こう。依頼主から報酬がもらえるぞ！

・依頼することぷるぷるゼリーを報告しました

→一度に最大8つまで受注可能。それ以上受けたい場合は受けているものを中止する必要がある。

### クエスト所のオープンはいつ？

**シーラに行けるようになるとオープンするぞ！**

クエスト所は空艦バトシエにある施設の1つ。初めは準備中になっているぞ。ラバトール「熱砂の闘技場（P134）」をクリアすれば施設がオープンする。

↑クエストはストーリーの進行に合わせて、段階的に新しい内容の依頼が発生していく。

## ◆◆◆ クエストの目的は3種類に分類されるぞ！ ◆◆◆

目的は、右で紹介する3種類にわけられる。素材集めと魔物討伐は、戦闘の場所を問わず、依頼を達成すればクリア！ そしてバトルは、各クエストの専用マップをクリアすることでクエスト達成となる！

### 素材集め

↑指定された素材アイテムを必要な個数分集めるクエスト。

### 魔物討伐

↑依頼されたモンスターを指定された数だけ倒すクエスト。

### バトル

↑ワールドマップにバトルが出現。バトルクリアをめざす。

## クエストリストの見かた

| 番号① | クエスト名② | 場所③ | 種類④ | 目的⑤ | 報酬⑥ |
|---|---|---|---|---|---|
| 8 | 発明品改良のために　その１ | 「コートルダの戦い　初級」 | 素材集め | てっこうせき（スライムナイト）3個を納品 | 仲間モンスタースロットが4増える |

| ① ID | クエストの通し番号。ゲーム内の数字と対応しているぞ。 | ② クエスト名 | ゲーム内に表示されるクエストの名称。 |
|---|---|---|---|
| ③ 場所 | 種類がバトルの場合は、クエストが発生する地名を表記。素材集めと魔物討伐は、おすすめのフリーバトルを掲載している。 |||| 
| ④ 種類 | 上で説明した3種類のクエスト目的を掲載。専用マップがあるバトルは、カッコ内に書かれたページでさらにくわしく紹介しているぞ。 ||||
| ⑤ 目的 | クエストをクリアするための条件。素材集めの場合、素材名の後ろにカッコでその素材を落とすモンスター名を掲載している。 | ⑥ 報酬 | クエストの目的を達成し、クエスト所に達成報告をするともらえる報酬。 |

# クエストリスト

「立ちはだかる魔界の戦士（P184）」までの発生クエストを掲載。

## 【1】クエスト発生条件：ラバトール「熱砂の闘技場」をクリア

| 番号 | クエスト名 | 場所 | 種類 | 目的 | 報酬 |
|---|---|---|---|---|---|
| 8 | 発明品改良のために その1 | 「コートルダの戦い 初級」 | 素材集め | てっこうせき（スライムナイト）3個を納品 | 仲間モンスタースロットが4増える |
| 16 | 素材集めの必需品 その1 | 「コートルダの戦い 中級」 | 素材集め | よごれたほうたい（しりょうのきし）3個を納品 | そざいぶくろの容量が15増える |
| 22 | カムバック お客さん | ラバトール | バトル（P194へ） | バトルをクリアする | ゴールド |
| 23 | お花畑のいたずら者 | 「ラバトールの戦い 初級」 | 魔物討伐 | ベビーサタンを100体退治 | 素材（ランダム） |
| 24 | あこがれのぷるぷるゼリー | 「エルサーゼ城の戦い 初級」 | 素材集め | スライムゼリー（スライム）2個を納品 | ゴールドストーン |
| 25 | ミステリアスな水を求めて | 「エルサーゼ城の戦い 中級」 | 素材集め | きよめの水（ホイミスライム）3個を納品 | ちいさなメダル |
| 26 | 不気味なコレクション | 「エルサーゼ城の戦い 初級」 | 素材集め | こうもりのはね（ドラキー）3個を納品 | 素材（ランダム） |

## 【2】クエスト発生条件：シーラ「やってきた侵入者たち」をクリア後、ディルクと会話

| 番号 | クエスト名 | 場所 | 種類 | 目的 | 報酬 |
|---|---|---|---|---|---|
| 1 | ルーラの試練 | 試練のほこら | バトル（P194へ） | バトルをクリアする | ゴールドストーン、アクトとメーアがルーラを覚える |

## 【3】クエスト発生条件：シーラ「招かざる客人たち」をクリア

| 番号 | クエスト名 | 場所 | 種類 | 目的 | 報酬 |
|---|---|---|---|---|---|
| 27 | スライムコロシアム | 「エルサーゼ城の戦い 初級」 | 魔物討伐 | スライムを200体退治 | ゴールド |
| 28 | わらいぶくろにもらい笑い | 「ラバトールの戦い 初級」 | 魔物討伐 | わらいぶくろを60体退治 | ゴールド |
| 29 | 犬小屋作りに必要なもの | 「エルサーゼ城の戦い 初級」 | 素材集め | てつのクギ（がいこつ）3個を納品 | ちいさなメダル |
| 30 | 理想の庭に必要なもの | 「大草原の戦い 初級」「ラバトールの戦い 初級」 | 素材集め | 緑のコケ（バブルスライム）3個とまりょくの土（ゴーレム）2個を納品 | 素材（ランダム） |
| 31 | 一流の職人を目指して | 「コートルダの戦い 初級」 | 素材集め | てっこうせき（スライムナイト）2個を納品 | シルバーストーン |
| 32 | プロの職人を目指して | 「ラバトールの戦い 初級」 | 素材集め | つけもの石（ゴーレム）2個を納品 | ゴールド |

※報酬の素材（ランダム）はなにかしらの素材が1つランダムで手に入り、ゴールドは入手額が変動します。

## 【4】クエスト発生条件：ドワドキア「愛する人たちを探して」をクリア後、ディルクと会話

| 番号 | クエスト名 | 場所 | 種類 | 目的 | 報酬 |
|---|---|---|---|---|---|
| 2 | テンション20の試練 | 試練のほこら | バトル（P195へ） | バトルをクリアする | ぎんかい、テンションを20まで上げられるようになる |

## 【5】クエスト発生条件：ドワドキア「大聖堂にたたずむ巨像」をクリア

| 番号 | クエスト名 | 場所 | 種類 | 目的 | 報酬 |
|---|---|---|---|---|---|
| 4 | 仕立て屋エレノアの気がかり | ラバトール | バトル（P195へ） | バトルをクリアする | アクトのアレンジコスチュームが手に入る |
| 5 | 仕立て屋エレノアの心配 | ラバトール | バトル（P196へ） | バトルをクリアする | メーアのアレンジコスチュームが手に入る |
| 9 | 発明品改良のために　その2 | 「ラバトールの戦い　初級」 | 素材集め | ホカホカストーン（ベビーサタン）2個を納品 | 仲間モンスタースロットが4増える |
| 13 | いやしの石を求めて　その1 | 「大草原の戦い　中級」 | 素材集め | 花のみつ（ピンクモーモン）3個を納品 | ホイミストーンスロットが2増える |
| 19 | 装備収納の必需品　その1 | ドワドキア | バトル（P196へ） | バトルをクリアする | そうびぶくろの容量が100増える |
| 33 | イライラを静める香り | 「エルサーゼ城の戦い　初級」 | 素材集め | さとりそう（まじゅつし）2個を納品 | 素材（ランダム） |
| 34 | 華麗な　みかわしのために | 「コートルダの戦い　中級」 | 素材集め | みかわしそう（キメラ）2個を納品 | ちいさなメダル |

## 【6】クエスト発生条件：世界樹「たちはだかる門番」をクリア

| 番号 | クエスト名 | 場所 | 種類 | 目的 | 報酬 |
|---|---|---|---|---|---|
| 17 | 素材集めの必需品　その2 | 「ドワドキアの戦い　中級」 | 素材集め | ドラゴンの皮（バトルレックス）3個を納品 | そざいぶくろの容量が15増える |
| 35 | 帽子屋のお願い | シーラ | バトル（P197へ） | バトルをクリアする | 素材（ランダム） |
| 36 | ブラウニーの大行進 | 「シーラの戦い　中級」 | 魔物討伐 | ブラウニーを60体退治 | ゴールド |
| 37 | 黄色い魔物たちのむれ | 「大草原の戦い　上級」 | 魔物討伐 | ドラキーマを80体退治 | 素材（ランダム） |
| 38 | ふわふわピンクな小悪魔 | 「大草原の戦い　中級」 | 魔物討伐 | ピンクモーモンを100体退治 | 素材（ランダム） |
| 39 | どくに魅せられて | 「大草原の戦い　初級」 | 素材集め | どくどくヘドロ（バブルスライム）3個を納品 | ちいさなメダル |
| 40 | ホカホカ冷え性対策 | 「ラバトールの戦い　初級」 | 素材集め | ホカホカストーン（ベビーサタン）2個を納品 | ぎんかい |

## 【7】クエスト発生条件：光の塔「凶暴な侵入者」をクリア

| 番号 | クエスト名 | 場所 | 種類 | 目的 | 報酬 |
|---|---|---|---|---|---|
| 10 | 発明品改良のために　その3 | コートルダ | バトル（P197へ） | バトルをクリアする | 仲間モンスタースロットが4増える |

| 番号 | クエスト名 | 場所 | 種類 | 目的 | 報酬 |
|---|---|---|---|---|---|
| 20 | 装備収納の必需品　その2 | ドワドキア | バトル<br>(P198へ) | バトルをクリアする | そうびぶくろの容量が100増える |
| 41 | 小さな悪魔のいたずら | 「ドワドキアの戦い　初級」 | 魔物討伐 | ミニデーモンを80体退治 | 素材（ランダム） |
| 42 | きらめく宝石へのあこがれ | 「エルサーゼ城の戦い　上級」 | 魔物討伐 | おどるほうせきを60体退治 | きんかい |
| 43 | 冷たいアイスの作り方 | 「大草原の戦い　中級」 | 素材集め | 氷のけっしょう（タホドラキー）2個を納品 | 素材（ランダム） |
| 44 | 紙ひこうきは　どこまでも | 「海底神殿の戦い　中級」 | 素材集め | かぜきりのはね（ホークマン）2個を納品 | ちいさなメダル |
| 45 | ぷるぷるのお肌を目指して | 「光の塔の戦い　上級」 | 素材集め | うるわしキノコ（きとうし）1個を納品 | 素材（ランダム） |

### 【8】クエスト発生条件：海底神殿「光の試練」をクリア

| 番号 | クエスト名 | 場所 | 種類 | 目的 | 報酬 |
|---|---|---|---|---|---|
| 14 | いやしの石を求めて　その2 | 「光の塔の戦い　初級」 | 素材集め | うるわしキノコ（きとうし）2個を納品 | ホイミストーンスロットが2増える |
| 46 | 海の底の世界樹 | 海底神殿 | バトル<br>(P198へ) | バトルをクリアする | 素材（ランダム） |
| 47 | しびれるアイツにご用心！ | 「海底神殿の戦い　初級」 | 魔物討伐 | しびれくらげを60体退治 | きんかい |
| 48 | 暴走する危険なマシン | 「海底神殿の戦い　中級」 | 魔物討伐 | キラーマシンを10体退治 | 素材（ランダム） |
| 49 | かがやく石に願いを | 「海底神殿の戦い　中級」 | 素材集め | かがみ石（キラーマシン）2個を納品 | ゴールド |
| 50 | どっきり大作戦！ | 「エルサーゼの戦い　初級」<br>「海底神殿の戦い　初級」 | 素材集め | まじゅうの皮（おおきづち）2個とまじゅうのツノ（アークデーモン）2個を納品 | 素材（ランダム） |
| 51 | ナルシスの鏡 | 「海底神殿の戦い　中級」 | 素材集め | 大きな貝がら（しびれくらげ）3個とかがみ石（キラーマシン）2個を納品 | ちいさなメダル |
| 52 | ちょっとぜいたくな晩ごはん | 「光の塔の戦い　初級」<br>「エルサーゼの戦い　初級」 | 素材集め | うるわしキノコ（きとうし）2個とごくじょうソルト（スライム）3個を納品 | 素材（ランダム） |
| 53 | 万能薬？　ガマのあぶら | 「大草原の戦い　上級」 | 素材集め | ガマのあぶら（どくどくゾンビ）3個を納品 | 素材（ランダム） |

### 【9】クエスト発生条件：始原の里「ねらわれた霊木」をクリア

| 番号 | クエスト名 | 場所 | 種類 | 目的 | 報酬 |
|---|---|---|---|---|---|
| 6 | 仕立て屋エレノアのお願い | コートルダ | バトル<br>(P199へ) | バトルをクリアする | ジュリエッタのアレンジコスチュームが手に入る |
| 18 | 素材集めの必需品　その3 | 「コートルダの戦い　中級」 | 素材集め | よるのとばり（さまようよろい）2個を納品 | そざいぶくろの容量が15増える |

| 番号 | クエスト名 | 場所 | 種類 | 目的 | 報酬 |
|---|---|---|---|---|---|
| 54 | ばくだん岩にご用心！ | 「光の塔の戦い 中級」 | 魔物討伐 | ばくだん岩を60体退治 | 素材（ランダム） |
| 55 | おかず泥棒を追え！ | 「始原の里の戦い 初級」 | 魔物討伐 | シルバーデビルを40体退治 | 素材（ランダム） |
| 56 | 魔王のしもべたち | 「光の塔の戦い 中級」 | 魔物討伐 | ヘルクラッシャーを10体退治 | 素材（ランダム） |
| 57 | 美しい歌声のために | 「光の塔の戦い 上級」 | 素材集め | さえずりのみつ（ようじゅつし）3個を納品 | ゴールド |
| 58 | あこがれのべっこうグラス | 「ラバトールの戦い 初級」 | 素材集め | 大きなこうら（くさった死体）3個を納品 | ちいさなメダル |
| 59 | かわいい妹のために | 「エルサーゼの戦い 初級」「大草原の戦い 中級」 | 素材集め | ちょうのはね（まじゅつし）2個とやわらかウール（ピンクモーモン）2個を納品 | 素材（ランダム） |

## 【10】クエスト発生条件：世界樹「立ちはだかる魔界の戦士」をクリア

| 番号 | クエスト名 | 場所 | 種類 | 目的 | 報酬 |
|---|---|---|---|---|---|
| 7 | 仕立て屋エレノアの不安 | エルサーゼ | バトル（P199へ） | バトルをクリアする | ディルクのアレンジコスチュームが手に入る |
| 11 | 発明品改良のためにその4 | 「海底神殿の戦い 上級」 | 素材集め | プラチナこうせき（キラーアーマー）2個を納品 | 仲間モンスタースロットが4増える |
| 21 | 装備収納の必需品 その3 | ドワドキア | バトル（P200へ） | バトルをクリアする | そうびぶくろの容量が150増える |
| 60 | 世界樹の大そうじ | 世界樹 | バトル（P200へ） | バトルをクリアする | 素材（ランダム） |
| 61 | 洗濯物泥棒を追え！ | 「始原の里の戦い 初級」 | 魔物討伐 | ようじゅつしを60体退治 | 素材（ランダム） |
| 62 | ツイてる気配？ | 「海底神殿の戦い 上級」 | 素材集め | せいじゃのはい（ベホマスライム）3個を納品 | ちいさなメダル |
| 63 | お針子さんおおいそがし！ | 「光の塔の戦い 上級」 | 素材集め | にじいろの布きれ（ボストロール）2個を納品 | 素材（ランダム） |

## 【11】クエスト発生条件：次元島クリアからゲームクリア直前までに出現するバトルクエスト

| 番号 | クエスト名 | 場所 | 種類 | 目的 | 報酬 |
|---|---|---|---|---|---|
| 3 | テンション100の試練 | 試練のほこら | バトル（P201へ） | バトルをクリアする | ???? |
| 64 | 伝説の武器の試練 | 試練のほこら | バトル（P201へ） | バトルをクリアする | ???? |
| 65 | 伝説の防具の試練 | 試練のほこら | バトル（P202へ） | バトルをクリアする | ???? |
| 66 | 天空の武器の試練 | 試練のほこら | バトル（P202へ） | バトルをクリアする | ???? |

| 番号 | クエスト名 | 場所 | 種類 | 目的 | 報酬 |
|---|---|---|---|---|---|
| 67 | 天空の防具の試練 | 試練のほこら | バトル (P203へ) | バトルをクリアする | ???? |

## 郵便屋をチェックしよう!

### さまざまな依頼が集まるクエスト所！
### 中にはお礼の手紙をくれる人も!!

クエストを達成報告すると、お礼の手紙をくれる依頼主もいる。手紙は郵便屋で受けとれるぞ。達成報告したら郵便屋をチェック！

→郵便屋の頭上に "!" マークがあれば、新しい手紙がある印だぞ！

←依頼主たちが感謝の気持ちをこめて、手紙を出してくれるのだ！

←読んだ手紙は[もちものをみる]の[手紙]で確認できるぞ。

## QUEST ラバトール

### カムバックお客さん
世界樹の根に襲いかかる
モンスターを追いはらう！

推奨レベル **19**

参加キャラ **主人公＋3人**

Ⓢ スタート地点　― 扉　― 魔物の扉　🛡 防衛対象
🍃 ルーラポイント

### 作戦

#### コロシアムに近い
#### 魔物の扉から順番につぶす！

魔物の扉を1つ消したらすぐに戻り、コロシアム内の敵を一掃。そのくり返しで進めればOKだ。このバトルでは「ルーラ」が使えるのでフル活用を！

↑通路では手前の敵から倒して安全を確保。

---

## QUEST 試練のほこら

### ルーラの試練
新たなチカラ「ルーラ」を
覚えるために試練に挑戦！

推奨レベル **21**

参加キャラ **主人公のみ**

Ⓢ スタート地点　― 扉　― 魔物の扉　🛡 防衛対象
🍃 ルーラポイント

### 作戦

#### 4つのルーラポイントの
#### 位置をチェック！

ガゴラのメッセージと画面に表示されるガイドに従いながら、「ルーラ」の使用手順を覚えるのが目的。4つあるルーラストーンの位置を把握しよう！

↑実戦でも「ルーラ」を使い、敵を倒そう。

## QUEST 試練のほこら

### テンション20の試練
達成後はテンションを最大20までためられるように!

**推奨レベル 27**

**参加キャラ** 主人公のみ

S スタート地点  魔物の扉

### 作戦

#### ヒット数を稼いで効率よくゲージため!

制限時間内にテンションゲージを最大までためる必要がある。ヒット数を増やすほど早くたまるので、広範囲攻撃で一気にヒット数を稼ぐのがおすすめ。

↑倒しにくい大型の敵をさけるのも手だぞ。

## QUEST ラバトール

### 仕立て屋エレノアの気がかり
ラバトールの世界樹の根をモンスターから守ろう!

**推奨レベル 28**

**参加キャラ** 主人公+3人

S スタート地点 — 扉  魔物の扉  防衛対象
ルーラポイント

### 作戦

#### 魔物の扉の数を一刻も早く減らす!

敵が大量に出現するので、根のそばで戦っていても押しきられてしまう。元凶の魔物の扉を減らすのが大切だ。まず根に近い東側の2つを消滅させよう。

↑仲間モンスターに根を防衛させると安心。

## QUEST ラバトール

仕立て屋エレノアの心配

ラバトールで暴れている強力なモンスターを退治だ！

推奨レベル28

参加キャラ 主人公＋3人

Ⓢ スタート地点

### 作戦

**動きやすくなるために
キラーパンサーを料理！**

動きのすばやいキラーパンサーを放っておくと、飛びかかりなどで行動を妨害されやすい。最初にキラーパンサーを倒し、その後の戦いを安定させよう。

↑おびき寄せ、他の2体から引きはなそう。

## QUEST ドワドキア

装備収納の必需品　その1

大切な世界樹の根をねらう不届き者をやっつけよう！

推奨レベル28

参加キャラ 主人公＋3人

Ⓢ スタート地点　魔物の扉　防衛対象

### 作戦

**根を守りながらスキを見て
番人を倒しに出発！**

状態異常攻撃を使う敵が多く、全体的に通路が狭いのでかわしにくい。「浄化の雨」を覚えたジュリエッタがパーティにいると、戦いがより安定するぞ。

↑キラーマシンの不意打ちに警戒しよう！

## QUEST シーラ

### 帽子屋のお願い

シーラの村の人たちをモンスターの脅威から守れ！

推奨レベル 31
参加キャラ 主人公＋3人

Ⓢ スタート地点　🍃 ルーラポイント

### 作戦

#### 討ちもらしのないようにマップをチェック！

マップは広いが魔物の扉や防衛対象はない。1体ずつ確実に敵を倒しながら、じっくり進んでいこう。新たに出現する敵も見落とさないように心がけよう。

↑息を吐くシルバーデビルは背後から攻撃。

---

## QUEST コートルダ

### 発明品改良のために　その3

強敵のストーンマンを打ち倒してコートルダを防衛！

推奨レベル 34
参加キャラ 主人公＋3人

Ⓢ スタート地点　🍃 ルーラポイント

### 作戦

#### ひるみにくいストーンマンの反撃を警戒！

ストーンマンはマップの西側にいるぞ。周囲にはゴーレムもいるので、力押しは危険。囲まれないように注意しながらヒットアンドウェイを心がけよう！

↑氷結させる技で、まとめて凍らせよう！

## QUEST ドワドキア

装備収納の必需品 その2

ドワドキアに侵入した3体の大型モンスターと交戦！

推奨レベル 34
参加キャラ 主人公＋3人

Ⓢ スタート地点

### 作戦
**トロルを孤立させて最後にじっくり決着！**

3体を同時に相手にするのは厳しいが、少しずつ進めばトロルを動かさずにすむ。他の2体を手前におびき寄せ、先に片づけることで楽に戦えるのだ！

↑一撃が痛いヘルクラッシャーから倒そう。

## QUEST 海底神殿

海の底の世界樹

神殿の世界樹の根をモンスターの魔の手から救出だ！

推奨レベル 38
参加キャラ 主人公＋3人

Ⓢ スタート地点　魔物の扉　防衛対象

### 作戦
**通路の中央に陣取り敵の侵攻を食い止める！**

ドラゴンソルジャーを筆頭に攻撃力の高い敵が多い。世界樹の根に近づけないために通路をふさぐように進み、敵をなぎ倒しながら魔物の扉をめざそう。

↑眠りや幻惑が多いので、対策して挑もう。

## QUEST コートルダ

### 仕立て屋エレノアのお願い

推奨レベル42

コートルダを乗っ取られないように敵集団を一掃だ!

参加キャラ 主人公＋3人

Ⓢ スタート地点　 ルーラポイント

### 作戦

**アームライオンの猛攻をしのいで殲滅を急ぐ!**

敵の殲滅が目的となり、強敵のアームライオンが複数待ちかまえている。他の敵にも囲まれるので、特技や呪文を惜しみなく使って数を減らしていこう。

↑空中攻撃で邪魔なホークマンごと攻撃!

## QUEST エルサーゼ

### 仕立て屋エレノアの不安

推奨レベル44

エルサーゼ城内に現れたドラゴンソルジャーを討伐!

参加キャラ 主人公＋3人

Ⓢ スタート地点　 ルーラポイント

### 作戦

**ドラゴンソルジャーと万全の状態で交戦開始!**

討伐目標のドラゴンソルジャーはマップ西にいる。道中をやりすごして直行できるが、他の敵と戦ってテンションゲージをためておけば有利に戦えるぞ。

↑なぎ払いをみかわしで避けて接近しよう。

199

## QUEST ドワドキア

### 装備収納の必需品 その3
アームライオンを筆頭に手強い魔物が3体勢ぞろい！

**推奨レベル 44**

参加キャラ：主人公＋3人

Ⓢ スタート地点

### 作戦
#### アームライオンの討伐時間を短縮！
強敵3体が同時に出現。だがスタート地点から動かずにいるとボストロールのみが接近してくる。前に出ずに戦えば、他の2体は待機状態のままだぞ！

↑ボストロールは遠距離からの奇襲もある。

---

## QUEST 世界樹

### 世界樹の大そうじ
世界樹に押し寄せたモンスターを全員追い出せ！

**推奨レベル 44**

参加キャラ：主人公＋3人

Ⓢ スタート地点　🌀 ルーラポイント

### 作戦
#### 敵と奈落の両方に目を配って応戦！
敵の数が多く、開始直後から壮絶な乱戦になる。このとき、むやみに動きまわると奈落に落ちてしまうぞ。奈落に背を向けないように戦うのがコツだ！

↑ジャンプ攻撃は着地点を考えて出そう！

## QUEST 試練のほこら

### テンション100の試練
推奨レベル 50

テンションの秘めたチカラが最大限に引きだされる！

参加キャラ：主人公のみ

Ⓢ スタート地点　 魔物の扉

### 作戦

**敵を蹴散らしてすばやくゲージため！**

テンションゲージが最大までたまってガゴラの指示が出たら、すぐに必殺技を使おう。必殺技発動後に敵が残っていても、次の段階に進むので安心だぞ。

↑広範囲の技で空中の敵もまとめて攻撃！

---

## QUEST 試練のほこら

### 伝説の武器の試練
推奨レベル 50

広大な次元島を探索してすべての敵を打ちのめす！

参加キャラ：主人公＋3人

Ⓢ スタート地点

### 作戦

**強敵のキングレオを全力で撃破だ！**

最深部まで進みながら敵を殲滅することが目的。強敵キングレオが2体セットで襲ってきたら、挟まれないように距離をとって1体ずつ相手にしよう！

↑死角が多いので敵を見逃さないように！

第四章　クエスト＆フリーバトル／クエストバトル

201

## QUEST 試練のほこら

### 伝説の防具の試練

パズズ、ベリアル、ドラゴンを討伐すれば試練合格！

推奨レベル **50**
参加キャラ 主人公＋3人

Ⓢ スタート地点

### 作戦

#### 1体ずつ順番に倒していく作戦を！

開始直後はドラゴンに近づかないように、すぐに時計回りに進むのがおすすめだ。戦う位置を調整していけば、すべての敵と一騎打ちに持ちこめるぞ！

↑パズズ、ベリアル、ドラゴンの順に挑戦。

---

## QUEST 試練のほこら

### 天空の武器の試練

次元島にはびこる邪悪なモンスターたちを撃破せよ！

推奨レベル **50**
参加キャラ 主人公＋3人

Ⓢ スタート地点

### 作戦

#### キラーマジンガの奇襲を警戒して侵攻！

次元島を最深部まで進みながら、敵を殲滅することになる。キラーマジンガと遭遇したら遠距離攻撃に備え、いつでも防御ができるように行動しよう！

↑東側の中段へはこの場所から降りられる。

# QUEST 試練のほこら

## 天空の防具の試練

キラーマジンガ、キングレオ、タイプGを一挙討伐！

**推奨レベル 50**

**参加キャラ**　主人公＋3人

Ⓢ スタート地点

### 作戦

#### キラーマジンガを孤立させるのがベスト

まずは近くのキラーマジンガと交戦だ。ただし、北側のキングレオがゆっくり移動してくるので、キングレオから遠ざけるようにおびき寄せながら戦おう。

↑キングレオは北の道に入ってこられない。

# フリーバトル

フリーバトルの概要や、各マップの情報を掲載！

## クリアした場所はフリーバトルで自由に魔物と戦える！

ストーリーバトルで、すべてのステージをクリアした場所には、フリーバトルが出現する。フリーバトルでは、純粋にモンスターとの戦いを楽しむことができるのだ！

←ワールドマップから選べるぞ。ストーリーを進めると、フリーバトルも増えていく！

### 各フリーバトルには難易度がある

#### 難易度で出現モンスターが変化するぞ！

すべてのフリーバトルには「初級・中級・上級」の3つの難易度が用意されている。初級が最も簡単で、一番難しい上級は強い魔物ばかりが出現。

←難易度ごとに出現条件は異なる。ストーリーを進めて解放していこう！

### ◆◆ 敵に勝てない！ゴールドがほしい！！ ◆◆
### そんなときはフリーバトル！

#### レベル上げや、ゴールド・素材集めにおすすめ！

フリーバトルでも経験値やゴールド、素材は入手可能！ 宝箱もランダムで出現するので、行きづまったら活用しよう。

→クエストの依頼を達成するために利用するのもおすすめだぞ！

### フリーバトルを終了するには？

#### バトル中にメニューを開いて「リレミト」を選択！

フリーバトルにはクリアという概念がない。やめたくなったら「リレミト」を唱えよう。すぐにマップを脱出できるぞ！

←「リレミト」はメニューから選べるぞ。

### フリーバトルデータの見かた

1. **場所** — 該当のフリーバトルが発生する地名を表記。
2. **フリーバトル名** — ゲーム内で表示されるフリーバトルの名称。
3. **出現条件** — 各難易度がプレイ可能になるタイミングを本書掲載範囲内のみ表記。
4. **マップ** — 各ステージのマップを表示している。同じステージなら、難易度を変えてもマップは共通だ。
5. **出現モンスター** — 該当のフリーバトルに出現する全モンスターを掲載。どの難易度で出現するかは、各モンスター名のあとのカッコ内で確認できる。初：初級 中：中級 上：上級 また、ここに書かれたページに移動すると、そのモンスターのくわしいデータを知ることができるぞ。

# FREE エルサーゼ

## エルサーゼ城の戦い

### マップ出現条件
- **初級** コートルダ「コートルダ奪還目前！」をクリア
- **中級** ラバトール「熱砂の闘技場」をクリア
- **上級** ドワドキア「大聖堂にたたずむ巨像」をクリア

Ⓢ スタート地点　🍃 ルーラポイント

| モンスター | ページ |
|---|---|
| おおきづち (初・上) | →P235 |
| おどるほうせき (上) | →P235 |
| がいこつ (初・中) | →P235 |
| キメラ (上) | →P236 |
| キラーパンサー (上) | →P236 |
| くさった死体 (中) | →P236 |
| ゴーレム (中) | →P236 |
| さまようよろい (中) | →P236 |
| しりょうのきし (上) | →P237 |
| スライム (初・中) | →P237 |
| スライムナイト (上) | →P237 |
| スライムベス (上) | →P237 |
| タホドラキー (上) | →P237 |
| ドラキー (初) | →P237 |
| バブルスライム (中) | →P238 |
| ひとくいばこ (上) | →P238 |
| ピンクモーモン (上) | →P238 |
| ブラウニー (上) | →P238 |
| ベビーサタン (中) | →P239 |
| ホイミスライム (上) | →P239 |
| まじゅつし (初) | →P239 |
| マドハンド (上) | →P239 |
| モーモン (中) | →P240 |
| わらいぶくろ (上) | →P240 |

# FREE コートルダ

## 大草原の戦い

### マップ出現条件
- **初級** コートルダ「コートルダ奪還目前！」をクリア
- **中級** シーラ「招かれざる客人たち」をクリア
- **上級** 世界樹「立ちはだかる門番」をクリア

Ⓢ スタート地点　🍃 ルーラポイント

| モンスター | ページ |
|---|---|
| おおきづち (初) | →P235 |
| がいこつ (初・中) | →P235 |
| キメラ (中・上) | →P236 |
| キラーパンサー (上) | →P236 |
| キングスライム (上) | →P236 |
| くさった死体 (中) | →P236 |
| さまようよろい (中) | →P236 |
| しりょうのきし (中・上) | →P237 |
| スマイルロック (上) | →P237 |
| スライム (初) | →P237 |
| スライム(合体) (上) | →P237 |
| スライムナイト (初) | →P237 |
| スライムベス (初・中) | →P237 |
| タホドラキー (中・上) | →P237 |
| どくどくゾンビ (上) | →P237 |
| ドラキー (初・中) | →P237 |
| ドラキーマ (上) | →P238 |
| トロル (上) | →P238 |
| バブルスライム (上) | →P238 |
| ひとくいばこ (上) | →P238 |
| ピンクモーモン (上) | →P238 |
| ブラウニー (上) | →P238 |
| ベビーサタン (中) | →P239 |
| ホイミスライム (上) | →P239 |
| まじゅつし (初) | →P239 |
| ミニデーモン (上) | →P239 |
| モーモン (初) | →P240 |

# FREE コートルダ

## コートルダの戦い

### マップ出現条件
| | |
|---|---|
| 初級 | コートルダ「コートルダ奪還目前！」をクリア |
| 中級 | シーラ「招かれざる客人たち」をクリア |
| 上級 | 世界樹「立ちはだかる門番」をクリア |

スタート地点 ／ ルーラポイント

- おおきづち（初）→P235
- がいこつ（初・中）→P235
- キメラ（中・上）→P236
- キラーパンサー（中）→P236
- キングスライム（上）→P236
- くさった死体（中）→P236
- さまようよろい（中）→P236
- しりょうのきし（中・上）→P237
- スマイルロック（上）→P237
- スライム（初）→P237
- スライム（合体）→P237
- スライムナイト（初）→P237
- スライムベス（初・中）→P237
- タホドラキー（中・上）→P237
- どくどくゾンビ（上）→P237
- ドラキー（初・中）→P237
- ドラキーマ（上）→P238
- トロル（上）→P238
- バブルスライム（初）→P238
- ひとくいばこ（上）→P238
- ピンクモーモン（中）→P238
- ブラウニー（上）→P238
- ベビーサタン（上）→P239
- ホイミスライム（中）→P239
- まじゅつし（上）→P239
- ミニデーモン（上）→P239
- モーモン（初）→P240

---

# FREE ラバトール

## 砂漠の戦い

### マップ出現条件
| | |
|---|---|
| 初級 | ラバトール「熱砂の闘技場」をクリア |
| 中級 | ラバトール「熱砂の闘技場」をクリア |
| 上級 | 光の塔「凶暴な侵入者」をクリア |

スタート地点 ／ ルーラポイント

- おおきづち（初）→P235
- おどるほうせき（上）→P235
- がいこつ（初・中）→P235
- キメラ（上）→P236
- キラーパンサー（中・上）→P236
- くさった死体（初・中）→P236
- ゴーレム（上）→P236
- さまようよろい（上）→P236
- しりょうのきし（上）→P237
- ドラキーマ（上）→P238
- トロル（上）→P238
- バブルスライム（中）→P238
- ひとくいばこ（上）→P238
- ピンクモーモン（上）→P238
- ベビーサタン（上）→P239
- ホイミスライム（中・上）→P239
- まじゅつし（上）→P239
- メタルライダー（上）→P240
- モーモン（初・中）→P240
- わらいぶくろ（初・中）→P240

# FREE ラバトール

## ラバトールの戦い

### マップ出現条件
| | |
|---|---|
| 初級 | ラバトール「熱砂の闘技場」をクリア |
| 中級 | ラバトール「熱砂の闘技場」をクリア |
| 上級 | 光の塔「凶暴な侵入者」をクリア |

出現モンスター:
- おおきづち (初) →P235
- おどるほうせき (上) →P235
- がいこつ (初・中) →P235
- キメラ (上) →P236
- キラーパンサー (中・上) →P236
- くさった死体 (上) →P236
- ゴーレム (初・中) →P236
- さまようよろい (初・中) →P236
- しりょうのきし (上) →P237
- ドラキーマ (上) →P238
- トロル (上) →P238
- バブルスライム (中) →P238
- ひとくいばこ (上) →P238
- ピンクモーモン (上) →P238
- ベビーサタン (初) →P239
- ホイミスライム (中・上) →P239
- まじゅつし (初) →P239
- メタルライダー (上) →P240
- モーモン (初・中) →P240
- わらいぶくろ (初・中) →P240

Ⓢ スタート地点　ルーラポイント

---

# FREE シーラ

## シーラの戦い

### マップ出現条件
| | |
|---|---|
| 初級 | シーラ「招かれざる客人たち」をクリア |
| 中級 | シーラ「招かれざる客人たち」をクリア |
| 上級 | 海底神殿「光の試練」をクリア |

出現モンスター:
- アークデーモン (上) →P235
- おどるほうせき (上) →P235
- きとうし (上) →P236
- キメラ (初) →P236
- キラーパンサー (初・中) →P236
- ゴーレム (初・中) →P236
- さまようよろい (初・中) →P236
- しりょうのきし (初・中・上) →P237
- スマイルロック (中) →P237
- タホドラキー (中) →P237
- どくどくゾンビ (上) →P237
- バトルレックス (上) →P238
- ピンクモーモン (初) →P238
- ブラウニー (中) →P238
- ベビーサタン (上) →P239
- ヘルクラッシャー (上) →P239
- ホイミスライム (初・中) →P239
- ミミック (上) →P239
- メタルハンター (中) →P240
- メタルライダー (上) →P240

Ⓢ スタート地点　ルーラポイント

207

# FREE ドワドキア

## ドワドキアの戦い

### マップ出現条件
| | |
|---|---|
| 初級 | ドワドキア「大聖堂にたたずむ巨像」をクリア |
| 中級 | ドワドキア「大聖堂にたたずむ巨像」をクリア |
| 上級 | 始原の里「ねらわれた霊木」をクリア |

Ⓢ スタート地点

出現モンスター:
- アームライオン (上) →P235
- おどるほうせき (初・中) →P235
- きとうし (上) →P236
- キラーパンサー (初・中) →P236
- ゴールドマン (上) →P236
- ゴーレム (初) →P236
- しびれくらげ (上) →P236
- しりょうのきし (上) →P237
- シルバーデビル (上) →P237
- どくどくゾンビ (上) →P237
- トロル (中) →P238
- バトルレックス (中) →P238
- ホイミスライム (初・中) →P239
- マドハンド (中・上) →P239
- ミニデーモン (初・中) →P239
- ミミック (上) →P239
- メタルハンター (初・中) →P240
- メタルライダー (上) →P240

---

# FREE 世界樹

## 世界樹の戦い

### マップ出現条件
| | |
|---|---|
| 初級 | 世界樹「立ちはだかる魔界の戦士」をクリア |
| 中級 | 世界樹「立ちはだかる魔界の戦士」をクリア |
| 上級 | 世界樹「立ちはだかる魔界の戦士」をクリア |

Ⓢ スタート地点　🍃 ルーラポイント

出現モンスター:
- アームライオン (上) →P235
- ガーゴイル (上) →P235
- キメラ (初) →P236
- キラーアーマー (上) →P236
- キラーパンサー (中) →P236
- キングスライム (初・中) →P236
- ゴールドマン (上) →P236
- しりょうのきし (初・中・上) →P237
- シルバーデビル (上) →P237
- スライム (合体) (上) →P237
- どくどくゾンビ (初) →P237
- ドラキーマ (初・中) →P238
- ドラゴンソルジャー (上) →P238
- トロル (中) →P238
- ベホマスライム (中) →P239
- ホークマン (上) →P239
- ボストロール (上) →P239
- ミニデーモン (初・中) →P239
- ミミック (上) →P239
- メイジキメラ (上) →P239
- ようじゅつし (上) →P240

第四章 クエスト&フリーバトル／フリーバトル

# FREE 試練のほこら

## 光の塔の戦い

### マップ出現条件
| | |
|---|---|
| 初級 | 光の塔「凶暴な侵入者」をクリア |
| 中級 | 光の塔「凶暴な侵入者」をクリア |
| 上級 | 世界樹「立ちはだかる魔界の戦士」をクリア |

S スタート地点 / 光の円盤

- ガーゴイル (上) →P235
- きとうし (初) →P236
- キラーアーマー (上) →P236
- ゴールドマン (上) →P236
- しりょうのきし (初・中) →P237
- シルバーデビル (上) →P237
- どくどくゾンビ (上) →P237
- ドラキーマ (初・中) →P238
- ばくだん岩 (中) →P238
- バトルレックス (初・中) →P238
- ピンクモーモン (初・中) →P238
- ヘルクラッシャー (上) →P239
- ホークマン (上) →P239
- ポストロール (上) →P239
- マドハンド (上) →P239
- ミミック (上) →P239
- メイジキメラ (上) →P239
- メタルライダー (初・中) →P240
- ようじゅつし (上) →P240
- わらいぶくろ (初) →P240

---

# FREE 海底神殿

## 海底神殿の戦い

### マップ出現条件
| | |
|---|---|
| 初級 | 海底神殿「光の試練」をクリア |
| 中級 | 海底神殿「光の試練」をクリア |
| 上級 | 世界樹「立ちはだかる魔界の戦士」をクリア |

S スタート地点

- アークデーモン (初・中) →P235
- アームライオン (上) →P235
- おどるほうせき (上) →P235
- きとうし (中・上) →P236
- キメラ (初) →P236
- キラーアーマー (初) →P236
- キラーマシン (中) →P236
- キングスライム (初) →P236
- ゴールドマン (上) →P236
- しびれくらげ (初・中・上) →P236
- しりょうのきし (初・中・上) →P237
- シルバーデビル (上) →P237
- ストーンマン (初・中) →P237
- スライム(合体) (中) →P237
- ドラキーマ (初) →P238
- ベホマスライム (上) →P239
- ヘルクラッシャー (初・中) →P239
- ホークマン (上) →P239
- マドハンド (中・上) →P239
- ミミック (中) →P239
- メタルライダー (初・中) →P240
- ようじゅつし (上) →P240
- わらいぶくろ (上) →P240

## FREE 始原の里

# 始原の里の戦い

### マップ出現条件

| 初級 | 始原の里「ねらわれた霊木」をクリア |
|---|---|
| 中級 | 始原の里「ねらわれた霊木」をクリア |
| 上級 | ???? |

| アークデーモン(初) →P235 | アームライオン(中) →P235 | おどるほうせき(初) →P235 | キラーマシン(初) →P236 |
| ゴールドマン(中) →P236 | しびれくらげ(中) →P236 | しりょうのきし(初・中) →P237 | シルバーデビル(中) →P237 |
| ストーンマン(中) →P237 | どくどくゾンビ(中) →P237 | ばくだん岩(初) →P238 | ヘルクラッシャー(中) →P239 |
| マドハンド(初) →P239 | ミミック(初・中) →P239 | ようじゅつし(初・中) →P240 | |

Ⓢ スタート地点　　ルーラポイント

※「始原の里の戦い」は初級と中級の出現モンスターのみ掲載。

---

## HEROES COLUMN

# めざせコンプリート！

### フリークエストを活用して称号や討伐、リストコンプをめざそう！

さまざまな魔物と自由に戦えるフリークエストはレベル上げや素材集めをするだけの場所じゃない！経験値やゴールドを稼ぎながら、いろいろなやりこみ要素のコンプリートをめざそう！

### 称号

←さまざまな条件が存在する称号！条件達成にフリーバトルを活用するのがオススメだ！

### モンスター討伐報告

←各モンスターを一定数倒すごとにちいさなメダルがもらえる。表彰所で受け取ろう。

### クエストバトル

←場所を限定していないクエストで、魔物討伐や素材集めを達成するのにとっても便利！

### 「せんれき」各種リスト

←討伐やクエスト、アクセサリーなど各種リストを穴埋めするときにも、かなり重宝する！

# 宝の地図

各場所のボス討伐時などに手に入る宝の地図がどんなものか紹介するぞ。

## 地図から行けるステージでボスを倒し宝を手に入れよう!

宝の地図では、ストーリー上で倒したボスなどの手強い魔物と再び戦うことができる。宝の地図の入手から、ボスと再戦できるまでのくわしい流れを下で紹介するので、宝の地図を手に入れたら、ぜひチャレンジしてほしい。

➡ ほこらでの戦いはタイムアタック形式で行われる。クリア時に宝箱が出現するぞ!

### 1 ストーリーでボスを撃破!
ストーリーバトルで登場するボスを討伐すると、そのボスと再戦できる宝の地図が手に入るのだ。

### 3 ワールドマップに入るとほこらへ行けるようになる!
ワールドマップに入ると地図に描かれたほこらが出現! 手強い魔物が待ちかまえているぞ!!

### 2 空艦バトシエに戻ると地図が手に入る!
宝の地図の確認は、クリア時のリザルト画面や「もちものをみる」の中の「宝の地図」でできる。

### 4 ボスとの再戦が何度もできるようになるぞ!
宝の地図から出現したほこらは、クリアしても消滅しない。好きなときに何度でも挑戦できる。

## 宝の地図のボスを倒すとさらに強ボスが!

クリア時に出る宝箱の中から、倒したボスよりさらに強いボスが出現する宝の地図がもらえるのだ。

➡ 強ボスと戦える宝の地図の入手には、クリアタイムが関係するとか!?

## 宝の地図はDLCで入手できる場合も…!

宝の地図は、どうやらストーリーで倒したボスと再戦するためのものだけではないようだ。入手の手段も特定のキャラからもらえたり、DLCで手に入ったりとさまざまな方法があるようだぞ。

**本書巻末のプロダクトコードも宝の地図!**
**P260をチェック!**

# 宝の地図リスト

ワールドマップ上での各ほこらの位置と出現モンスターを掲載！

| 場所 | ステージタイトル | 出現モンスター | | | | |
|---|---|---|---|---|---|---|
| 黄金の間 | 対決！ 炎の竜 | ドラゴン | がいこつ | スライム | ドラキー | まじゅつし |
| 真珠の間 | 対決！ 蒼き巨人 | ギガンテス | おおきづち | スライムナイト | ドラキー | まじゅつし | モーモン |
| 水晶の間 | 対決！ 鋼鉄の番人 | キラーマシン | | | | |
| 太陽の間 | 対決！ 強き者たち | スターキメラ | ポストロール | キメラ | しりょうのきし | メタルハンター |
| 運命の間 | 対決！ 巨大な魔神 | だいまじん | キラーパンサー | メタルハンター | おどるほうせき | しりょうのきし | マドハンド |
| 審判の間 | 対決！ 黒き番人 | イーメス | | | | |
| 賢者の間 | 対決！ 荒ぶるけもの | キングレオ | バトルレックス | きとうし | ピンクモーモン | わらいぶくろ |
| 珊瑚の間 | 対決！ 光の竜 | 光の番人 | | | | |
| 陽炎の間 | 対決！ 忌まわしき人形 | 闇の人形 | | | | |
| 希望の間 | 対決！ 荒ぶる者たち | キラーマジンガ | まおうのつかい | | | |
| 悠久の間 | 対決！ 恐ろしき悪魔 | ヘルバトラー | シルバーデビル | ガーゴイル | キラーアーマー | ベホマスライム | ようじゅつし |

※ 表内の赤字はボスモンスター、青字は強敵モンスターを表している。

---

## HEROES COLUMN ― 本書のコードアイテムを使おう！

### 「ブイの地図」でさらなるバトルが出現！

「ブイの地図」を持っていると真珠の間に「美しき指輪の材料を求めて」というバトルが追加される。それをプレイすると、冒険に役立つ素材が手に入るのだ。

→スライムたちが特別な陣形を組んでお出迎え!?

### 特別バトル「美しき指輪の材料を求めて」で手に入るもの

● 初回プレイ時 → 6つの宝箱が配置
宝箱の中身：みがきずな、大きな貝がら
（どちらかが50％ずつの確率で出現）

● すべてのモンスターを倒す
毎プレイ → 3つの宝箱が出現
宝箱の中身：おうごんのかけら、みがきずな、大きな貝がら（みがきずなと大きな貝がらは、どちらかが50％ずつの確率で出現）

「ブイの地図」についてはP260へ！

# 第五章
## データリスト

武器や盾、素材に
アクセサリー、オーブ…。『DQH』に
登場する多彩なアイテムを公開。
そのほか、敵モンスターや称号なども
合わせてデータを掲載！

# 武器データ

ゲーム上で登場する武器と盾のデータ。種類によって装備できるキャラは異なるぞ!!

## 武器データの見かた

| | ① アイテム名 | ② 種別 | ③ 攻撃力 | ④ 防御力 | ⑤ 買値 | ⑥ 売値 | メーア | ディルク | ジュリエッタ | アリーナ | クリフ ⑦ | テリー | ゼシカ | ヤンガス | ビアンカ | フローラ |
|---|---|---|---|---|---|---|---|---|---|---|---|---|---|---|---|---|
| | きせきのつるぎ | 片手剣 | 77 | — | — | — | ○ | — | — | — | — | ○ | — | — | — | — |

**① アイテム名**

**② 種別**
武器の種類を示す。

**③ 攻撃力**
武器による攻撃で敵に与えるダメージの目安。

**④ 防御力**
モンスターの攻撃を防ぐ目安。盾だけでなく、防御力がつく武器もある。

**⑤ 買値**
ショップで購入する際に必要となるゴールド。ショップで売買できないアイテムは—と表示されている。

**⑥ 売値**
ショップで売ると得られるゴールド。ショップで売買できないアイテムは—と表示されている。

**⑦ 装備キャラ**
アイテムを装備可能なキャラは○、装備できないキャラは—と表示されている。

| アイテム名 | 種別 | 攻撃力 | 防御力 | 買値 | 売値 | アクト | メーア | ディルク | ジュリエッタ | アリーナ | クリフト | テリー | ゼシカ | ヤンガス | ビアンカ | フローラ | マーニャ |
|---|---|---|---|---|---|---|---|---|---|---|---|---|---|---|---|---|---|
| きせきのつるぎ | 片手剣 | 77 | — | — | — | ○ | ○ | — | — | — | — | ○ | — | — | — | — | — |
| キャプテンソード | 片手剣 | 17 | — | — | — | ○ | — | — | — | — | — | — | — | — | — | — | — |
| キャプテンレイピア | 片手剣 | 17 | — | — | — | — | ○ | — | — | — | — | — | — | — | — | — | — |
| ぎんのレイピア | 片手剣 | 33 | — | 1900 | 950 | — | ○ | — | — | — | — | — | — | — | — | — | — |
| 剣士のつるぎ | 片手剣 | 17 | — | — | — | — | — | — | — | — | — | ○ | — | — | — | — | — |
| てつのつるぎ | 片手剣 | 26 | — | 1000 | 500 | — | — | — | — | — | — | ○ | — | — | — | — | — |
| ドラゴンキラー | 片手剣 | 93 | — | 18000 | 9000 | — | — | — | — | — | — | ○ | — | — | — | — | — |
| はがねのつるぎ | 片手剣 | 34 | — | 2000 | 1000 | ○ | — | — | — | — | — | — | — | — | — | — | — |
| はじゃのつるぎ | 片手剣 | 46 | — | 4400 | 2200 | ○ | — | — | — | — | — | — | — | — | — | — | — |
| バスタードソード | 片手剣 | 36 | — | 2050 | 1020 | ○ | — | — | — | — | — | — | — | — | — | — | — |
| はやぶさの剣 | 片手剣 | 33 | — | 25000 | 12500 | — | ○ | — | — | — | — | — | — | — | — | — | — |
| ファルコンソード | 片手剣 | 59 | — | 6400 | 3200 | — | — | — | — | — | — | ○ | — | — | — | — | — |
| プラチナソード | 片手剣 | 60 | — | 6500 | 3250 | ○ | — | — | — | — | — | — | — | — | — | — | — |
| ほのおのつるぎ | 片手剣 | 98 | — | 19500 | 9750 | ○ | — | — | — | — | — | — | — | — | — | — | — |

| アイテム名 | 種別 | 攻撃力 | 防御力 | 買値 | 売値 | アクト | メーア | ディルク | ジュリエッタ | アリーナ | クリフト | テリー | ゼシカ | ヤンガス | ビアンカ | フローラ | マーニャ |
|---|---|---|---|---|---|---|---|---|---|---|---|---|---|---|---|---|---|
| まけんしのレイピア | 片手剣 | 56 | — | 6200 | 3100 | — | ○ | — | — | — | — | — | — | — | — | — | — |
| うろこの盾 | 盾 | — | 8 | 180 | 90 | ○ | ○ | — | — | — | — | ○ | — | — | — | — | — |
| ウロボロスの盾 | 盾 | — | 30 | 8500 | 4250 | ○ | — | — | — | — | — | — | — | — | — | — | — |
| キャプテンシールド | 盾 | — | 5 | — | — | ○ | ○ | — | — | — | — | — | — | — | — | — | — |
| 剣士の盾 | 盾 | — | 5 | — | — | — | — | — | — | — | — | ○ | — | — | — | — | — |
| 聖女の盾 | 盾 | — | 30 | 8400 | 4200 | — | ○ | — | — | — | — | — | — | — | — | — | — |
| ちからの盾 | 盾 | — | 15 | 4500 | 2250 | — | ○ | — | — | — | — | — | — | — | — | — | — |
| つわものの盾 | 盾 | — | 20 | 3800 | 1900 | — | — | — | — | — | — | ○ | — | — | — | — | — |
| ドラゴンシールド | 盾 | — | 30 | 8000 | 4000 | — | — | — | — | — | — | ○ | — | — | — | — | — |
| はがねの盾 | 盾 | — | 12 | 1700 | 850 | ○ | ○ | — | — | — | — | ○ | — | — | — | — | — |
| プラチナシールド | 盾 | — | 20 | 4000 | 2000 | ○ | — | — | — | — | — | — | — | — | — | — | — |
| まほうの盾 | 盾 | — | 16 | 2800 | 1400 | ○ | ○ | — | — | — | — | ○ | — | — | — | — | — |
| みかがみの盾 | 盾 | — | 25 | 6200 | 3100 | ○ | ○ | — | — | — | — | ○ | — | — | — | — | — |
| メタルキングの盾 | 盾 | — | 55 | — | 8000 | — | — | — | — | — | — | ○ | — | — | — | — | — |
| えんぶのこん | 棍 | 30 | 4 | 1050 | 520 | — | — | ○ | — | — | — | — | — | — | — | — | — |
| おうさまのこん | 棍 | 70 | 10 | 6700 | 3350 | — | — | ○ | — | — | — | — | — | — | — | — | — |
| スパイクロッド | 棍 | 42 | 6 | 2300 | 1150 | — | — | ○ | — | — | — | — | — | — | — | — | — |
| ドラゴンロッド | 棍 | 99 | 20 | 22800 | 11400 | — | — | ○ | — | — | — | — | — | — | — | — | — |
| 武闘家のこん | 棍 | 18 | 2 | — | — | — | — | ○ | — | — | — | — | — | — | — | — | — |
| やしゃのこん | 棍 | 85 | 15 | 11500 | 5750 | — | — | ○ | — | — | — | — | — | — | — | — | — |
| レイニーロッド | 棍 | 56 | 8 | 4700 | 2350 | — | — | ○ | — | — | — | — | — | — | — | — | — |
| かぜのブーメラン | ブーメラン | 27 | 6 | 2650 | 1320 | — | — | — | ○ | — | — | — | — | — | — | — | — |
| クレセントエッジ | ブーメラン | 58 | 15 | 10000 | 5000 | — | — | — | ○ | — | — | — | — | — | — | — | — |
| 所長のブーメラン | ブーメラン | 10 | 2 | — | — | — | — | — | ○ | — | — | — | — | — | — | — | — |
| ブラックコンドル | ブーメラン | 70 | 20 | 18300 | 9150 | — | — | — | ○ | — | — | — | — | — | — | — | — |
| ブロンズブーメラン | ブーメラン | 19 | 4 | 1360 | 680 | — | — | — | ○ | — | — | — | — | — | — | — | — |

| アイテム名 | 種別 | 攻撃力 | 防御力 | 買値 | 売値 | アクト | メーア | ディルク | ジュリエッタ | アリーナ | クリフト | テリー | ゼシカ | ヤンガス | ビアンカ | フローラ | マーニャ |
|---|---|---|---|---|---|---|---|---|---|---|---|---|---|---|---|---|---|
| マジックチャクラム | ブーメラン | 37 | 8 | 5500 | 2750 | — | — | — | ○ | — | — | — | — | — | — | — | — |
| メタルウィング | ブーメラン | 48 | 10 | 7200 | 3600 | — | — | — | ○ | — | — | — | — | — | — | — | — |
| あくまのコテ | コテ | 48 | 8 | 4900 | 2450 | — | — | — | — | ○ | — | — | — | — | — | — | — |
| 王女のコテ | コテ | 14 | 2 | — | — | — | — | — | — | ○ | — | — | — | — | — | — | — |
| オリハルコンのコテ | コテ | 112 | 25 | — | — | — | — | — | — | ○ | — | — | — | — | — | — | — |
| てつのグローブ | コテ | 25 | 4 | 920 | 460 | — | — | — | — | ○ | — | — | — | — | — | — | — |
| ドラゴングローブ | コテ | 79 | 15 | 13000 | 6500 | — | — | — | — | ○ | — | — | — | — | — | — | — |
| まじゅうのコテ | コテ | 93 | 20 | 21500 | 10750 | — | — | — | — | ○ | — | — | — | — | — | — | — |
| まよけのコテ | コテ | 36 | 6 | 2500 | 1250 | — | — | — | — | ○ | — | — | — | — | — | — | — |
| ロイヤルグローブ | コテ | 63 | 10 | 6800 | 3400 | — | — | — | — | ○ | — | — | — | — | — | — | — |
| 神官のやり | ヤリ | 15 | 2 | — | — | — | — | — | — | — | ○ | — | — | — | — | — | — |
| 聖者のやり | ヤリ | 57 | 10 | 6550 | 3270 | — | — | — | — | — | ○ | — | — | — | — | — | — |
| デーモンスピア | ヤリ | 70 | 15 | — | — | — | — | — | — | — | ○ | — | — | — | — | — | — |
| てつのやり | ヤリ | 23 | 4 | 880 | 440 | — | — | — | — | — | ○ | — | — | — | — | — | — |
| バトルフォーク | ヤリ | 43 | 8 | 4200 | 2100 | — | — | — | — | — | ○ | — | — | — | — | — | — |
| ホーリーランス | ヤリ | 32 | 6 | 2100 | 1050 | — | — | — | — | — | ○ | — | — | — | — | — | — |
| らいじんのやり | ヤリ | 86 | 20 | 19000 | 9500 | — | — | — | — | — | ○ | — | — | — | — | — | — |
| お嬢様のムチ | ムチ | 7 | 2 | — | — | — | — | — | — | — | — | — | ○ | — | — | — | — |
| けんじゃのムチ | ムチ | 46 | 10 | 6900 | 3450 | — | — | — | — | — | — | — | ○ | — | — | — | — |
| サイドワインダー | ムチ | 56 | 15 | 13500 | 6750 | — | — | — | — | — | — | — | ○ | — | — | — | — |
| チェーンクロス | ムチ | 15 | 4 | 1200 | 600 | — | — | — | — | — | — | — | ○ | — | — | — | — |
| ドラゴンテイル | ムチ | 68 | 20 | 22000 | 11000 | — | — | — | — | — | — | — | ○ | — | — | — | — |
| みわくのリボン | ムチ | 34 | 8 | 5200 | 2600 | — | — | — | — | — | — | — | ○ | — | — | — | — |
| モーニングスター | ムチ | 23 | 6 | 2600 | 1300 | — | — | — | — | — | — | — | ○ | — | — | — | — |
| キングアックス | オノ | 72 | 15 | 14000 | 7000 | — | — | — | — | — | — | — | — | — | ○ | — | — |
| ごうけつのオノ | オノ | 57 | 10 | 7000 | 3500 | — | — | — | — | — | — | — | — | — | ○ | — | — |

| アイテム名 | 種別 | 攻撃力 | 防御力 | 買値 | 売値 | アクト | メーア | ディルク | ジュリエッタ | アリーナ | クリフト | テリー | ゼシカ | ヤンガス | ビアンカ | フローラ | マーニャ |
|---|---|---|---|---|---|---|---|---|---|---|---|---|---|---|---|---|---|
| デストロイヤー | オノ | 91 | 20 | 23000 | 11500 | — | — | — | — | — | — | — | — | ○ | — | — | — |
| てつのオノ | オノ | 27 | 4 | 1150 | 570 | — | — | — | — | — | — | — | — | ○ | — | — | — |
| ならず者のオノ | オノ | 18 | 2 | — | — | — | — | — | — | — | — | — | — | ○ | — | — | — |
| バトルアックス | オノ | 36 | 6 | 2700 | 1350 | — | — | — | — | — | — | — | — | ○ | — | — | — |
| ムーンアックス | オノ | 45 | 8 | 5800 | 2900 | — | — | — | — | — | — | — | — | ○ | — | — | — |
| おてんば娘の弓 | 弓 | 11 | 2 | — | — | — | — | — | — | — | — | — | — | — | ○ | — | — |
| エメラルドの弓 | 弓 | 51 | 10 | 6400 | 3200 | — | — | — | — | — | — | — | — | — | ○ | — | — |
| エロスの弓 | 弓 | 39 | 8 | 4300 | 2150 | — | — | — | — | — | — | — | — | — | ○ | — | — |
| かぜきりの弓 | 弓 | 63 | 15 | 9700 | 4850 | — | — | — | — | — | — | — | — | — | ○ | — | — |
| かりうどの弓 | 弓 | 30 | 6 | 1900 | 950 | — | — | — | — | — | — | — | — | — | ○ | — | — |
| ケイロンの弓 | 弓 | 75 | 20 | — | — | — | — | — | — | — | — | — | — | — | ○ | — | — |
| ショートボウ | 弓 | 20 | 4 | 970 | 480 | — | — | — | — | — | — | — | — | — | ○ | — | — |
| そよかぜのタクト | スティック | 21 | 10 | 6100 | 3050 | — | — | — | — | — | — | — | — | — | — | ○ | — |
| ツインクルタクト | スティック | 6 | 4 | 870 | 430 | — | — | — | — | — | — | — | — | — | — | ○ | — |
| ドラゴンスティック | スティック | 31 | 20 | — | — | — | — | — | — | — | — | — | — | — | — | ○ | — |
| フェザースティック | スティック | 10 | 6 | 1800 | 900 | — | — | — | — | — | — | — | — | — | — | ○ | — |
| マジカルスティック | スティック | 25 | 15 | 8000 | 4000 | — | — | — | — | — | — | — | — | — | — | ○ | — |
| ラブリースティック | スティック | 15 | 8 | 4000 | 2000 | — | — | — | — | — | — | — | — | — | — | ○ | — |
| 令嬢のスティック | スティック | 3 | 2 | — | — | — | — | — | — | — | — | — | — | — | — | ○ | — |
| 踊り子のおうぎ | 扇 | 9 | 2 | — | — | — | — | — | — | — | — | — | — | — | — | — | ○ |
| くじゃくのおうぎ | 扇 | 25 | 6 | 1850 | 920 | — | — | — | — | — | — | — | — | — | — | — | ○ |
| たいようのおうぎ | 扇 | 72 | 20 | 17800 | 8900 | — | — | — | — | — | — | — | — | — | — | — | ○ |
| 月のおうぎ | 扇 | 58 | 15 | 9000 | 4500 | — | — | — | — | — | — | — | — | — | — | — | ○ |
| てつのおうぎ | 扇 | 15 | 4 | 880 | 440 | — | — | — | — | — | — | — | — | — | — | — | ○ |
| 星のおうぎ | 扇 | 36 | 8 | 4100 | 2050 | — | — | — | — | — | — | — | — | — | — | — | ○ |
| 舞姫のおうぎ | 扇 | 45 | 10 | 6200 | 3100 | — | — | — | — | — | — | — | — | — | — | — | ○ |

# 特殊な効果がある武器

## 特殊な効果がついている武器を紹介！

武器の中には攻撃力や防御力に加えて特殊効果がつくものがある。状態異常付与やパラメータ上昇などさまざまな効果が得られるのだ。特殊効果を上手に活用すれば、さらに戦いが有利になるぞ！

**装備キャラ：アクト、メーア、テリー**

| アイテム名 | 種別 | 特殊効果 | 入手場所 |
|---|---|---|---|
| きせきのつるぎ | 片手剣 | 攻撃時たまにHP回復 +3.0% | メダル王 |
| まほうの盾 | 盾 | 呪文耐性 +5.0% | 武器屋 |

**装備キャラ：アクト**

| アイテム名 | 種別 | 特殊効果 | 入手場所 |
|---|---|---|---|
| プラチナシールド | 盾 | 呪文耐性 +10.0% | 武器屋 |

**装備キャラ：メーア**

| アイテム名 | 種別 | 特殊効果 | 入手場所 |
|---|---|---|---|
| ちからの盾 | 盾 | たまにHP回復 +2.0% | 武器屋 |

**装備キャラ：テリー**

| アイテム名 | 種別 | 特殊効果 | 入手場所 |
|---|---|---|---|
| はやぶさの剣 | 片手剣 | 攻撃時たまに分身 +30.0% | 武器屋 |

**装備キャラ：アリーナ**

| アイテム名 | 種別 | 特殊効果 | 入手場所 |
|---|---|---|---|
| あくまのコテ | コテ | たまに毒 +2.0% | 武器屋 |

**装備キャラ：クリフト**

| アイテム名 | 種別 | 特殊効果 | 入手場所 |
|---|---|---|---|
| デーモンスピア | ヤリ | たまに即死 +2.0% | メダル王 |

**装備キャラ：ゼシカ**

| アイテム名 | 種別 | 特殊効果 | 入手場所 |
|---|---|---|---|
| みわくのリボン | ムチ | たまに幻惑 +2.0% | 武器屋 |

**装備キャラ：ヤンガス**

| アイテム名 | 種別 | 特殊効果 | 入手場所 |
|---|---|---|---|
| デストロイヤー | オノ | きよう +10 | 武器屋 |

**装備キャラ：ビアンカ**

| アイテム名 | 種別 | 特殊効果 | 入手場所 |
|---|---|---|---|
| ケイロンの弓 | 弓 | たまにHP回復 +2.0% | メダル王 |

**装備キャラ：フローラ**

| アイテム名 | 種別 | 特殊効果 | 入手場所 | アイテム名 | 種別 | 特殊効果 | 入手場所 |
|---|---|---|---|---|---|---|---|
| 令嬢のスティック | スティック | かしこさ +3 | 初期装備 | そよかぜのタクト | スティック | かしこさ +21 | 武器屋 |
| ツインクルタクト | スティック | かしこさ +6 | 武器屋 | マジカルスティック | スティック | かしこさ +25 | 武器屋 |
| フェザースティック | スティック | かしこさ +10 | 武器屋 | ドラゴンスティック | スティック | かしこさ +31 | メダル王 |
| ラブリースティック | スティック | かしこさ +15 | 武器屋 | | | | |

**このほかにも、特殊効果つきの武器はあるぞ！冒険を進めて手に入れよう!!**

# 素材データ

錬金などで使う素材を掲載。落とすモンスターもバッチリわかるぞ。

## 素材データの見かた

| | ① | ② | ③ | ④ |
|---|---|---|---|---|
| 🔴 | 赤い宝石 | 300 | B | おどるほうせき（P235）、ひとくいばこ（P238）、????、???? |

**① 素材の名前** 店に売るときの値段。

**② 売値** 店に売るときの値段。

**③ レア度** 素材の貴重さを表す。Sが最も貴重で、A、B、C、Dと続く。

**④ 落とすモンスター** 倒すと素材を落とす可能性があるモンスター。P235〜240のモンスターデータの掲載ページも表記。

| アイテム | 売値 | レア度 | 落とすモンスター |
|---|---|---|---|
| 赤い宝石 | 300 | B | おどるほうせき（P235）、ひとくいばこ（P238）、????、???? |
| あまつゆのいと | 900 | A | メイジキメラ（P239）、???? |
| あやかしそう | 10 | C | ミミック（P239）、メイジキメラ（P239）、わらいぶくろ（P240） |
| いかずちのたま | 470 | A | シルバーデビル（P237）、???? |
| うまのふん | 1 | D | ドラキー（P237） |
| うるわしキノコ | 35 | C | きとうし（P236）、ようじゅつし（P240） |
| おいしいミルク | 15 | C | がいこつ（P235）、キングスライム（P236） |
| おうごんのかけら | 300 | D | ゴールドマン（P236）、魔扉の番人、魔扉の番人 |
| 大きなこうら | 80 | B | くさった死体（P236） |
| 大きな貝がら | 21 | C | しびれくらげ（P236）、???? |
| かがみ石 | 49 | B | うごくせきぞう（P235）、キラーマシン（P236） |
| かがやきの樹液 | 1000 | A | ????、???? |
| かぜきりのはね | 70 | B | ガーゴイル（P235）、スターキメラ（P237）、ホークマン（P239） |
| ガマのあぶら | 30 | C | どくどくゾンビ（P237）、マドハンド（P239）、???? |
| きよめの水 | 27 | C | ベホマスライム（P239）、ホイミスライム（P239） |
| きんかい | 2500 | B | 魔扉の番人 |
| ぎんかい | 2000 | B | 魔扉の番人 |
| げんこつダケ | 40 | C | トロル（P238）、ばくだん岩（P238） |
| 幻獣の皮 | 1100 | S | アークデーモン（P235）、キングレオ（P236） |
| げんませき | 750 | A | キラーマジンガ（P236）、????、???? |
| こうもりのはね | 16 | C | タホドラキー（P237）、ドラキー（P237）、ドラキーマ（P238） |
| 氷のけっしょう | 32 | C | タホドラキー（P237）、メタルハンター（P240） |
| ゴールドストーン | 1500 | C | ゴールドマン（P236）、魔扉の番人 |
| ごくじょうソルト | 1 | D | スライム（P237）、スライム（合体）（P237）、スライムベス（P237） |
| さえずりのみつ | 220 | B | ガーゴイル（P235）、ようじゅつし（P240）、???? |
| さとりそう | 39 | C | きとうし（P236）、まじゅつし（P239） |
| じょうぶな枝 | 17 | C | おおきづち（P235）、ブラウニー（P238） |
| シルバーストーン | 1000 | C | 魔扉の番人 |
| スライムゼリー | 41 | B | スライム（P237）、スライム（合体）（P237）、スライムベス（P237）、メタルスライム（P240） |
| するどいキバ | 4 | D | アームライオン（P235）、モーモン（P240） |

※????は本書掲載外のモンスターです。

| アイテム | 売値 | レア度 | 落とすモンスター |
|---|---|---|---|
| せいじゃのはい | 450 | A | ベホマスライム（P239）、???? |
| せいれいせき | 1050 | A | うごくせきぞう（P235）、ストーンマン（P237）、だいまじん（P237） |
| 小さな化石 | 36 | C | マドハンド（P239）、???? |
| ちょうのはね | 3 | D | キメラ（P236）、まじゅつし（P239） |
| つけもの石 | 7 | C | ゴーレム（P236）、ストーンマン（P237） |
| てっこうせき | 22 | C | さまようよろい（P236）、スライムナイト（P237）、メタルライダー（P240） |
| てつのクギ | 2 | D | がいこつ（P235）、スライムナイト（P237） |
| 天使のソーマ | 975 | S | だいまじん（P237）、????、???? |
| ときのすいしょう | 1200 | S | ????、???? |
| どくどくヘドロ | 5 | C | どくどくゾンビ（P237）、バブルスライム（P238） |
| ドラゴンの皮 | 150 | B | ドラゴン[非ボス]（P238）、ドラゴンソルジャー（P238）、バトルレックス（P238）、???? |
| ドラゴンのツノ | 640 | A | ドラゴンソルジャー（P238）、バトルレックス（P238）、???? |
| にじいろの布きれ | 52 | B | ボストロール（P239）、???? |
| ネコずな | 7 | C | キラーパンサー（P236）、ホークマン（P239）、モーモン（P240） |
| 花のみつ | 6 | C | キングスライム（P236）、ピンクモーモン（P238） |
| ぶどうエキス | 325 | B | トロル（P238）、ボストロール（P239）、???? |
| プラチナこうせき | 500 | A | キラーマシン（P236）、メタルハンター（P240）、???? |
| ブラックパール | 425 | A | ヘルクラッシャー（P239）、???? |
| ヘビーメタル | 800 | A | はぐれメタル（P238）、???? |
| へびのぬけがら | 60 | B | わらいぶくろ（P240）、???? |
| ホカホカストーン | 130 | B | ベビーサタン（P239）、???? |
| ほしのカケラ | 850 | S | スターキメラ（P237）、???? |
| ホワイトパール | 425 | A | まおうのつかい（P239）、???? |
| まじゅうの皮 | 102 | B | アームライオン（P235）、おおきづち（P235）、キラーパンサー（P236） |
| まじゅうのツノ | 120 | B | アークデーモン（P235）、????、???? |
| まじゅうのホネ | 43 | B | しりょうのきし（P237）、ヘルクラッシャー（P239）、まおうのつかい（P239） |
| まほうの樹木 | 350 | B | しびれくらげ（P236）、ブラウニー（P238）、ミニデーモン（P239） |
| まりょくの土 | 9 | C | ゴーレム（P236）、ベビーサタン（P239）、ミニデーモン（P239） |
| みがきずな | 12 | C | キングレオ（P236）、スマイルロック（P237）、メタルライダー（P240） |
| みかわしそう | 45 | B | キメラ（P236）、ひとくいばこ（P238）、ミミック（P239）、???? |
| 緑のコケ | 16 | C | バブルスライム（P238）、ホイミスライム（P239） |
| メタルのカケラ | 1750 | S | はぐれメタル（P238）、メタルスライム（P240）、???? |
| やわらかウール | 90 | B | シルバーデビル（P237）、ピンクモーモン（P238） |
| ようがんのカケラ | 11 | C | スマイルロック（P237）、ばくだん岩（P238） |
| ようせいのひだね | 740 | A | ????、???? |
| 妖精の綿花 | 600 | A | おどるほうせき（P235）、???? |
| よごれたほうたい | 20 | C | くさった死体（P236）、しりょうのきし（P237） |
| よるのとばり | 250 | B | さまようよろい（P236）、ドラキーマ（P238）、???? |

# アクセサリーデータ

48種類のアクセサリーを紹介。付加効果候補やレシピも大公開だ！

## アクセサリーデータの見かた

### ① 網タイツ ②　　　脚の美しさを引き立てるセク③ーなタイツ

| 基礎効果 | 付加効果候補 | 売値 |
|---|---|---|
| 特殊床の影流砂や沼などの影響を受けない ⑤ | 守備力+4〜8、封印ガード+10〜20％ ⑥、最大MP+3〜5、かしこさ+3〜5、きようさ+3〜5 | 300G ④ |

| レシピ ⑦ | 大成功率 ⑧ | 錬金費用 ⑨ | 材料① 名前 | 種別 ⑩ | 材料② 名前 | 種別 |
|---|---|---|---|---|---|---|
| 初級 | 9％ | 330G | あやかしそう×10 | 素材 | おいしいミルク×2 | 素材 |
| 中級 | 31％ | 390G | あやかしそう×6 | 素材 | よるのとばり×1 | 素材 |
| 上級 | 72％ | 460G | あやかしそう×3 | 素材 | うさぎのおまもり×1 | アクセサリー |

| ① アイコン | 詳細画面で表示されるアイコン。 | ② アクセサリー名 | アクセサリーの名前。 | ③ 説明 | アクセサリーの説明。 | ④ 売値 | 店に売ったときの値段。 |
|---|---|---|---|---|---|---|---|
| ⑤ 基礎効果 | 最初からついている効果。 | ⑥ 付加効果候補 | 合成時・作成時の大成功で付加される効果候補。 | ⑦ レシピの種類 | 作成できるレシピの種類。2種類または3種類ある。 |
| ⑧ 大成功率 | 作成時に大成功が発生する確率。 | ⑨ 錬金費用 | 作成に必要な費用。 | ⑩ 材料 | 作成に必要な材料の種類と個数。種別は、その材料が素材とアクセサリーのどちらに当てはまるかを示す。 |

---

### 網タイツ　　　脚の美しさを引き立てるセクシーなタイツ

| 基礎効果 | 付加効果候補 | 売値 |
|---|---|---|
| 特殊床の影流砂や沼などの影響を受けない | 守備力+4〜8、封印ガード+10〜20％、最大MP+3〜5、かしこさ+3〜5、きようさ+3〜5 | 300G |

| レシピ | 大成功率 | 錬金費用 | 材料① 名前 | 種別 | 材料② 名前 | 種別 |
|---|---|---|---|---|---|---|
| 初級 | 9％ | 330G | あやかしそう×10 | 素材 | おいしいミルク×2 | 素材 |
| 中級 | 31％ | 390G | あやかしそう×6 | 素材 | よるのとばり×1 | 素材 |
| 上級 | 72％ | 460G | あやかしそう×3 | 素材 | うさぎのおまもり×1 | アクセサリー |

---

### いかりのタトゥー　　　かっこいいデザインのおしゃれなタトゥーのシール

| 基礎効果 | 付加効果候補 | 売値 |
|---|---|---|
| 常時MPゼロで与ダメージ増加+15.0％ | 守備力+4〜8、眠りガード+10〜20％、最大HP+4〜8、攻撃力+3〜5、MPゼロだがダメージ増加+1〜5％ | 300G |

| レシピ | 大成功率 | 錬金費用 | 材料① 名前 | 種別 | 材料② 名前 | 種別 |
|---|---|---|---|---|---|---|
| 初級 | 9％ | 330G | ようがんのカケラ×10 | 素材 | 氷のけっしょう×2 | 素材 |
| 中級 | 31％ | 390G | ようがんのカケラ×6 | 素材 | ホカホカストーン×1 | 素材 |
| 上級 | 72％ | 460G | ようがんのカケラ×3 | 素材 | うさぎのおまもり×1 | アクセサリー |

第五章　データリスト／アクセサリーデータ

## 命のネックレス
ぼうぎょしたときたまにHPを回復する不思議なネックレス

| 基礎効果 | 付加効果候補 | 売値 |
|---|---|---|
| ぼうぎょ成功時たまにHP回復＋15.0％ | 守備力＋4〜8、地震・おたけびガード＋10〜20％、最大HP＋4〜8、攻撃力＋3〜5、ぼうぎょ成功時たまにHP回復＋2〜10％ | 450G |

| レシピ | 大成功率 | 錬金費用 | 材料①名前 | 種別 | 材料②名前 | 種別 |
|---|---|---|---|---|---|---|
| 初級 | 7％ | 390G | せいれいせき×3 | 素材 | せいじゃのはい×2 | 素材 |
| 中級 | 24％ | 460G | せいれいせき×2 | 素材 | 天使のソーマ×1 | 素材 |
| 上級 | 56％ | 540G | せいれいせき×1 | 素材 | 命のゆびわ×1 | アクセサリー |

## 命のゆびわ
仲間モンスターの傷をいやす魔法の指輪

| 基礎効果 | 付加効果候補 | 売値 |
|---|---|---|
| コイン獲得時仲間モンスター回復 | 守備力＋4〜8、眠りガード＋10〜20％、最大HP＋4〜8、攻撃力＋3〜5、きようさ＋3〜5 | 380G |

| レシピ | 大成功率 | 錬金費用 | 材料①名前 | 種別 | 材料②名前 | 種別 |
|---|---|---|---|---|---|---|
| 初級 | 8％ | 360G | 大きなこうら×3 | 素材 | ホカホカストーン×2 | 素材 |
| 中級 | 28％ | 430G | 大きなこうら×2 | 素材 | プラチナこうせき×1 | 素材 |
| 上級 | 64％ | 500G | 大きなこうら×1 | 素材 | いのりのゆびわ×1 | アクセサリー |

## いのりのゆびわ
身につけた者に恩恵をもたらす魔法の指輪

| 基礎効果 | 付加効果候補 | 売値 |
|---|---|---|
| テンション最大でHPかMP回復 | 守備力＋4〜8、地震・おたけびガード＋10〜20％、最大MP＋3〜5、かしこさ＋3〜5、攻撃力＋3〜5 | 300G |

| レシピ | 大成功率 | 錬金費用 | 材料①名前 | 種別 | 材料②名前 | 種別 |
|---|---|---|---|---|---|---|
| 初級 | 9％ | 330G | まりょくの土×3 | 素材 | 緑のコケ×2 | 素材 |
| 中級 | 31％ | 390G | まりょくの土×2 | 素材 | まじゅうのツノ×1 | 素材 |
| 上級 | 72％ | 460G | まりょくの土×1 | 素材 | きんのゆびわ×1 | アクセサリー |

## インテリめがね
身につけると頭が良さそうに見えるしゃれたメガネ

| 基礎効果 | 付加効果候補 | 売値 |
|---|---|---|
| ルカニガード＋40.0％ | 守備力＋4〜8、呪文耐性＋2〜10％、最大MP＋3〜5、かしこさ＋3〜5、ルカニガード10〜20％ | 200G |

| レシピ | 大成功率 | 錬金費用 | 材料①名前 | 種別 | 材料②名前 | 種別 |
|---|---|---|---|---|---|---|
| 初級 | 10％ | 300G | するどいキバ×3 | 素材 | ごくじょうソルト×2 | 素材 |
| 中級 | 35％ | 360G | するどいキバ×2 | 素材 | さとりそう×1 | 素材 |

## うさぎのおまもり
ふわふわのうさぎの毛で作られたお守り

| 基礎効果 | 付加効果候補 | 売値 |
|---|---|---|
| 氷結時間減少＋40.0％ | 守備力＋4～8、即死ガード＋10～20％、最大ＨＰ＋4～8、攻撃力＋3～5、氷結時間短縮＋10～20％ | 200Ｇ |

| レシピ | 大成功率 | 錬金費用 | 材料① 名前 | 種別 | 材料② 名前 | 種別 |
|---|---|---|---|---|---|---|
| 初級 | 10％ | 300Ｇ | するどいキバ×3 | 素材 | ちょうのはね×2 | 素材 |
| 中級 | 35％ | 360Ｇ | するどいキバ×2 | 素材 | 花のみつ×1 | 素材 |

## かいとうの仮面
伝説の怪盗がつけたとされるきらびやかなマスク

| 基礎効果 | 付加効果候補 | 売値 |
|---|---|---|
| 素材ドロップ率＋2.0％ | 守備力＋4～8、氷結時間短縮＋10～20％、最大ＨＰ＋4～8、攻撃力＋3～5、素材ドロップ率＋1～3％ | 380Ｇ |

| レシピ | 大成功率 | 錬金費用 | 材料① 名前 | 種別 | 材料② 名前 | 種別 |
|---|---|---|---|---|---|---|
| 初級 | 8％ | 360Ｇ | へびのぬけがら×3 | 素材 | みかわしそう×2 | 素材 |
| 中級 | 28％ | 430Ｇ | へびのぬけがら×2 | 素材 | げんませき×1 | 素材 |
| 上級 | 64％ | 500Ｇ | へびのぬけがら×1 | 素材 | パーティーメガネ×1 | アクセサリー |

## 海魔の眼甲
死の瞬間にメガンテを発動させる神秘のアクセサリー

| 基礎効果 | 付加効果候補 | 売値 |
|---|---|---|
| 死亡時メガンテ | 守備力＋4～8、封印ガード＋10～20％、最大ＨＰ＋4～8、かしこさ＋3～5、攻撃力＋3～5 | 380Ｇ |

| レシピ | 大成功率 | 錬金費用 | 材料① 名前 | 種別 | 材料② 名前 | 種別 |
|---|---|---|---|---|---|---|
| 初級 | 8％ | 360Ｇ | まじゅうのツノ×3 | 素材 | にじいろの布きれ×2 | 素材 |
| 中級 | 28％ | 430Ｇ | まじゅうのツノ×2 | 素材 | ブラックパール×1 | 素材 |
| 上級 | 64％ | 500Ｇ | まじゅうのツノ×1 | 素材 | パーティーメガネ×1 | アクセサリー |

## ガーターベルト
敵を攻撃したときにひるませやすくなるセクシーな下着

| 基礎効果 | 付加効果候補 | 売値 |
|---|---|---|
| ひるませ効果＋30.0％ | 守備力＋4～8、氷結時間短縮＋10～20％、最大ＭＰ＋3～5、かしこさ＋3～5、ひるませ率＋10～20％ | 300Ｇ |

| レシピ | 大成功率 | 錬金費用 | 材料① 名前 | 種別 | 材料② 名前 | 種別 |
|---|---|---|---|---|---|---|
| 初級 | 9％ | 330Ｇ | うるわしキノコ×3 | 素材 | 花のみつ×2 | 素材 |
| 中級 | 31％ | 390Ｇ | うるわしキノコ×2 | 素材 | よるのとばり×1 | 素材 |
| 上級 | 72％ | 460Ｇ | うるわしキノコ×1 | 素材 | きんのブレスレット×1 | アクセサリー |

## きんのネックレス
キラキラ輝く金の鎖で作られたじょうぶなネックレス

| 基礎効果 | 付加効果候補 | 売値 |
|---|---|---|
| ぼうぎょ力+10 | 守備力+4～8、呪文耐性+2～10％、最大HP+4～8、攻撃力+3～5、ぼうぎょ力+1～3 | 200G |

| レシピ | 大成功率 | 錬金費用 | 材料① 名前 | 材料① 種別 | 材料② 名前 | 材料② 種別 |
|---|---|---|---|---|---|---|
| 初級 | 10％ | 300G | てつのクギ×3 | 素材 | うまのふん×2 | 素材 |
| 中級 | 35％ | 360G | てつのクギ×2 | 素材 | 小さな化石×1 | 素材 |

## きんのブレスレット
金色の装飾がとても美しいブレスレット

| 基礎効果 | 付加効果候補 | 売値 |
|---|---|---|
| ふっとびにくさ+25.0％ | 守備力+4～8、ルカニガード+10～20％、最大HP+4～8、攻撃力+3～5、ふっとびにくさ+5～25％ | 200G |

| レシピ | 大成功率 | 錬金費用 | 材料① 名前 | 材料① 種別 | 材料② 名前 | 材料② 種別 |
|---|---|---|---|---|---|---|
| 初級 | 10％ | 300G | てつのクギ×3 | 素材 | ちょうのはね×2 | 素材 |
| 中級 | 35％ | 360G | てつのクギ×2 | 素材 | 小さな化石×1 | 素材 |

## きんのゆびわ
空飛ぶ魔物に強くなる金色の指輪

| 基礎効果 | 付加効果候補 | 売値 |
|---|---|---|
| 飛行モンスターへの与ダメージ+15.0％ | 守備力+4～8、幻惑ガード+10～20％、最大HP+4～8、攻撃力+3～5、飛行モンスターにダメージ+1～5％ | 200G |

| レシピ | 大成功率 | 錬金費用 | 材料① 名前 | 材料① 種別 | 材料② 名前 | 材料② 種別 |
|---|---|---|---|---|---|---|
| 初級 | 10％ | 300G | てつのクギ×3 | 素材 | ごくじょうソルト×2 | 素材 |
| 中級 | 35％ | 360G | てつのクギ×2 | 素材 | こうもりのはね×1 | 素材 |

## きんのロザリオ
死の間際にたまに生き残る神聖な金のお守り

| 基礎効果 | 付加効果候補 | 売値 |
|---|---|---|
| 致死ダメージ時生存率+40.0％ | 守備力+4～8、呪文耐性+2～10％、最大HP+4～8、かしこさ+3～5、致死ダメージ時生存率+1～5％ | 300G |

| レシピ | 大成功率 | 錬金費用 | 材料① 名前 | 材料① 種別 | 材料② 名前 | 材料② 種別 |
|---|---|---|---|---|---|---|
| 初級 | 8％ | 360G | さえずりのみつ×3 | 素材 | かがみ石×2 | 素材 |
| 中級 | 28％ | 430G | さえずりのみつ×2 | 素材 | せいじゃのはい×1 | 素材 |
| 上級 | 64％ | 500G | さえずりのみつ×1 | 素材 | きんのネックレス×1 | アクセサリー |

## ごうけつのうでわ
身につけるとチカラがみなぎるいかつい腕輪

| 基礎効果 | 付加効果候補 | 売値 |
|---|---|---|
| 敵の弱点攻撃時に会心率+5.0% | 守備力+4～8、毒ガード+10～20%、最大ヒットポイント+4～8、攻撃力+3～5、弱点かいしん率+0.2～1.0% | 450G |

| レシピ | 大成功率 | 錬金費用 | 材料① 名前 | 種別 | 材料② 名前 | 種別 |
|---|---|---|---|---|---|---|
| 初級 | 7% | 390G | ヘビーメタル×3 | 素材 | プラチナこうせき×2 | 素材 |
| 中級 | 24% | 460G | ヘビーメタル×2 | 素材 | ときのすいしょう×1 | 素材 |
| 上級 | 56% | 540G | ヘビーメタル×1 | 素材 | パワーベルト×1 | アクセサリー |

## しあわせのくつ
はいているだけで経験値が多くもらえるハッピーなくつ

| 基礎効果 | 付加効果候補 | 売値 |
|---|---|---|
| 獲得経験値+5.0% | 守備力+4～8、封印ガード+10～20%、最大MP+3～5、かしこさ+3～5、獲得経験値+1～3% | 450G |

| レシピ | 大成功率 | 錬金費用 | 材料① 名前 | 種別 | 材料② 名前 | 種別 |
|---|---|---|---|---|---|---|
| 初級 | 7% | 390G | あまつゆのいと×3 | 素材 | 妖精の綿花×2 | 素材 |
| 中級 | 24% | 460G | あまつゆのいと×2 | 素材 | 幻獣の皮×1 | 素材 |
| 上級 | 56% | 540G | あまつゆのいと×1 | 素材 | かいとうの仮面×1 | アクセサリー |

## しんぴのカード
戦利品をたまに多く獲得できる不思議なカード

| 基礎効果 | 付加効果候補 | 売値 |
|---|---|---|
| 戦利品増加率+10.0% | 守備力+4～8、毒ガード+10～20%、最大MP+3～5、かしこさ+3～5、戦利増加率+1～3% | 450G |

| レシピ | 大成功率 | 錬金費用 | 材料① 名前 | 種別 | 材料② 名前 | 種別 |
|---|---|---|---|---|---|---|
| 初級 | 7% | 390G | ようせいのひだね×3 | 素材 | かがやきの樹液×2 | 素材 |
| 中級 | 24% | 460G | ようせいのひだね×2 | 素材 | ほしのカケラ×1 | 素材 |
| 上級 | 56% | 540G | ようせいのひだね×1 | 素材 | きんのロザリオ×1 | アクセサリー |

## スライムピアス
かわいくプルンと耳元でゆれるスライム型ピアス

| 基礎効果 | 付加効果候補 | 売値 |
|---|---|---|
| お助けホミロン登場率+15.0% | 守備力+4～8、毒ガード+10～20%、最大マジックパワー+3～5、かしこさ+3～5、お助けホミロン発生率+1～3% | 300G |

| レシピ | 大成功率 | 錬金費用 | 材料① 名前 | 種別 | 材料② 名前 | 種別 |
|---|---|---|---|---|---|---|
| 初級 | 9% | 330G | 花のみつ×3 | 素材 | 氷のけっしょう×2 | 素材 |
| 中級 | 31% | 390G | 花のみつ×2 | 素材 | スライムゼリー×1 | 素材 |
| 上級 | 72% | 460G | 花のみつ×1 | 素材 | うさぎのおまもり×1 | アクセサリー |

## スーパーリング

スクルトなど補助系の効果持続時間を長くする特別なリング

| 基礎効果 | 付加効果候補 | 売値 |
|---|---|---|
| 補助効果時間延長+10.0% | 守備力+4～8、封印ガード+10～20%、最大MP+3～5、かしこさ+3～5、補助効果時間延長+2～10% | 450G |

| レシピ | 大成功率 | 錬金費用 | 材料① 名前 | 種別 | 材料② 名前 | 種別 |
|---|---|---|---|---|---|---|
| 初級 | 7% | 390G | いかずちのたま×3 | 素材 | あまつゆのいと×2 | 素材 |
| 中級 | 24% | 460G | いかずちのたま×2 | 素材 | 天使のソーマ×1 | 素材 |
| 上級 | 56% | 540G | いかずちのたま×1 | 素材 | はやてのリング×1 | アクセサリー |

## 聖印のゆびわ

死の攻撃に強くなる神聖なチカラを宿す神々しい指輪

| 基礎効果 | 付加効果候補 | 売値 |
|---|---|---|
| 即死ガード+40.0% | 守備力+4～8、即死ガード+10～20%、最大HP+4～8、攻撃力+3～5 | 300G |

| レシピ | 大成功率 | 錬金費用 | 材料① 名前 | 種別 | 材料② 名前 | 種別 |
|---|---|---|---|---|---|---|
| 初級 | 9% | 330G | まりょくの土×3 | 素材 | 緑のコケ×2 | 素材 |
| 中級 | 31% | 390G | まりょくの土×2 | 素材 | まじゅうの皮×1 | 素材 |
| 上級 | 72% | 460G | まりょくの土×1 | 素材 | きんのゆびわ×1 | アクセサリー |

## ソーサリーリング

3つつけるといいことがある不思議な指輪

| 基礎効果 | 付加効果候補 | 売値 |
|---|---|---|
| 3個装備でつよさアップ+15.0% | 守備力+4～8、ルカニガード+10～20%、最大MP+3～5、かしこさ+3～5、3個装備でつよさアップ+1% | 450G |

| レシピ | 大成功率 | 錬金費用 | 材料① 名前 | 種別 | 材料② 名前 | 種別 |
|---|---|---|---|---|---|---|
| 初級 | 7% | 390G | げんませき×3 | 素材 | せいれいせき×2 | 素材 |
| 中級 | 24% | 460G | げんませき×2 | 素材 | メタルのカケラ×1 | 素材 |
| 上級 | 56% | 540G | げんませき×1 | 素材 | ひらめきのゆびわ×1 | アクセサリー |

## ちからのペンダント

必殺技で与えるダメージがアップする勇ましきペンダント

| 基礎効果 | 付加効果候補 | 売値 |
|---|---|---|
| ひっさつダメージ+7.0% | 守備力+4～8、眠りガード+10～20%、最大MP+3～5、かしこさ+3～5、ひっさつダメージ+1～3% | 300G |

| レシピ | 大成功率 | 錬金費用 | 材料① 名前 | 種別 | 材料② 名前 | 種別 |
|---|---|---|---|---|---|---|
| 初級 | 9% | 330G | てっこうせき×3 | 素材 | げんこつダケ×2 | 素材 |
| 中級 | 31% | 390G | てっこうせき×2 | 素材 | ぶどうエキス×1 | 素材 |
| 上級 | 72% | 460G | てっこうせき×1 | 素材 | きんのネックレス×1 | アクセサリー |

## ちからのゆびわ

バトルを開始してからダメージを受けるまで特技を強化する指輪

| 基礎効果 | 付加効果候補 | 売値 |
|---|---|---|
| ノーダメージ中に特技効果アップ +20.0％ | 守備力+4〜8、幻惑ガード+10〜20％、最大ＨＰ+4〜8、攻撃力+3〜5、ダメージなしでとくぎ効果アップ+1〜5％ | 300G |

| レシピ | 大成功率 | 錬金費用 | 材料① 名前 | 種別 | 材料② 名前 | 種別 |
|---|---|---|---|---|---|---|
| 初級 | 9％ | 330G | まりょくの土×3 | 素材 | ようがんのカケラ×2 | 素材 |
| 中級 | 31％ | 390G | まりょくの土×2 | 素材 | ぶどうエキス×1 | 素材 |
| 上級 | 72％ | 460G | まりょくの土×1 | 素材 | きんのゆびわ×1 | アクセサリー |

## ちからのルビー

身につけるとチカラがわいてくる不思議な宝石

| 基礎効果 | 付加効果候補 | 売値 |
|---|---|---|
| 与ダメージが減るが会心率+5.0％ | 守備力+4〜8、ルカニガード+10〜20％、最大ＨＰ+4〜8、攻撃力+3〜5、ダメージ減少で会心率+2％ | 380G |

| レシピ | 大成功率 | 錬金費用 | 材料① 名前 | 種別 | 材料② 名前 | 種別 |
|---|---|---|---|---|---|---|
| 初級 | 8％ | 360G | 赤い宝石×3 | 素材 | ホカホカストーン×2 | 素材 |
| 中級 | 28％ | 430G | 赤い宝石×2 | 素材 | ヘビーメタル×1 | 素材 |
| 上級 | 64％ | 500G | 赤い宝石×1 | 素材 | ちからのペンダント×1 | アクセサリー |

## ちょうネクタイ

おしゃれな紳士が好んで身につけるネクタイ

| 基礎効果 | 付加効果候補 | 売値 |
|---|---|---|
| 奈落ダメージ減少+40.0％ | 守備力+4〜8、地震・おたけびガード+10〜20％、最大ＨＰ+4〜8、攻撃力+3〜5、奈落ダメージ耐性+10〜20％ | 300G |

| レシピ | 大成功率 | 錬金費用 | 材料① 名前 | 種別 | 材料② 名前 | 種別 |
|---|---|---|---|---|---|---|
| 初級 | 9％ | 330G | よごれたほうたい×3 | 素材 | こうもりのはね×2 | 素材 |
| 中級 | 31％ | 390G | よごれたほうたい×2 | 素材 | やわらかウール×1 | 素材 |
| 上級 | 72％ | 460G | よごれたほうたい×1 | 素材 | きんのネックレス×1 | アクセサリー |

## ハイドラベルト

ずっしりと重い伝説の怪物の姿を模したベルト

| 基礎効果 | 付加効果候補 | 売値 |
|---|---|---|
| 地震・おたけびガード+40.0％ | 守備力+4〜8、即死ガード+10〜20％、最大ＨＰ+4〜8、攻撃力+3〜5、地震・おたけびガード+10〜20％ | 300G |

| レシピ | 大成功率 | 錬金費用 | 材料① 名前 | 種別 | 材料② 名前 | 種別 |
|---|---|---|---|---|---|---|
| 初級 | 9％ | 330G | つけもの石×3 | 素材 | じょうぶな枝×2 | 素材 |
| 中級 | 31％ | 390G | つけもの石×2 | 素材 | ドラゴンの皮×1 | 素材 |
| 上級 | 72％ | 460G | つけもの石×1 | 素材 | きんのブレスレット×1 | アクセサリー |

第五章 データリスト／アクセサリーデータ

## はくあいのゆびわ
分けへだてない愛のチカラが宿る美しい指輪

| 基礎効果 | 付加効果候補 | 売値 |
|---|---|---|
| 封印ガード+40.0% | 守備力+4~8、氷結時間短縮+10~20%、最大MP+3~5、かしこさ+3~5、封印ガード+10~20% | 300G |

| レシピ | 大成功率 | 錬金費用 | 材料① 名前 | 種別 | 材料② 名前 | 種別 |
|---|---|---|---|---|---|---|
| 初級 | 9% | 330G | まりょくの土×3 | 素材 | きよめの水×2 | 素材 |
| 中級 | 31% | 390G | まりょくの土×2 | 素材 | まじゅうの皮×1 | 素材 |
| 上級 | 72% | 460G | まりょくの土×1 | 素材 | きんのゆびわ×1 | アクセサリー |

## 破幻のリング
幻惑状態になりにくくなる謎めいた指輪

| 基礎効果 | 付加効果候補 | 売値 |
|---|---|---|
| 幻惑ガード+40.0% | 守備力+4~8、氷結時間短縮+10~20%、最大HP+4~8、攻撃力+3~5、幻惑ガード+10~20% | 300G |

| レシピ | 大成功率 | 錬金費用 | 材料① 名前 | 種別 | 材料② 名前 | 種別 |
|---|---|---|---|---|---|---|
| 初級 | 9% | 330G | まりょくの土×3 | 素材 | あやかしそう×2 | 素材 |
| 中級 | 31% | 390G | まりょくの土×2 | 素材 | かぜきりのはね×1 | 素材 |
| 上級 | 72% | 460G | まりょくの土×1 | 素材 | きんのゆびわ×1 | アクセサリー |

## 破毒のリング
毒状態になりにくくなるありがたい指輪

| 基礎効果 | 付加効果候補 | 売値 |
|---|---|---|
| 毒ガード+40.0% | 守備力+4~8、ルカニガード+10~20%、最大HP+4~8、攻撃力+3~5、毒ガード+10~20% | 300G |

| レシピ | 大成功率 | 錬金費用 | 材料① 名前 | 種別 | 材料② 名前 | 種別 |
|---|---|---|---|---|---|---|
| 初級 | 9% | 330G | まりょくの土×3 | 素材 | どくどくヘドロ×2 | 素材 |
| 中級 | 31% | 390G | まりょくの土×2 | 素材 | まじゅうのホネ×1 | 素材 |
| 上級 | 72% | 460G | まりょくの土×1 | 素材 | きんのゆびわ×1 | アクセサリー |

## バトルチョーカー
防御を打ち砕くチカラを秘めたかっこいい首かざり

| 基礎効果 | 付加効果候補 | 売値 |
|---|---|---|
| 敵の防御を貫通して攻撃可能 | 守備力+4~8、ルカニガード+10~20%、最大HP+4~8、攻撃力+3~5、きようさ+3~5 | 450G |

| レシピ | 大成功率 | 錬金費用 | 材料① 名前 | 種別 | 材料② 名前 | 種別 |
|---|---|---|---|---|---|---|
| 初級 | 7% | 390G | ドラゴンのツノ×3 | 素材 | 妖精の綿花×2 | 素材 |
| 中級 | 24% | 460G | ドラゴンのツノ×2 | 素材 | 幻獣の皮×1 | 素材 |
| 上級 | 56% | 540G | ドラゴンのツノ×1 | 素材 | ちからのルビー×1 | アクセサリー |

第五章 データリスト／アクセサリーデータ

## はやてのリング
空を舞う鳥をかたどった魔法の指輪

| 基礎効果 | 付加効果候補 | 売値 |
|---|---|---|
| やくそうドロップ率＋10.0％ | 守備力＋4～8、氷結時間短縮＋10～20％、最大ＨＰ＋4～8、攻撃力＋3～5、やくそうドロップ率＋2％ | 380G |

| レシピ | 大成功率 | 錬金費用 | 材料① 名前 | 種別 | 材料② 名前 | 種別 |
|---|---|---|---|---|---|---|
| 初級 | 8％ | 360G | みかわしそう×3 | 素材 | かぜきりのはね×2 | 素材 |
| 中級 | 28％ | 430G | みかわしそう×2 | 素材 | 妖精の綿花×1 | 素材 |
| 上級 | 64％ | 500G | みかわしそう×1 | 素材 | いのりのゆびわ×1 | アクセサリー |

## パワーベルト
身につけるとチカラがみなぎるパワフルなベルト

| 基礎効果 | 付加効果候補 | 売値 |
|---|---|---|
| 敵の弱点への与ダメージ＋6.0％ | 守備力＋4～8、封印ガード＋10～20％、最大ＨＰ＋4～8、攻撃力＋3～5、弱点ダメージ＋0.2～1.0％ | 380G |

| レシピ | 大成功率 | 錬金費用 | 材料① 名前 | 種別 | 材料② 名前 | 種別 |
|---|---|---|---|---|---|---|
| 初級 | 8％ | 360G | ぶどうエキス×3 | 素材 | 大きな貝がら×2 | 素材 |
| 中級 | 28％ | 430G | ぶどうエキス×2 | 素材 | ドラゴンのツノ×1 | 素材 |
| 上級 | 64％ | 500G | ぶどうエキス×1 | 素材 | ちからのゆびわ×1 | アクセサリー |

## パーティーメガネ
バトル開始時にテンションが上がるイケてるメガネ

| 基礎効果 | 付加効果候補 | 売値 |
|---|---|---|
| 開始時テンションアップ | 守備力＋4～8、地震・おたけびガード＋10～20％、最大ＭＰ＋3～5、かしこさ＋3～5、開始時テンションアップ＋3～5 | 300G |

| レシピ | 大成功率 | 錬金費用 | 材料① 名前 | 種別 | 材料② 名前 | 種別 |
|---|---|---|---|---|---|---|
| 初級 | 9％ | 330G | どくどくヘドロ×3 | 素材 | みがきずな×2 | 素材 |
| 中級 | 31％ | 390G | どくどくヘドロ×2 | 素材 | スライムゼリー×1 | 素材 |
| 上級 | 72％ | 460G | どくどくヘドロ×1 | 素材 | インテリめがね×1 | アクセサリー |

## ハートのペンダント
仲間モンスターのつよさがアップする不思議なペンダント

| 基礎効果 | 付加効果候補 | 売値 |
|---|---|---|
| 仲間モンスターつよさ＋8.0％ | 守備力＋4～8、幻惑ガード＋10～20％、最大ＨＰ＋4～8、攻撃力＋3～5、仲間モンスターつよさ＋1～5％ | 300G |

| レシピ | 大成功率 | 錬金費用 | 材料① 名前 | 種別 | 材料② 名前 | 種別 |
|---|---|---|---|---|---|---|
| 初級 | 9％ | 330G | おいしいミルク×3 | 素材 | よごれたほうたい×2 | 素材 |
| 中級 | 31％ | 390G | おいしいミルク×2 | 素材 | かがみ石×1 | 素材 |
| 上級 | 72％ | 460G | おいしいミルク×1 | 素材 | きんのネックレス×1 | アクセサリー |

第五章　データリスト／アクセサリーデータ

229

## ひきよせのすず

魔物たちからねらわれやすくなる迷惑な鈴

| 基礎効果 | 付加効果候補 | 売値 |
|---|---|---|
| ねらわれやすさアップ | 守備力+4〜8、封印ガード+10〜20%、最大MP+3〜5、かしこさ+3〜5、きようさ+3〜5 | 300G |

| レシピ | 大成功率 | 錬金費用 | 材料① 名前 | 種別 | 材料② 名前 | 種別 |
|---|---|---|---|---|---|---|
| 初級 | 9% | 330G | ガマのあぶら×3 | 素材 | ネコずな×2 | 素材 |
| 中級 | 31% | 390G | ガマのあぶら×2 | 素材 | 大きなこうら×1 | 素材 |
| 上級 | 72% | 460G | ガマのあぶら×1 | 素材 | きんのブレスレット×1 | アクセサリー |

## ひらめきのゆびわ

敵の呪文をはねかえす不思議なチカラを秘めた指輪

| 基礎効果 | 付加効果候補 | 売値 |
|---|---|---|
| オートマホカンタ発生率+20.0% | 守備力+4〜8、地震・おたけびガード+10〜20%、最大MP+3〜5、かしこさ+3〜5、オートマホカンタ発生率+10〜20% | 380G |

| レシピ | 大成功率 | 錬金費用 | 材料① 名前 | 種別 | 材料② 名前 | 種別 |
|---|---|---|---|---|---|---|
| 初級 | 8% | 360G | まほうの樹木×3 | 素材 | スライムゼリー×2 | 素材 |
| 中級 | 28% | 430G | まほうの樹木×2 | 素材 | いかずちのたま×1 | 素材 |
| 上級 | 64% | 500G | まほうの樹木×1 | 素材 | いのりのゆびわ×1 | アクセサリー |

## ピンクパールリング

ピンク色の真珠をあしらったかわいい指輪

| 基礎効果 | 付加効果候補 | 売値 |
|---|---|---|
| 獲得ゴールド+10.0% | 守備力+4〜8、MPうばわれ量減少+10〜20%、最大HP+4〜8、攻撃力+3〜5、獲得ゴールド+1〜3% | 300G |

| レシピ | 大成功率 | 錬金費用 | 材料① 名前 | 種別 | 材料② 名前 | 種別 |
|---|---|---|---|---|---|---|
| 初級 | 9% | 330G | 大きな貝がら×3 | 素材 | みがきずな×2 | 素材 |
| 中級 | 31% | 390G | 大きな貝がら×2 | 素材 | へびのぬけがら×1 | 素材 |
| 上級 | 72% | 460G | 大きな貝がら×1 | 素材 | きんのゆびわ×1 | アクセサリー |

## ビーナスのなみだ

あらゆる方向からの攻撃を防いでくれる青く美しい宝石

| 基礎効果 | 付加効果候補 | 売値 |
|---|---|---|
| 全方位からの攻撃を防御可能 | 守備力+4〜8、MPうばわれ量減少+10〜20%、最大HP+4〜8、攻撃力+3〜5、かしこさ+3〜5 | 450G |

| レシピ | 大成功率 | 錬金費用 | 材料① 名前 | 種別 | 材料② 名前 | 種別 |
|---|---|---|---|---|---|---|
| 初級 | 7% | 390G | かがやきの樹液×3 | 素材 | ホワイトパール×2 | 素材 |
| 中級 | 24% | 460G | かがやきの樹液×2 | 素材 | 天使のソーマ×1 | 素材 |
| 上級 | 56% | 540G | かがやきの樹液×1 | 素材 | まもりのルビー×1 | アクセサリー |

## ほしふるうでわ
移動速度がアップする神秘の指輪

| 基礎効果 | 付加効果候補 | 売値 |
|---|---|---|
| 移動速度+4.0% | 守備力+4～8、即死ガード+10～20％、最大HP+4～8、攻撃力+3～5、移動速度+1～3％ | 500G |

| レシピ | 大成功率 | 錬金費用 | 材料① 名前 | 材料① 種別 | 材料② 名前 | 材料② 種別 |
|---|---|---|---|---|---|---|
| 初級 | 6% | 420G | ときのすいしょう×3 | 素材 | ほしのカケラ×2 | 素材 |
| 中級 | 21% | 500G | ときのすいしょう×2 | 素材 | メタルのカケラ×1 | 素材 |
| 上級 | 48% | 580G | ときのすいしょう×1 | 素材 | スーパーリング×1 | アクセサリー |

## 魔王のネックレス
おそるべき魔王のチカラを宿すネックレス

| 基礎効果 | 付加効果候補 | 売値 |
|---|---|---|
| 少数パーティほど与ダメージ増加 | 守備力+4～8、MPうばわれ量減少+10～20％、最大MP+3～5、かしこさ+3～5、きようさ+3～5 | 380G |

| レシピ | 大成功率 | 錬金費用 | 材料① 名前 | 材料① 種別 | 材料② 名前 | 材料② 種別 |
|---|---|---|---|---|---|---|
| 初級 | 8% | 360G | まじゅうの皮×3 | 素材 | へびのぬけがら×2 | 素材 |
| 中級 | 28% | 430G | まじゅうの皮×2 | 素材 | ブラックパール×1 | 素材 |
| 上級 | 64% | 500G | まじゅうの皮×1 | 素材 | パーティーメガネ×1 | アクセサリー |

## まもりのペンダント
敵の攻撃にひるまなくなる神秘のペンダント

| 基礎効果 | 付加効果候補 | 売値 |
|---|---|---|
| 敵の攻撃を受けてもひるまない | 守備力+4～8、呪文耐性+2～10％、最大HP+4～8、攻撃力+3～5 | 300G |

| レシピ | 大成功率 | 錬金費用 | 材料① 名前 | 材料① 種別 | 材料② 名前 | 材料② 種別 |
|---|---|---|---|---|---|---|
| 初級 | 9% | 330G | てっこうせき×3 | 素材 | じょうぶな枝×2 | 素材 |
| 中級 | 31% | 390G | てっこうせき×2 | 素材 | まじゅうのホネ×1 | 素材 |
| 上級 | 72% | 460G | てっこうせき×1 | 素材 | きんのゆびわ×1 | アクセサリー |

## まもりのルビー
持ち主の身を守ってくれるというありがたい宝石

| 基礎効果 | 付加効果候補 | 売値 |
|---|---|---|
| オート防御発生率+10.0% | 守備力+4～8、MPうばわれ量減少+10～20％、最大HP+4～8、攻撃力+3～5、オート防御発生率+2～10％ | 380G |

| レシピ | 大成功率 | 錬金費用 | 材料① 名前 | 材料① 種別 | 材料② 名前 | 材料② 種別 |
|---|---|---|---|---|---|---|
| 初級 | 8% | 360G | 赤い宝石×3 | 素材 | かがみ石×2 | 素材 |
| 中級 | 28% | 430G | 赤い宝石×2 | 素材 | ホワイトパール×1 | 素材 |
| 上級 | 64% | 500G | 赤い宝石×1 | 素材 | まもりのペンダント×1 | アクセサリー |

## まよけのすず
魔物たちからねらわれにくくなる便利な鈴

| 基礎効果 | 付加効果候補 | 売値 |
|---|---|---|
| ねらわれにくさアップ | 守備力+4～8、眠りガード+10～20％、最大HP+4～8、かしこさ+3～5、きようさ+3～5 | 300G |

| レシピ | 大成功率 | 錬金費用 | 材料① 名前 | 材料① 種別 | 材料② 名前 | 材料② 種別 |
|---|---|---|---|---|---|---|
| 初級 | 9％ | 330G | ガマのあぶら×3 | 素材 | ネコずな×2 | 素材 |
| 中級 | 31％ | 390G | ガマのあぶら×2 | 素材 | 大きなこうら×1 | 素材 |
| 上級 | 72％ | 460G | ガマのあぶら×1 | 素材 | きんのブレスレット×1 | アクセサリー |

## 女神のゆびわ
敵の痛恨の一撃から守ってくれる魔法の指輪

| 基礎効果 | 付加効果候補 | 売値 |
|---|---|---|
| 会心ガード+20.0％ | 守備力+4～8、幻惑ガード+10～20％、最大MP+3～5、かしこさ+3～5、会心ガード+2～10％ | 380G |

| レシピ | 大成功率 | 錬金費用 | 材料① 名前 | 材料① 種別 | 材料② 名前 | 材料② 種別 |
|---|---|---|---|---|---|---|
| 初級 | 8％ | 360G | まじゅうのホネ×3 | 素材 | にじいろの布きれ×2 | 素材 |
| 中級 | 28％ | 430G | まじゅうのホネ×2 | 素材 | ようせいのひだね×1 | 素材 |
| 上級 | 64％ | 500G | まじゅうのホネ×1 | 素材 | ようせいの首かざり×1 | アクセサリー |

## めざましリング
眠り状態になりにくくなる不思議な指輪

| 基礎効果 | 付加効果候補 | 売値 |
|---|---|---|
| 眠りガード+40.0％ | 守備力+4～8、毒ガード+10～20％、最大MP+3～5、かしこさ+3～5、眠りガード+10～20％ | 300G |

| レシピ | 大成功率 | 錬金費用 | 材料① 名前 | 材料① 種別 | 材料② 名前 | 材料② 種別 |
|---|---|---|---|---|---|---|
| 初級 | 9％ | 330G | まりょくの土×3 | 素材 | つけもの石×2 | 素材 |
| 中級 | 31％ | 390G | まりょくの土×2 | 素材 | にじいろの布きれ×1 | 素材 |
| 上級 | 72％ | 460G | まりょくの土×1 | 素材 | きんのネックレス×1 | アクセサリー |

## ようせいの首かざり
MP吸収の攻撃に強くなる美しい首かざり

| 基礎効果 | 付加効果候補 | 売値 |
|---|---|---|
| MPうばわれ量減少+40.0％ | 守備力+4～8、封印ガード+10～20％、最大MP+3～5、かしこさ+3～5、MPうばわれ量減少+10～20％ | 300G |

| レシピ | 大成功率 | 錬金費用 | 材料① 名前 | 材料① 種別 | 材料② 名前 | 材料② 種別 |
|---|---|---|---|---|---|---|
| 初級 | 9％ | 330G | さとりそう×3 | 素材 | うるわしキノコ×2 | 素材 |
| 中級 | 31％ | 390G | さとりそう×2 | 素材 | まほうの樹木×1 | 素材 |
| 上級 | 72％ | 460G | さとりそう×1 | 素材 | きんのネックレス×1 | アクセサリー |

## 竜のおまもり
敵の呪文に強くなる無骨なお守り

| 基礎効果 | 付加効果候補 | 売値 |
|---|---|---|
| 呪文耐性+20.0% | 守備力+4〜8、MPうばわれ量減少+10〜20%、最大MP+3〜5、かしこさ+3〜5、呪文耐性+1〜5% | 300G |

| レシピ | 大成功率 | 錬金費用 | 材料① 名前 | 種別 | 材料② 名前 | 種別 |
|---|---|---|---|---|---|---|
| 初級 | 9% | 330G | ドラゴンの皮×3 | 素材 | 小さな化石×2 | 素材 |
| 中級 | 31% | 390G | ドラゴンの皮×2 | 素材 | ドラゴンの皮×1 | 素材 |
| 上級 | 72% | 460G | ドラゴンの皮×1 | 素材 | きんのネックレス×1 | アクセサリー |

## ロイヤルバッジ
品のいいデザインの由緒あるバッジ

| 基礎効果 | 付加効果候補 | 売値 |
|---|---|---|
| 防衛対象HP+10.0% | 守備力+4〜8、幻惑ガード+10〜20%、最大HP+4〜8、攻撃力+3〜5、防衛対象HP+1〜5% | 300G |

| レシピ | 大成功率 | 錬金費用 | 材料① 名前 | 種別 | 材料② 名前 | 種別 |
|---|---|---|---|---|---|---|
| 初級 | 9% | 330G | きよめの水×3 | 素材 | げんこつダケ×2 | 素材 |
| 中級 | 31% | 390G | きよめの水×2 | 素材 | さえずりのみつ×1 | 素材 |
| 上級 | 72% | 460G | きよめの水×1 | 素材 | きんのゆびわ×1 | アクセサリー |

## テーマを決めてアクセサリーセットしてみよう！

アクセサリーは3つまで装備できるのがポイント。いろんな効果をバランスよく持たせることも大事だが、手持ちが増えてきたらテーマを決めて組み合わせるのもおもしろいぞ。

←同じものを使い続けるのではなく、シチュエーションに応じて使いわけるのがコツだ！

いろんな組み合わせにチャレンジだ！

### 火力追求型
①ちからのペンダント
＋
②パワーベルト
＋
③魔王のネックレス

とにかくダメージにこだわるなら少人数パーティで挑むのもアリ！

### 安全第一
①聖印のゆびわ
＋
②ビーナスのなみだ
＋
③まもりのペンダント

即死ガード、全方位防御、ひるまないの3点セットで安定感抜群！

### お宝がっぽり型
①かいとうの仮面
＋
②しんぴのカード
＋
③ピンクパールリング

素材やゴールドの獲得率をアップ。アクセサリーをどんどん作ろう！

第五章 データリスト／モンスターデータ

| | | HP | ちから | みのまもり | かしこさ |
|---|---|---|---|---|---|
| きとうし | | ★★ | ★★★ | ★★★ | ★★ |
| | 経験値 26 | G 32 | 報酬1 うるわしキノコ | 報酬2 さとりそう | |

| | | HP | ちから | みのまもり | かしこさ |
|---|---|---|---|---|---|
| キメラ | | ★ | ★★ | ★★★ | ★★ |
| | 経験値 30 | G 27 | 報酬1 みかわしそう | 報酬2 ちょうのはね | |

| | | HP | ちから | みのまもり | かしこさ |
|---|---|---|---|---|---|
| キラーアーマー | | ★★ | ★★★★ | ★★★★★ | ★★★★ |
| | 経験値 50 | G 39 | 報酬1 プラチナこうせき | 報酬2 かがみ石 | |

| | | HP | ちから | みのまもり | かしこさ |
|---|---|---|---|---|---|
| キラーパンサー | | ★★★ | ★★★ | ★★★ | ★★★ |
| | 経験値 56 | G 53 | 報酬1 まじゅうの皮 | 報酬2 ネコずな | |

| | | HP | ちから | みのまもり | かしこさ |
|---|---|---|---|---|---|
| キラーマシン | | ★★★★★ ★★★★ | ★★★★ ★★ | ★★★★ ★★ | ★★★★ ★★★ |
| | 経験値 64 | G 64 | 報酬1 プラチナこうせき | 報酬2 かがみ石 | |

| | | HP | ちから | みのまもり | かしこさ |
|---|---|---|---|---|---|
| キラーマジンガ | | ★★★★★ | ★★★★★ | ★★★★ | ★★★★★ |
| | 経験値 88 | G 128 | 報酬1 ???? | 報酬2 ???? | |

| | | HP | ちから | みのまもり | かしこさ |
|---|---|---|---|---|---|
| キングスライム | | ★★★★ | ★★★ | ★★★ | ★★★★ |
| | 経験値 60 | G 68 | 報酬1 花のみつ | 報酬2 おいしいミルク | |

| | | HP | ちから | みのまもり | かしこさ |
|---|---|---|---|---|---|
| キングレオ | | ★★★★★ | ★★★★ | ★★★ | ★★★★ |
| | 経験値 150 | G 35 | 報酬1 幻獣の皮 | 報酬2 みがきずな | |

| | | HP | ちから | みのまもり | かしこさ |
|---|---|---|---|---|---|
| くさった死体 | | ★★ | ★★ | ★ | ★★ |
| | 経験値 29 | G 7 | 報酬1 大きなこうら | 報酬2 よごれたほうたい | |

| | | HP | ちから | みのまもり | かしこさ |
|---|---|---|---|---|---|
| ゴールドマン | | ★★★★ | ★★★ | ★★★ | ★★★★ |
| | 経験値 61 | G 300 | 報酬1 ゴールドストーン | 報酬2 おうごんのかけら | |

| | | HP | ちから | みのまもり | かしこさ |
|---|---|---|---|---|---|
| ゴーレム | | ★★★ | ★★ | ★★ | ★★ |
| | 経験値 35 | G 16 | 報酬1 つけもの石 | 報酬2 まりょくの土 | |

| | | HP | ちから | みのまもり | かしこさ |
|---|---|---|---|---|---|
| さまようよろい | | ★★ | ★★ | ★★ | ★★ |
| | 経験値 30 | G 25 | 報酬1 よるのとばり | 報酬2 てっこうせき | |

| | | HP | ちから | みのまもり | かしこさ |
|---|---|---|---|---|---|
| しびれくらげ | | ★★ | ★★★ | ★★ | ★★★ |
| | 経験値 24 | G 22 | 報酬1 まほうの樹木 | 報酬2 大きな貝がら | |

| モンスター | HP | ちから | みのまもり | かしこさ | 経験値 | G | 報酬1 | 報酬2 |
|---|---|---|---|---|---|---|---|---|
| しりょうのきし | ★★ | ★★ | ★★ | ★★ | 6 | 5 | まじゅうのホネ | よごれたほうたい |
| シルバーデビル | ★★★ | ★★★★ | ★★★ | ★★★ | 62 | 61 | いかずちのたま | やわらかウール |
| スターキメラ | ★★★★ | ★★★ | ★★★ | ★★★ | 90 | 71 | ほしのカケラ | かぜきりのはね |
| ストーンマン | ★★★★/★★★★★ | ★★★/★★★ | ★★★★/★★★★ | ★★★★/★★★★★ | 65 | 21 | せいれいせき | つけもの石 |
| スマイルロック | ★ | ★★ | ★★★ | ★★ | 26 | 16 | みがきずな | ようがんのカケラ |
| スライム | ★ | ★ | ★ | ★ | 1 | 1 | スライムゼリー | ごくじょうソルト |
| スライム（合体） | ★★ | ★★★ | ★★ | ★★★ | 6 | 10 | スライムゼリー | ごくじょうソルト |
| スライムナイト | ★★ | ★★ | ★ | ★★ | 22 | 20 | てっこうせき | てつのクギ |
| スライムベス | ★ | ★ | ★ | ★ | 3 | 3 | スライムゼリー | ごくじょうソルト |
| だいまじん | ★★★★★ | ★★★ | ★★★★ | ★★★ | 155 | 42 | 天使のソーマ | せいれいせき |
| タホドラキー | ★ | ★★ | ★★ | ★★ | 24 | 29 | 氷のけっしょう | こうもりのはね |
| どくどくゾンビ | ★★★ | ★★★ | ★★ | ★★★ | 35 | 15 | ガマのあぶら | どくどくヘドロ |
| ドラキー | ★ | ★ | ★ | ★ | 4 | 6 | こうもりのはね | うまのふん |

第五章 データリスト／モンスターデータ

237

第五章　データリスト／モンスターデータ

| 名前 | HP | ちから | みのまもり | かしこさ | 経験値 | G | 報酬1 | 報酬2 |
|---|---|---|---|---|---|---|---|---|
| ドラキーマ | ★ | ★★★ | ★★★ | ★★★ | 29 | 42 | よるのとばり | こうもりのはね |
| ドラゴン | ★★★★★ ★★★★ | ★★★★ ★ | ★★★ ★★ | ★★★ ★★ | 42 | 43 | ドラゴンの皮 | ようがんのカケラ |
| ドラゴンソルジャー | ★★★★ | ★★★★ | ★★★★★ | ★★★★ | 82 | 77 | ドラゴンのツノ | ドラゴンの皮 |
| トロル | ★★★★ | ★★★ | ★★ | ★★★★ | 52 | 26 | ぶどうエキス | げんこつダケ |
| 謎の策士 | ??? | ??? | ??? | ??? | 85 | 200 | —— | —— |
| ばくだん岩 | ★★ | ★★★ | ★★★★ | ★★★ | 31 | 31 | げんこつダケ | ようがんのカケラ |
| はぐれメタル | ★ | ★★★★★ | ★★★★★ | ★★★★ | 10050 | 10 | メタルのカケラ | ヘビーメタル |
| バトルレックス | ★★★★ | ★★★ | ★★★ | ★★★ | 67 | 55 | ドラゴンのツノ | ドラゴンの皮 |
| バブルスライム | ★ | ★ | ★ | ★ | 9 | 14 | 緑のコケ | どくどくヘドロ |
| 光の番人 | ★★★★★ | ★★★★ | ★★★ | ★★★★ | 208 | 298 | —— | —— |
| ひとくいばこ | ★★★ | ★★★ | ★★ | ★★★ | 46 | 70 | 赤い宝石 | みかわしそう |
| ピンクモーモン | ★ | ★★ | ★★ | ★★ | 25 | 27 | やわらかウール | 花のみつ |
| ブラウニー | ★ | ★★ | ★★ | ★★ | 23 | 27 | まほうの樹木 | じょうぶな枝 |

| モンスター | HP | ちから | みのまもり | かしこさ | 経験値 | G | 報酬1 | 報酬2 |
|---|---|---|---|---|---|---|---|---|
| ベビーサタン | ★ | ★★ | ★★ | ★★ | 18 | 22 | ホカホカストーン | まりょくの土 |
| ベホマスライム | ★★★ | ★★★ | ★★ | ★★★ | 37 | 31 | せいじゃのはい | きよめの水 |
| ヘルクラッシャー | ★★★★★ | ★★★ | ★★★ | ★★★ | 70 | 19 | ブラックパール | まじゅうのホネ |
| ヘルバトラー | ★★★★★ | ★★★★★ | ★★★★ | ★★★★★ | 170 | 47 | ???? | ???? |
| ホイミスライム | ★ | ★★ | ★★ | ★★ | 17 | 23 | きよめの水 | 緑のコケ |
| ホークマン | ★★ | ★★★ | ★★★ | ★★★ | 48 | 33 | かぜきりのはね | ネコずな |
| ボストロール | ★★★★★★★★★★ | ★★★★★★★ | ★★★★★★ | ★★★★★★★ | 84 | 67 | ぶどうエキス | にじいろの布きれ |
| まおうのつかい | ★★★★★ | ★★★★★ | ★★★★★ | ★★★★★ | 75 | 22 | ホワイトパール | まじゅうのホネ |
| まじゅつし | ★ | ★ | ★ | ★ | 9 | 12 | さとりそう | ちょうのはね |
| マドハンド | ★ | ★★★ | ★★ | ★★★ | 9 | 6 | 小さな化石 | ガマのあぶら |
| ミニデーモン | ★ | ★★★ | ★★ | ★★★ | 24 | 30 | まほうの樹木 | まりょくの土 |
| ミミック | ★★★★ | ★★★★★ | ★★★ | ★★★★★ | 75 | 92 | あやかしそう | みかわしそう |
| メイジキメラ | ★★ | ★★★★ | ★★★ | ★★★★ | 43 | 30 | あまつゆのいと | あやかしそう |

第五章 データリスト／モンスターデータ

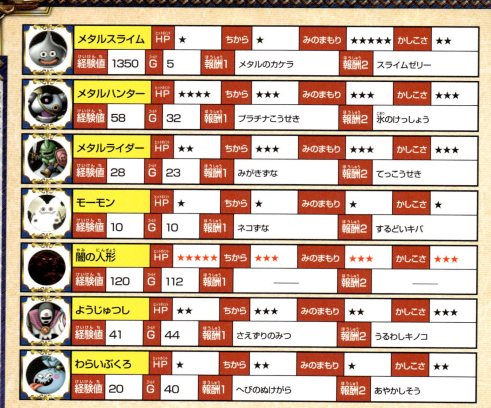

## モンスターリストを埋めよう！

### 討伐モンスター＆仲間モンスターのリストコンプをめざそう！

初めてのモンスターを倒すと討伐モンスターリストに記載される。ただし「かくとくアイテム」の欄は、実際に入手しないと埋まらない。アイテムが出るまで何度も倒し、完璧なリストを作りあげよう！

← ストーリー終了後はフリーバトルで未記載モンスターやアイテムを探そう。

# 称号データ

特定の条件を達成すると受けられる称号を表彰所での表示順に紹介！

## 称号データの見かた

① 称号名　③ 獲得メダル
② 条件　　報告したときにもらえるちいさなメダルの数。

| 称号 | 獲得 | 称号 | 獲得 | 称号 | 獲得 |
|---|---|---|---|---|---|
| ??? / ??? | ? | ??? / ??? | ? | そざいコレクター / そざいぶくろを最大まで大きくした | 1 |
| ??? / ??? | ? | ほこらの探求者 / 宝の地図に記されたほこらでの戦いに累計で50回勝利した | 2 | ??? / ??? | ? |
| ??? / ??? | ? | 錬金に挑みし者 / アクセサリーの錬金に挑戦した | 1 | ??? / ??? | ? |
| ??? / ??? | ? | 錬金名人 / アクセサリーを錬金し大成功した | 1 | まものの討伐人 / 多くの魔物と戦いやっつけた（討伐モンスターリストコンプ率50％以上） | 1 |
| ??? / ??? | ? | 錬金マニア / アクセサリーの錬金を累計で100回おこなった | 5 | ??? / ??? | ? |
| ??? / ??? | ? | ルーラマスター / ルーラができる場所を40カ所以上見つけた | 2 | まもの愛好家 / 多くの魔物と出会い仲間にした（仲間モンスターリストコンプ率50％以上） | 1 |
| ??? / ??? | ? | ??? / ??? | ? | ??? / ??? | ? |
| ??? / ??? | ? | ひっさつマスター / 仲間全員の必殺技をすべて使いこなした | 1 | そうびひんマニア / 多くの武器やオーブを手に入れた（ぶき・オーブリストコンプ率50％以上） | 1 |
| ??? / ??? | ? | コンボマスター / 敵に連続で300回以上攻撃をヒットさせた | 1 | ??? / ??? | ? |
| ??? / ??? | ? | ??? / ??? | ? | アクセサリーマニア / 多くのアクセサリーを手に入れた（アクセサリーリストコンプ率50％以上） | 1 |
| ??? / ??? | ? | ??? / ??? | ? | ??? / ??? | ? |
| ??? / ??? | ? | ブルジョワ隊長 / 獲得したゴールドが累計で50万Gに達した | 5 | そざいマニア / 多くの素材を手に入れた（そざいリストコンプ率50％以上） | 1 |
| ??? / ??? | ? | メダルマニア / ちいさなメダルを累計で200枚集めた | 5 | ??? / ??? | ? |
| ??? / ??? | ? | 強さを求めし者 / すべての仲間がレベル50に到達した | 10 | クエストマニア / 多くのクエストを達成した（クリア済みクエストリストコンプ率50％以上） | 1 |
| ??? / ??? | ? | ベテラン戦士 / 冒険の書のプレイ時間が30時間に達した | 1 | ??? / ??? | ? |
| ??? / ??? | ? | ??? / ??? | ? | ??? / ??? | ? |
| モンスターキラー / やっつけた魔物の数が累計で10000匹を超えた | 1 | | | | |

称号は49種類！　称号名や条件が隠されたものは、ゲーム内で条件を満たすと内容が判明するぞ！

# HEROES COLUMN
## 『DQH』マメ知識！

### 知れば冒険がちょっとスムーズになるおトク情報!!

知っておくと、冒険におおいに役立つ情報をお届けするぞ!! ジュリエッタのスキルの使いかたや、嫌な状態異常を完全に防ぐ方法。好きな効果のついたアクセサリーの入手方法について大公開だ！

### ジュリエッタのスキルのヒミツ！

ジュリエッタはバギ系の呪文を使った後に、呪文で出現した竜巻に向けて「バーニングバード」や「パワフルスロー」を使うことで、「バギ」の効果範囲やモンスターに与えるダメージを増やせる。

↑「バギ」の竜巻に重なるように「バーニングバード」を放とう！ 成功すれば、「バギ」の威力がアップ！

↑「バギ」に向かって「パワフルスロー」を使うと、ブーメランが竜巻をまとって飛び、攻撃範囲が広くなる。

←「バーニングバード」+「パワフルスロー」で威力増加。

スキルを研究して戦いをスムーズに進めましょう

### 状態異常を確実に防ぐ方法とは!?

**苦手な状態異常は○○ガードで防ぐ！**

封印や幻惑などの状態異常は、封印ガードなどの対応する効果がついた装備品で防げるぞ。効果値の合計が100％以上になったら完全に防げる！

←同じ効果のついた装備を複数装備して完全に防ごう。

### アクセサリーの合成を重ねるとどうなる!?

**好みの付加効果を残しさらに合成可能！**

アクセサリーの合成で、ベースに＋3のアクセサリーを選ぶと、3つの付加効果からいらない効果を消して、新しい効果をつけることができるぞ。

←好きな効果が3つつくまで、合成をくり返すのだ。

# SPECIAL TALK スペシャルトーク

『DQH』を作り上げた、ゲーム界のレジェンド2人、そしてボイスキャスト4人にDQへの想いを聞く！

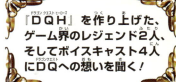

主人公・男 アクト役
松坂桃李

×

主人公・女 メーア役
桐谷美玲

アリーナ役 中川翔子

ヘルムード役 片岡愛之助

DQシリーズゲームデザイナー
堀井雄二

×

コーエーテクモゲームス ゼネラルプロデューサー
シブサワ・コウ

## SPECIAL TALK スペシャルトーク

撮影：長谷部英明

『DQVI』が大好きでした！

『DQIX』にハマりました！

主人公・男 アクト役 × 主人公・女 メーア役

# 松坂桃李 × 桐谷美玲

『DQH』の主人公アクト&メーアを演じた2人は、なんとDQシリーズ大好きだった！？

**Profile**
松坂桃李○1988年10月17日生まれ、神奈川県出身。モデル、俳優としてテレビドラマ、映画に精力的に出演、数多くの主演もこなし、数々の映画賞も受賞している若手実力派。

まず "主人公がしゃべる！？" のが衝撃的すぎました…！？

## 本当にDQ大好きな2人が
## DQ初のしゃべる主人公に！

**自分でいいのかなという不安と、演じる嬉しさの両方がありました！**

**Profile**
桐谷美玲○1989年12月16日生まれ、千葉県出身。女優。女優としての活躍だけでなく数々のマルチな才能を発揮している。今後の活躍が楽しみな若手女優である。

——お2人はDQシリーズ、大好きだとか！
**松坂**：僕は小学生のときに『DQⅥ』にハマりまくってましたね。冬休みに部屋にこもって2日間やり続けてクリアしたんですよ…でもその余韻に浸っているときに、ガラッと扉が開いて母親が入ってきて、「**いいかげんにしなさいっ！！**」ってスーファミのカセットを抜き取られて…そんな思い出があります（笑）。
**桐谷**：（笑）。わたしは大学生時代に『DQⅨ』にハマりました。大学の友達もみんなプレイしていて…電車の中で**すれちがい**で宝の地図がたくさん来てると嬉しかったのを覚えています。

——2人とも、本当にハマりまくっていたんですね。そんなDQに主人公のボイスキャストとして参加すると聞いたときは…!?
**松坂**：DQシリーズをプレイしてきた身としては、まず"主人公がしゃべる!?"のが衝撃的で…そのあとやっと、自分がやるという実感が湧いてきて…なんとも言えない嬉しい気分になりました。
**桐谷**：私もまず驚いて…そのあとに自分でいいのかなという不安と、演じさせていただける嬉しさの両方がありました。ファンのみなさんに受け入れてもらえるかというプレッシャーもありましたね。でもやるからには、「**主人公になりきっていっぱいモンスターを倒してやろう！**」って思いました！

——今回は歴代DQキャラクターも登場しますが、好きなキャラクターはいますか？
**松坂**：『DQⅥ』の**テリー**が大好きでした！なので今回、テリーと絡めたときはたまらなかったですね。それにテリーを演じられるのが、大好きな神谷浩史さんなので余計嬉しかったですね。「**めっちゃカッコいい！**」って興奮しました！　最高に嬉しかったです!!
**桐谷**：わたしは『DQⅤ』のビアンカが好きでした。好きなキャラに、自分が演じるメーラが話しかけられるシーンでは「**わーっ！**」って、私も本当に興奮しましたね（笑）。

——収録にはどのように挑んだのですか？
**松坂**：実際にプレイしているわけではないですけど、「**ああ、今この敵を倒してレベルが上がって強い武器を手に入れて次のボスに挑むんだろうな**」とか、「**このボスは強敵だから、3回くらい挑んでやっと倒した感じだな**」とか、ストーリーのシーンでは、そういう風に想像して収録しましたね。
**桐谷**：収録をしていてキャラクターたちがどんどんたくましくなって、チームワークもどんどんよくなるのがわかるんです！　もちろんまだプレイしてはいないんですけど、**プレイしている感覚**で収録しました！　実際にゲームになったなら「**どうなっちゃうんだろ！**」って、いまから楽しみなんです。

——それはプレイするのが楽しみです！
**桐谷**：映像の迫力もすごいですし、大きなモンスターにも驚きですし、**想像よりも遥かにすごいものばかりです！**
**松坂**：革命的としか言いようのない、みなさんが喜んでくれる作品なのは間違いないです！僕みたいに、**2日間ずっとプレイする**人もいるかもしれませんよ!?

# SPECIAL TALK

撮影：長谷部英明

## DQシリーズが人生を教えてくれました!!

### アリーナ役
# 中川翔子

DQシリーズの大ファンしょこたん…収録直後の彼女に、その愛を語ってもらいました！

**Profile**
中川翔子○1985年5月5日生まれ。東京都出身。歌手、タレント、声優としてマルチでマニアックな才能を活かして多方面で活躍中。DQシリーズの大ファンとしても知られる。

## 大好きなアリーナを演じたしょこたんの運命の日!?

――収録を終えた、率直な感想をお聞かせください。

中川：本当にこの運命の日が、夢にも思わなかった様な衝撃の日がやってきて…そして、

246

楽しくて本当にあっという間にアフレコが進みました！　予定よりも1時間半くらい早く終わっちゃうらしくて…ビックリしました。日本人や世界中人類みんなが大好きなDQの長い歴史の中で、ついにこんなにもリアルな世界でキャラがイキイキ動いてしゃべって…歴史が動くその現場に立ち会えるなんて感謝感激です！　DQのキャラクターがしゃべるってすごいことですよね。アリーナは20年以上前のファミコンのドット絵の頃から、PS版になってDS版になってスマホになって…と輪廻転生してきましたが、ついに『DQH』でしゃべることになる…これは天変地異が起きるくらいのすごいことです！　そして、歴代キャラクターたちが総結集してモンスターを思いっきりぶっ飛ばす。もうこんな、夢にも思わなかった夢のようなゲームが登場するなんて本当に生きててよかったです。日本人ならほぼ全員大好きなDQが、こんな形になるなんて、DQ新時代の幕開け、歴史がまた切り開かれる瞬間ですよね。それだけでも驚きなのに、まさかこの私に堀井さんから直々に白羽の矢が立つという…アリーナを演じられるなんて、もう本当に生きててよかったです。今までDQ好きでいてよかったです。

——いきなり熱すぎます！　でも好きだからこそ、アリーナの声を演じることには、相当なプレッシャーがあったのでは？

中川：アリーナといえばDQの歴史の中でも最強の一角。姫なのにおてんば、姫なのに怪力。ちから255、会心の一撃、すばやくて、キラーピアスで、鉄の爪で…って。もうみんながアリーナをパーティに入れて、思いっきりDQの世界を冒険して、心ときめかせて、みんな大好きなキャラクターですよね。私ももちろんアリーナが昔から大大大好きで！　個人的にコスプレをしたり、イラストを描いたり、DQのファンクラブに入っていたとき、アリーナのイラストを描いて投稿したら会報に掲載されたり…といったことが、アリーナ役を演じることが決まって、走馬灯のようにばぁーっと甦ったわけです。アリーナがついにしゃべるということが、いかにすごいこと

かというのは本当に身に染みてわかっていて…プレッシャーと責任の重大さと、でも愛をほとばしらせたいという想いがあって…改めて今までのFC版とPS版とDS版とスマホ版、そして小説版とドラマCD、4コマ劇場…いろんなアリーナの歩んできた歴史を振り返りました。とにかく自分の愛を乗せるということは全力でやりつつ、でもそれだけじゃなく、みんなが大好きなアリーナのイメージをどんなふうに形にするかを考えましたね。0からキャラクターを作るわけじゃなく、みんなの人生の中に間違いなく輝いているアリーナですから！　そんなアリーナをどう表現するかっていうのは、ものすごく難しくも嬉しくて、楽しくて、幸せでした。

——収録は順調に進みました？

中川：楽しすぎて、思った以上にあっという間に進んだんです。もうどんなに大変でも、血を吐いてもやろうと思っていたんですけど、本当に思っていたより順調で、早く終わってびっくりしました。堀井さんから、ほかのキャラクターとアリーナがどんな風に会話するかというのを直々に教えていただけたんです！　たとえばクリフトとの会話はどんな風にとか、マーニャと再会したアリーナはこんな風に喜ぶとか…そういうことを堀井さんから教えていただけたのがものすごく嬉しかったですね。アドリブで鼻歌を歌うシーンがあったんですけど、そこもまさかのすぐOKが出て嬉しかったです！　自分に、任せてくださっているっていうところも嬉しくて…これからも今までの人生の中で信じてきた、愛を信じてがんばろうと思いました。

## しょこたんが初めてプレイしたのは『DQV』！

——そんなに熱く語ってくれる中川さんのDQファーストコンタクトは？

中川：忘れもしない小学校2年生の冬休み、『DQV』でした。叔母がプレイしているのを後ろからワクワクしながら見ていたら、「翔子やってみるか」って！

スペシャルトーク

…DQを今まで遊んできた
御褒美だなって思います

——小学2年生は早いですね!?

中川：「えー！ いいの!? 私まだ8歳だけどいいの!?」っていう…いわば私にとって、"大人への第一歩"だったんだと思います。ＤＱ以前以後で、人生が変わる衝撃を感じました。誰しもがそうだと思うんですけれど、「この世界って、こんなに面白いんだ！！」と、ＤＱは教えてくれました。人生ではいろいろと理不尽な、不幸な目にあったりしますけど、それを乗り越えて出会いと別れがあって…代々受け継いでいくという心があって…あらがえない運命はあるけれども、努力の先には、思ってもいなかったような奇跡があるかもしれない…『ＤＱＶ』の中で学んだことは、実際の世界にも繋がるんですよね。ＤＱは本当に、生きていくってことへの経験値にもなるんですよ。それからさかのぼって『ＤＱⅣ』をやって、『ＤＱⅢ』、『ＤＱⅡ』、『ＤＱⅠ』、そして『ＤＱⅥ』からは発売直後にリアルタイムでプレイして、リメイク版も全部やって

いて…そうしたら、今回アリーナを演じることができた。まさかそんな風になるとは、思わないですよね。そんなこと、想像もしたこともなかったので、"夢が叶った"ではなくて、"夢にも思わなかった"ミラクルが起きてしまったっていう感じですね。『ＤＱⅤ』から入ったんですが、ファミコン版の『ＤＱⅣ』がすごい好きなんですよ。『ＤＱⅣ』って、普通のフィールド画面もちょっと怖いんですよね。きっとアッテムトからのものすごい圧があるからだと思うんですけど、怖いですよね。まだ会話システムがなくて音もシンプルでしたけど、ファミコンのＲＯＭの中に導かれしものたちの世界がちゃんとあって、生きていて、全員そろったときに…（※編集部注：『ＤＱⅣ』に関する話はネタバレもあったので省略）そのすべてが、すごいイマジネーションを与えてくれるというか、それが時代とともに輪廻転生して。今はスマホで片手で『ＤＱⅣ』をやれるっていうのは本当に幸せなんですって。片手でトルネコがずっとたねを盗む作業をするっていうのすごい楽しいですよね。あの世界にいつでも行けて、どこにでも持ち歩けるわけですよ！

## DQシリーズの新たな世界 それこそが『DQH』！

——なるほど…それに対して、今回の『ＤＱＨ』はＤＱシリーズ初のプレイステーション4でも遊べる、それについては？

中川：持ち歩けるっていうのもすごいですけど、大画面でＤＱをやりたいっていう気持ちももちろんありました！ このワクワクを、マスタードラゴン様…堀井さんが叶えてくれました！ 待ってましたっていうか、大画面で、ＤＱの世界がこんなに美しくなって、風も感じられて、雲もきれいで、ちゃんとモンスターたちもそこに生きていて、それが大群で押し寄せてきて！ ドット絵で見ていたあの世界も、もしかしたら本当はこんなにモンスターがいて、だから町の入口にいる兵士って超強いんじゃないかって思ったり！ それ

248

にギガンテスとかこんなに大きくて、こんな風に毛が生えてるとか、今回で明らかになるいろんなことが本当にたくさんあって、その1つ1つがすごく嬉しくって…DQシリーズを今まで遊んできた御褒美だなって思います。
——中川さんの言葉を聞くと、本当にすごいことなんだと感じられますね。
中川：『DQH』は本当にすごいですけれども、やっぱりDQだなって思います。DQのプレイスタイルって、人それぞれ、いろいろなスタイルがあったと思うんです。次の町に行く前にめちゃめちゃレベルを上げて、ゴールドもすごい溜めて、その時点での最強の装備にしてから行く慎重派。ちょっと危なくても全滅するかしないかくらいで倒すのが好きなギリギリ派…私はどちらかというと、ギリギリ派なんですけど（笑）。ストーリーをクリアしてからも、もう全部完ぺきにすべてをやりたいというやりこみ派もいるし、いろんな人のDQ的楽しみかたが、今回も活かされると思うんですよ。それはすごい楽しみです。めっちゃやりこみたいです。めっちゃやりこんで、みんなと語り合いたいです！
——さてアリーナといえば、今回はクリフトもいますが！？
中川：アリーナとクリフトって、DQの歴代キャラクターの中でも、本当に想像をいっぱいしたくなる関係性の2人ですよね。FC版ではなかったけれど、PS版で初めて、本棚に隠されたクリフトのアリーナ隠し撮りブロマイドがあったりして「あっそうだったのね」って徐々に判明してきたのが、ついに直接2人がしゃべりますからね！ ムービーシーンの2人の会話に注目です!! そしてクリフトの声を担当するのが、なんと緑川光さんっていう！ もう恐れ多いですし、ありがた

いです〜！ もう本当にカッコいいですよね。「スクルト！」とか、「ザラキ！」とか!!

## DQが好きすぎるしょこたんからのメッセージ！

——では最後に、『DQH』をプレイするみなさんに向けてメッセージをお願いします！
中川：もうすべての人がDQからたくさんの人生の経験値をもらいながら、ワクワクしながら人生を歩んできたと思うんですけど、ついにDQが新時代へ突入するんです。リアルタイムでこの歴史が動く瞬間を目撃できて、遊べるっていうのはすごくハッピーなことだと思います。DQがついにこうなったってことは、これから先の未来はどうなっちゃうんだろうって、この先のDQの新たな幕開けに生きていられるっていう幸せに包まれちゃうんじゃないかなって思います。ゲームという文化自体が生まれたことへの喜び、そしてこの宇宙の138億年の歴史の中で、『DQH』が誕生する現代にリアルタイムで生きていられてよかったっていう喜び、なんかいろんなことが押し寄せてくると思います。やりこみ要素も満載みたいですし、『DQH』は骨の髄までしゃぶりつくしたいとんでもないゲームなんじゃないんですかね？ 大人も子供も本当にびっくり仰天のスゴいゲームだと思います！ きっと私も発売後、1人でお家でプレイしたら、たぶん悶絶しちゃうだろうなって思うんですよ。今までDQシリーズをやってきてよかったっていう喜びと、こんなことになっちゃうんだっていう想像のはるか先を行く驚きのどちらもあるので、みなさん、私といっしょに『DQH』を楽しみましょう!!

## SPECIAL TALK スペシャルトーク

撮影：長谷部英明

ハマったDQは…全部ですね

### ヘルムード役
# 片岡愛之助
（かたおかあいのすけ）

黒ずくめ姿が印象的な謎の男ヘルムード…声を演じる片岡愛之助さんはDQ大好きだった!?

**Profile**
片岡愛之助○1972年3月4日生まれ。大阪府出身。子役として芸能界に入り、その後歌舞伎俳優に転身。六代目片岡愛之助を襲名。ドラマ『半沢直樹』で話題となる。

## 実はDQシリーズが大好き！『DQⅠ』からやってます！

——愛之助さんは、DQシリーズをかなりプレイされていると聞いています。

**愛之助**：FC版の『DQⅠ』からすべてやらせていただいています。中学生の頃からです

250

ね。あ、『ＤＱⅩ』だけは、仕事にならなくなると思ってやっていませんが…。ファミコンの時代は、友達の家に集まってやっていました。「ふっかつのじゅもん」を１文字間違えるだけで大変だった…というあるあるネタももちろん知っています。そんな時代からやっていましたね。僕はゲームの中でも、ＤＱシリーズが一番好きなんです。ＲＰＧにもいろいろなシリーズがありますけれど、浮気せずに今までＤＱ一筋です！　なので、「週刊少年ジャンプ」はよく読んでましたよ。『ファミコン神拳』とか覚えてます！

——筋金入りのＤＱファンなんですね！

愛之助：最近は、周りにいっしょにやってほしいから、歌舞伎俳優の若手とか、みんなにソフトをプレゼントしたりしていますね。でもハードを持っていないとかいう仲間がいるんですよ！　そんなときはハードもいっしょに買ってあげるんです。それでやってくれると、逆にお願いします。

——ＤＱを周囲に布教しているんですね。

愛之助：でもプレイステーション４は高いから、買ってあげられないなぁ…（笑）。

——確かに（笑）。

愛之助：それは自分で買ってもらいましょう！

## 最近ハマっていたのは…『ＤＱⅦ』に『ＤＱＭ２』!!

愛之助：最近はニンテンドー３ＤＳ版の『ＤＱⅦ』のすれちがいにはハマりましたねぇ。どこか出かけるときは必ず持っていって、すれちがいのために近所を歩き回ったりして！　それくらいハマっていましたね。歌舞伎の学生鑑賞教室に出演させていただいたときは、学生たちが通るところに３ＤＳを置いておくんですよ。そうしたら、すごい数のすれちがいが（笑）。あとは地方巡業に行ったときには、都心では見たことがない石版がきたりとか！

——それは相当ハマっていますね！

愛之助：その前は３ＤＳ版の『ＤＱモンスターズ２　イルとルカの不思議なふしぎな鍵』をめっちゃやってましたよ。もうレベルをガ

ンガン上げてましたね。

——お気に入りのモンスターとかいらっしゃいました？

愛之助：ありました！　「スラ・ブラスター」とかけっこう強かったですね。無敵っぽい感じですけど、やられはじめたら一気にやられたりするんですよね。あとは「エグドラシル」も強かったので、好きでしたね。あとは「サージタウス」!!　馬みたいな体で４本腕のキラーマシンのパワーアップ版みたいなやつ！　マヒさせて、混乱させてやっつけるという戦法で。相手がオロオロしてる間にボコボコにしてましたね。カッコいいですし、お気に入りでしたね。

——歌舞伎俳優のみなさんと、いっしょにやられていたんですか？

愛之助：そのとおりです。地方巡業に行ったりすると、時間があるのでみんなでやっていましたね。国立劇場に出演させていただいているときには、秋葉原のヨドバシカメラでみんながすれちがっているというので、行きましたね（笑）。最初は「そんなところまで行って恥ずかしいよ」って言いながら、立ち止まらずに前を歩いたんですけど、パって画面を見たらめっちゃすれちがってる（笑）。すれちがいが溜まりすぎていっぱいになっていて…結局自分も、みんなと同じようにあそこで立って２時間やっていたよ。でも、誰もがゲームに集中してるから、自分のことなんて気づかない（笑）。

——片岡愛之助が、あそこに立っていたとは！最近ハマっていたのは『ＤＱモンスターズ２』と『ＤＱⅦ』とのことですが、30年近くに渡るＤＱシリーズで、一番ハマったＤＱってなんですか？

愛之助：それはもちろん、全部ですね。僕の中で、一番というのはないんです。ＤＱシリーズは、ひとつひとつにそれぞれよさがありますしね。でもやっぱり、一番インパクトが強かったのは最初の『ＤＱⅠ』そして、ロト３部作ですね。本当に、大好きでした。

——では、ＤＱシリーズの中で好きなキャラクターは？　やはり『ＤＱⅠ』の勇者ですかね!?

愛之助：勇者はもちろん好きですけど、案外『ＤＱⅣ』のトルネコが好きでした。なんか、かわいらしいじゃないですか、カッコいいんじゃなくて。ちょっとおっちょこちょいなんですけど、それでいてけっこう活躍するところが好きでしたかね。

──では次に、好きなモンスターはいますか？

愛之助：モンスターは難しいですね。すごい数がいるじゃないですか。でも昔から好きというか…逃げられて悔しいって思うのが「メタルスライム」ですよね。だいたい一番最初に出会った、まだレベル低いときは逃げられる（笑）。「はぐれメタル」とか「メタルキング」とかも好きですよ。すぐに逃げちゃうんだけれど、やっつけると経験値がいっぱいもらえるって、ものすごい発明だなって思います！

## 『ＤＱＨ』への出演は堀井さんから直々に!?

──ＤＱシリーズを愛しているのがよくわかりました！『ＤＱＨ』は堀井雄二さんから直接オファーがあったと聞いていますが…!?

愛之助：そうなんですよ！たまたま私の知り合いの知り合いが、堀井さんのところに勤められていまして。そのご縁でわたしが『酒と涙とジキルとハイド』という、三谷幸喜さんのお芝居に出演させていただいたときに観にきてくださったんですよ。そのあと「もしお時間ありましたらご飯とか…」とダメもとでお誘いしたら、「いいよ」って、すぐにおっしゃってくださって！そこから仲よくさせていただいていたんです。そうしましたら先日、その友人の友人から「直接堀井さんからお願いしたい仕事がある」というメールが来て堀井さんにお会いしたら、「片岡さんの

ＤＱ愛に打たれました。新作があるんですけれども出ていただけますか？」とおっしゃられて…最初はなんのことだか…出るってどういうこと？と思ったら声の出演だと。ＤＱで声が出るというのがよくわからなかったですが、もちろんどんな役でもやらせていただきますと答えまして（笑）。そのときは、ボスキャラをやらせていただけるなんて、夢にも思ってなくて！最近の仕事では、一番嬉しい仕事ですね。

──ヘルムードは、かなりインパクトのあるキャラですよね！

愛之助：いやあ、本当に恐れ多いです。なんか僕のイメージにあわせて、キャラの設定まで変えていただいたみたいで。僕が黒が好きということで黒い衣装になったということですし、最初はもっと若々しいキャラだったのをちょっと変えていただいたようですし。本当にありがたいですよね。

──愛之助さんのイメージで、キャラクターを変更したんですね！収録はいかがでした？

愛之助：収録には堀井さんも立ち会ってくださって、直接キャラクターのイメージを教えていただきました。落ち着いた、ちょっとダンディーなキャラで、そして大物感が出るように、ということで演じました。できるだけキャラクターを見て、こんな声なのかなと想像して、あとは堀井さんと相談しながら作り上げていきました。いろんなパターンをやってみて、堀井さんが気に入られたパターンから広げていった…という感じですね。でもゲームのキャラというのもありますし、声だけで演じるのは難しかったですね。僕らはやはり、声だけでなく身体表現を含めたすべてを見ていただくのを前提で、その役を演じているんですが、声だけというのは難しかったで

す。自分では表現しているつもりでも、あとから収録した音声を聴くと、まだまだ演じきれていなかったり…ですので非常に勉強になりました。

——普通に演じられるのと、声優として演じるのはだいぶ違うんですね。

**愛之助**：特に息づかいが大変でした。戦闘中の息づかいは、自分が演技して実際に動いている中でなら出ますけど、自分は動いていないのにどうしたらいいんだろう…という感じで。声優さんってすごいんだなって思いました。

——愛之助さんは今回でDQのボスを演じた俳優ということになりました!

**愛之助**：嬉しいですね。本当に、僕の人生の中の誇りですよ。本当に昔から好きなDQですから。昔から現在まで好きなものって、ほとんどないんですよ。考えてみると…DQシリーズとB'zくらいですね（笑）。

## DQファンから見た『DQH』の魅力は!?

——愛之助さんが個人的に、DQファンとして、『DQH』に期待しているところは?

**愛之助**：収録のときに、開発中のものをちょっとだけプレイさせていただいたんですけれど、もはやゲームの域を超えてますね。本当に映画かと思うほどリアルですよね。ゴーレムがすごく大きくて、すごいガンガン攻撃してもまだ倒せなくて！　もう興奮しましたね。その先には、まだまだもっとすごいものがたくさんあると思うので期待しています。ほかにグラフィックの美しさとかリアルさとかにもすごく期待してますね。

——愛之助さんのヘルムードなど、声が入っているのもこれまでになかった要素ですよね。

**愛之助**：戦っている間もキャラがしゃべってきて、本当に映画みたいですよね。とにかく、発売日が楽しみです。急いでクリアするわけじゃなく、じっくりやってみたいんです…もったいないじゃないですか、せっかく待ちに待ってプレイするのに！　僕は結構レベルを上限まで上げるのが好きなんですよ。楽屋に持ちこんでじっくりやります（笑）。

——アクションゲームもお好きなんですか?

**愛之助**：アクション系も結構好きですね。『ストリートファイターⅡ』とかも好きでした。そういうのを含めて、僕の好きなものをミックスしてくれたのが『DQH』だと思います。

ボスキャラをやらせていただけるなんて最近では一番嬉しい仕事です！

スペシャルトーク

DQをプレイしたことがない人には
その歴史とすばらしさを伝えて欲しい

## DQシリーズと歌舞伎には
## 共通点がいっぱい!?

——ちょっと聞いてみたかったんですけれども、歌舞伎とDQシリーズに共通点はあったりしますか？

愛之助：歌舞伎の起源は、1603年（慶長8年）に、出雲の阿国という女性が始めた"女歌舞伎"なんです。そのあと、若い男の子たちだけの"若衆歌舞伎"というものが流行ったりして、最後に残ったのが今に繋がる"野郎歌舞伎"なんです。歌舞伎は伝統芸能と言われていますけれども、時代に合わせてどんどん進化していくものなんです。そういう意味では、DQシリーズと相通じるものもあります。もちろん伝統芸能ですから、古きを守り、後世に伝えていく、古典歌舞伎を守っていくのも重要です。ですが、その中で新しい歌舞伎を作っている。古典歌舞伎があり、新作歌舞伎があり、忘れられている演目を復活させる歌舞伎があり…そのすべてが歌舞伎なんです。DQもどんどんハードが変化していき、ファミコンからスーファミになったり、DSから3DSになったり、PSからPS4になったり…その中で新作が作られていって、新たなハードで復活する作品もあって、『DQH』のような新たなチャレンジをしている作品もある…そのすべてを含めて共通点が多いと思います！

——なるほど、古いものを守りながら、どんどん新しいものに進化していく…なんだか歌舞伎にも興味が出てきました！

愛之助：『DQH』をプレイしてくれる人たちは、歌舞伎をご覧になったことがない人がほとんどだと思います。僕は歌舞伎に小学生で出会って、深い感動を覚えて、歌舞伎俳優の道をめざすようになりました。DQに出会ったのと、ほとんど同じような時期でした。やっぱりそれくらいの年齢ってすごく感性が豊かなんですよね。DQシリーズを夢中になってやっているような子供たちには、なにかのきっかけで、歌舞伎も見て欲しいんです。DQシリーズが大好きな大人のみなさんには、歌舞伎と同じく、DQシリーズを伝えていくことが大事だと、歴史を途絶えさせてはいけないということを言いたいです。みなさんが『DQH』をプレイしていない人に勧めてあげて、今までDQシリーズをプレイしたことがない人には、その歴史とすばらしさを伝えてあげて欲しいです。そしてぜひともPS4でプレイして、その美しさに感動していただきたいと思います！

# SPECIAL TALK

撮影：和田篤史

2人のレジェンドが出会わなければ
このゲームは作られなかった…

DQシリーズゲームデザイナー × コーエーテクモゲームス ゼネラルプロデューサー

## 堀井雄二 × シブサワ・コウ

DQを作った男と『DQH』を開発したコーエーテクモゲームスのトップが語る『DQH』。

### お互いがお互いのファン!?
### 念願のゲームがついに始動

**シブサワ**：『ポートピア連続殺人事件』（注：堀井さんがシナリオ、プログラム、グラフィックなどを1人で作りあげたアドベンチャーゲーム。1983年発売。数々のPC、そしてFCにも移植された）やもちろんDQシリーズなど、僕は堀井さんの作られたゲームはすべてプレイしていたんです。今回『DQH』で、やっとお仕事でご一緒できたという…。

**堀井**：僕も『信長の野望』（注：シブサワさん製作の歴史シミュレーションゲーム。1983年発売。数々のPC、FCにも移植された。）にはハマって、PC版をずっとやってました。シブサワさんのお名前は30年くらい前から知っていたんですが、ずっと会う機会がなく、10年位前に初めてお会いして意気投合して、それから何回かお食事したり、情報交換したりはしていたんですが…やっとですね!

**シブサワ**：ずっと、いっしょにゲームを作れたら面白いねという話はさせてもらっていたんですが、3年位前にDQシリーズでアクションゲームを作ったら面白いのではないかと堀井さんに提案させていただいたんですよ。

**堀井**：そうなんですよ。でも実は僕もずっと前から、DQでアクションゲームを作りたいと思っていたんです。ですがなかなか実現に至らなかったというのもあり…DQシリーズにはみなさんが思い入れのあるキャラクターやモンスターがたくさんいるので、それが実際に動いて戦うと楽しいだろうなって!

255

## スペシャルトーク

### 誰でもカンタンに楽しめる…そこにこだわりました！

**Profile**
堀井雄二◯DQシリーズを作り出した、レジェンド的ゲームデザイナー。『DQH』ではボイスキャストの収録からゲームバランスまで、すべてを監修しているんだとか！

**シブサワ**：「これはきっといいアクションゲームができるぞ！」と、堀井さんとわたしの心がひとつになって、このプロジェクトがスタートしました。

### 堀井さんがこだわったこと…そしてPS4のすごさ!!

**堀井**：DQがアクションになるということでこだわったのは、DQのキャラクターたちを動かせるというところなのはもちろんですけど、DQなので、誰でもカンタンに楽しめるというところですね。

**シブサワ**：ドラゴンクエストシリーズのファンには、アクションゲームが苦手なかたもいらっしゃいますからね。

**堀井**：僕自身が苦手だし（笑）。アクションが苦手な人にも遊んで欲しいから、ジャンルはアクションRPGなんです。何度も戦って経験値を得てレベルアップすれば、アクションが多少苦手な人でも楽にクリアできるバランスになっています。だから気楽に、爽快に楽しんでもらえると思いますよ。

**シブサワ**：その堀井さんのこだわりを受け止めて、僕たちはDQの世界観を表現するために、「無双」シリーズ（注：コーエーテクモゲームスの人気アクションゲーム。）の一騎当千の爽快感と「討鬼伝」シリーズ（注：コーエーテクモゲームスの巨大な鬼を倒すハンティングアクションゲーム。）の大型の敵をみんなで倒す白熱の攻防というエッセンスを合わせて、新たな面白さを作り出していこうという構想を練りました。2つのエッセンスが融合していますんで、僕としてはスーパーハイブリッドアクションゲームという風に考えています。それにアクションゲームとしては、プレイステーション4の限界に挑戦しています。最先端のゲーム機で、アクションゲームの面白さを提供していく、という部分も非常にやりがいを感じています！　これまでにない作品になっていると自負しています。

**堀井**：もう絵が綺麗で、それだけでも楽しいですよね。デカいモンスターとガンガン戦ったりもスゴいんですけど、もう出てくるモンスターの数がハンパない！

**シブサワ**：プレイステーション4では、単純

に敵モンスターを200体以上は同時に登場させられますからね！

**堀井**：そう聞くと絶望的な戦いに思えますけど、ちゃんと勝てますのでご安心を（笑）。

**シブサワ**：『ドラゴンクエストヒーローズ』というタイトルは、堀井さんに決めていただきました。

**堀井**：モンスターたちを育てる『ドラゴンクエストモンスターズ』（注：DQシリーズのモンスターでパーティを組み冒険する、スクウェア・エニックスの大人気RPGシリーズ。）があるんで、それに対して主人公側の人間たちの物語ということで『ドラゴンクエストヒーローズ』なんですよ。過去のDQシリーズのヒーローたちがいっぱい登場しますよ、と！

## 歴代キャラもボイスは堀井さんがすべて監修！

**シブサワ**：これまで、たくさんアクションゲームを作ってきましたが、アクションゲームというのは、戦闘中にボイスが入ると臨場感が出るんです。

**堀井**：なので『DQH』は登場人物の全員が、音声でしゃべります。

**シブサワ**：ステージでももちろんしゃべりますが、シナリオ部分にあたるいわゆるムービーでも全員がしゃべるんです。今回新登場するアクトとメーアたちだけでなく、歴代DQキャラ全員しゃべらせるというのはかなりの挑戦ですよね。DQシリーズのプレイヤーのみなさんは、それぞれがキャラクターに思い入れも、声のイメージなどもあるでしょうし…。

**堀井**：そうですね。でも僕がボイスキャストみなさんの収録にしっかり立ち会いましたので、その辺は安心していただければと思います。呪文などのイントネーションとか、そういう部分もちゃんとこだわって監修していますから。豪華なボイスキャストたちの音声にも注目して欲しいです！

**シブサワ**：それにしてもDQシリーズは、魅力的なキャラクターばかりいますよね。僕もDQシリーズは『DQⅠ』から『DQⅨ』までもちろんクリアしています…『DQⅩ オンライン』だけは、始めてしまうときっと仕事にならないだろうということで封印していますけれども（笑）。僕も『信長の野望 Online』の開発に携わりまして、毎日5〜6時間くらいプレイしていて、仕事が手に付かなくなるのはわかっていたのでね!!

**堀井**：（笑）。

**シブサワ**：『DQH』に登場する歴代DQキャラクター、いわゆるシリーズキャラクターは堀井さんに選んでもらいました。

**堀井**：このキャラクターはいなくちゃねというのはもちろん入れつつ、職業や武器でバランスを取って、あとは男女比も考えつつ今回のメンバーになりました。

**シブサワ**：ですが、1キャラだけ僕が無理を言ってお願いしました…『DQⅧ』のゼシカを入れて欲しい』って！ゼシカ、好きなんですよ。僕はいつも妻に尻を叩かれてますから、ゲームでは自分もムチで叩いてみたい（笑）。

**堀井**：（笑）。女性キャラクターと言えば、ビアンカとフローラは、どちらか…と思っていたんですが、『DQⅤ』をプレイしたみなさんの中にビアンカ派とフローラ派がいらっしゃるんで、どちらか1人というわけにはいかないだろうということで、両方入れました。

**PS4の限界に挑戦した次世代のスーパーハイブリッドアクションです！**

本当は『DQⅥ』のハッサンもファンが多いので入れたかったんですが、武闘家ということでアリーナとかぶってしまうので今回は泣く泣くカットしました。あとは、おっさん枠はヤンガスということで。DQシリーズって、けっこうおっさんが多いんですよ（笑）。なので、1人は出しておかないと…もし『DQH』の第2弾があったら、追加の新キャラクターがおっさんばっかりになってしまう（笑）。

シブサワ：シリーズキャラクターの絡みも楽しいですよね。

堀井：あの子とあの子の絡みとか、出会うはずのないあのキャラとあのキャラの会話とか…そういう部分も楽しんでもらいたいですね！

## オリジナルキャラクターは？
## そして今回のボスキャラは!?

堀井：今回の主人公は2人。アクトは作戦を立てるのが得意な頭のいいタイプ。メーアはイケイケな女の子という感じですね。「やっちゃえばいいんでしょ！」みたいな感じの。幼なじみで対称的な性格の2人になってます。あと今回オリジナルのキャラクターであるエルサーゼ王国のディルクは頼れる王様なんだけど、自分が最前線で戦っちゃうという戦う王様ですね。ジュリエッタはこれまでのDQシリーズにはなかったような可愛いキャラクターですね。鳥山明先生が魅力的なキャラデザインにしてくださいました！ あとは忘れちゃいけない、本作のマスコット的な存在のホミロン。ヤンガスと仲良くなって、いいコンビになってるところにも注目ですね。

シブサワ：あとはボスキャラの…!?

### Profile
シブサワ コウ○『信長の野望』シリーズなどを作り上げたレジェンド。コーエーテクモゲームスのトップであり、彼が動かなければ、『DQH』はこの世に生まれることはなかった。

堀井：ヘルムードですね。

シブサワ：最初からPVにも出ていたり、いったいどんなキャラクターなのか、みなさん気になっていると思います。

堀井：ヘルムードは、いろんな意味で黒い人です（笑）。みなさん、ガンバってヘルムードを倒してくださいね！

シブサワ：次世代を感じさせるゲームになっていますので、是非すみからすみまで、楽しんでいただきたいです！

# HEROES COLUMN
## いろんな場所に注目！

### 細部までこだわった『DQH』の世界を堪能せよ！

『DQH』にはグラフィック的にも演出的にも、"細部へのこだわり"や"ちょっとしたお遊び"が盛りだくさんに詰めこめられている。バトルに疲れたらひと息入れて、それらにもどんどん目を向けてみよう。きっと新しい発見があるはずだ！

←バトシエを散策するだけでもいろんなお楽しみが！

### 空艦バトシエ内部を見回そう

バトシエでは冒険の準備をしたり、仲間との会話が楽しめる。さらに、内部をすみずみまで見回してみると、臨場感あふれる空間であることがよくわかるぞ。

錬金釜

↑各お店のカウンターには、そこで扱う品の一部が置かれているぞ。どれも精巧な作りこみだ！

教会の奥　　壁の張り紙

↑一見すると教会にはシスターしかいない。だが、奥にはおごそかな祭壇があるのだ！

↑クエスト所の張り紙にはモンスターの情報が。どんなことが書かれているのだろう？

### 冒険中もよ～く観察！

バトルにもいろんなしかけが隠されている。特にシスターの表情変化は、普通にプレイしているとまず見られないレア演出だ。それらも全部チェックしよう！

ヤンガスのオノむそう！

↑ヤンガスの必殺技の竜巻に、実はホミロンが巻きこまれているのだ。目が回っているようだぞ！

→高く飛べないフィールドでは天井に頭をぶつけてしまう！

→防衛対象のHPが0になってバトルから戻ると、お怒りに！？

洞窟や塔で「ルーラ」を使うと！？　　防衛失敗でシスターの表情が…！

## Vジャンプブックス
# ドラゴンクエストヒーローズ 闇竜と世界樹の城

### プロダクトコードの使いかた

本書についている、ゲーム内で使用可能なプロダクトコードの使いかたを紹介するぞ。

## プロダクトコードで宝の地図と武器が手に入る！

### 手に入るのはこの2つ!!

本書についているプロダクトコードを入力すると、右で紹介してる「ブイの地図」と「スライムのムチ」の2種類が手に入るのだ。どちらもゲーム序盤から役立つアイテムなので、すぐに入力してゲームで活用してほしい。両アイテムのくわしい使いかたは下で紹介するぞ。

**宝の地図「ブイの地図」**

地図で出現するフィールドで錬金用素材を手に入れよう！

**ゼシカ専用武器「スライムのムチ」**

スライムのデザインがあしらわれたカワイイ武器！

### 「ブイの地図」で素材を手に入れピンクパールリングを作ろう！

「ブイの地図」は、特別なほこらでバトルが可能になる宝の地図。バトルクリア時に出現する宝箱から、入手ゴールドが増える効果を持つアクセサリー「ピンクパールリング」を作るための素材が手に入る！

↑「ブイの地図」を所持してワールドマップに行くと、ほこらが出現する。

「ブイの地図」で行けるステージをクリアして大きな貝がらとみがきずなをゲット！

メダル交換所でレシピを入手し錬金屋でピンクパールリングを作成！

### 「スライムのムチ」はゼシカ加入後から使用可能！

ゼシカ加入時から使える、スライムのデザインのムチだぞ！ ゼシカに装備してバトルで活躍してもらおう。

ピンクパールリングを装備すればゴールドがよりたくさん稼げるぞ！

# プロダクトコードの入力のしかた

## PlayStation®3版のダウンロード手順

① ■PlayStation®3の"XMB"上にある
ＰＳＮ℠列から[PlayStation®Store]を
選択してください。

② ■PlayStation®Store画面のメニュー
最下段にある[コード番号の入力]を選び、
プロダクトコードを入力してください。

## PlayStation®4版のダウンロード手順

① ■PlayStation®4の機能画面にある
[PlayStation®Store]を
選択してください。

② ■ホームメニューの左下に表示される
[コード番号の入力]を選び、
プロダクトコードを入力してください。

### ✦ プロダクトコード、ＰＳＮ℠に関するお問い合わせはこちら

株式会社ソニー・コンピュータエンタテインメント インフォメーションセンター
URL http://www.jp.playstation.com/support/
TEL 0570-000-929（一部のIP電話でのご利用は050-3754-9800）　受付時間 10:00〜18:00

### 本プロダクトコードが正常に動作しない場合のお問い合わせはこちら

スクウェア・エニックス
サポートセンター　　http://support.jp.square-enix.com/

"PlayStation"and "PSN"are registered trademarks or trademarks of
Sony Computer Entertainment Inc.
"XMB" and"クロスメディアバー"are trademarks of Sony Corporation
and Sony Computer Entertainment inc.
"Sony Entertainment Network"is a trademark of Sony Corporation.
© 2014 ARMOR PROJECT/BIRD STUDIO/KOEI TECMO GAMES/SQUARE ENIX All Rights Reserved.

有効期限：2017年2月25日まで

プロダクトコードは巻末の袋とじの中に記載されているぞ！

# DRAGON QUEST HEROES 闇竜と世界樹の城

**スマートフォンアプリ『少年ジャンプ+』を使ってゲットしよう!!**

**Vジャンプブックス ドラゴンクエストヒーローズ 闇竜と世界樹の城 英雄の書 デジタル版(電子書籍)**

## 袋とじデジタルコードによる入手方法とデジタル版(電子書籍)の読みかた

巻末袋とじのデジタルコードを入力してこの本のデジタル版(電子書籍)をゲットしよう!

アプリ『少年ジャンプ+』をDL後にデジタルコードを使えば、スマホなどでこの本が読める。ここではコードの使いかたを紹介するぞ。

スマートフォン／タブレット向けマンガ雑誌アプリ『少年ジャンプ+』で読めるぞ!

マンガ雑誌アプリ『少年ジャンプ+』に関しては、『少年ジャンプ+』(http://plus.shonenjump.com/)をチェックしよう!

### ◇◆ デジタル版(電子書籍)はここがすごい! ◆◇

**その1** 本書をまるごと収録!キャラ、攻略、データまで、すべてが読める!

**その2** スマホ、タブレット、さらにPCでも!外では手軽なスマホで、家ではPCの大画面で攻略がチェックできるんだ!

**本書のデジタル版ダウンロードはWi-Fi接続環境推奨です!**

**デジタル版のダウンロードはスマートフォンまたはタブレットのみ!**

**デジタルコードは2015年2月26日(木)より入力可能です**

## ステップ1 マンガ雑誌アプリ『少年ジャンプ+』をダウンロードしてデジタルコードを入力しよう!

**①** 『少年ジャンプ+』アプリトップページの「Vジャンプデジタルコード」をタッチして先に進もう!

**②** 「Vジャンプデジタルコード入力」ページで、「ドラゴンクエストヒーローズ 闇竜と世界樹の城 英雄の書 特別サイト」のアイコンをタッチ!

**③** 「Vジャンプブックス ドラゴンクエストヒーローズ 闇竜と世界樹の城 英雄の書 特別サイト」の「ダウンロード番号の入力」を選択。画面の指示に従って巻末袋とじの16桁のダウンロード番号を入力だ。「OK」ボタンを押せばデジタル版をダウンロードできるぞ!

**16桁のデジタルコードを入力してVJBをスマホで読もう!**

## ステップ2 デジタル版『ドラゴンクエストヒーローズ 闇竜と世界樹の城 英雄の書』をスマートフォンやタブレットで読んでみよう!

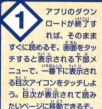

**①** アプリのダウンロードが終了すれば、そのまますぐに読める。画面をタッチすると表示される下部メニューで、一番下に表示される目次アイコンをタッチしよう。目次が表示されて読みたいページに移動できるぞ。

**目次アイコン** / **読みたいページをタッチしよう!**

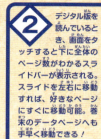

**②** デジタル版を読んでいるとき、画面をタッチすると下に全体のページ数がわかるスライドバーが表示される。スライドを左右に移動すれば、好きなページにすぐに移動可能。巻末のデータページへも手早く移動できる!

**スライドバー**

### すでにダウンロードが終わっている場合は「作品紹介ページ」から「読む」をタッチ!

**①** まずは「少年ジャンプ+」のトップページにある「Vジャンプデジタルコード」のアイコンをタッチしよう。その後「Vジャンプブックスドラゴンクエストヒーローズ 闇竜と世界樹の城 英雄の書」のアイコンをタッチ!

**②**「Vジャンプデジタルコード」のページ内にある「再ダウンロードする」をタッチすると、デジタル版の詳細ページに進めるぞ。

**③** 作品詳細ページにある「読む」ボタンを押せば、デジタル版を前回の続きから読むことができる。

### ダウンロードしたデジタル版はパソコンのWEBサイト『少年ジャンプ+』からも見られる!

スマートフォンやタブレットでダウンロードした後ならば、パソコンからWEBサイトの『少年ジャンプ+』でも読める。「少年ジャンプ+」に会員登録して大きな画面で読もう!

スマートフォンやタブレットでダウンロードしたファイルをパソコンでも読む場合は「少年ジャンプ+」への会員登録(無料)が必要です。

---

★デジタルコードは、ひとりにつき1回のみ入力可能です。1度入力したコードは無効となります。

※デジタルコードを使用するにはスマートフォンもしくはタブレット(iOS6.1以上・Android2.3.3以上)からダウンロードできるアプリ「少年ジャンプ+」とインターネットに接続できる環境が必要です。ファイルサイズが大きいため、Wi-Fi環境でのダウンロードを推奨いたします。一部対応していない機種もございます。また、機種によっては正しく表示されない場合がございます。※スマートフォン、タブレットでダウンロードしたファイルをPCでも読む場合は「少年ジャンプ+」への会員登録が必要です。※デジタルコードについては、当該アプリのサービス内容変更、終了などにともない、予告なく受付を終了する場合がございます。あらかじめご了承ください。※デジタルコードのご利用にあたっては、「少年ジャンプ+」利用規約に同意の上、規約を遵守して頂く必要があります。また、個別の利用規約や年齢制限等その他の条件がある場合には、これらの利用規約または条件にも遵守していただく必要があります。※「少年ジャンプ+」で登録されるお客様の個人情報のお取り扱いについては、「少年ジャンプ+」規約上のプライバシーポリシーに従うものとします。※デジタルコードに関する再発行、紛失、盗難、破損、または漏洩等について、株式会社集英社、株式会社スクウェア・エニックスでは、対応、サポート等の責任を負いかねますので、あらかじめご了承ください。

---

「少年ジャンプ+」に関するお問い合わせ先 / 「少年ジャンプ+」お問い合わせ 「少年ジャンプ+」アプリの右上のメニューから設定をタッチ、移動したページにある「お問合せフォーム」よりお問い合わせください。URL: http://plus.shonenjump.com/

# DRAGON QUEST HEROES

ドラゴンクエストヒーローズ
闇竜と世界樹の城

## 英雄の書

『ドラゴンクエストヒーローズ　闇竜と世界樹の城』の
ゲームについてのご質問には一切お答えできません。
特に電話でのご質問はご遠慮下さい。

東京・一ツ橋　集英社

2015年2月28日　第1刷発行

企画・編集　　　Vジャンプ編集部
　　　　　　　　ⓒSHUEISHA2015
　　　　　　　　〒101-8050
　　　　　　　　東京都千代田区一ツ橋2丁目5番10号

発行人　　　　　鈴木　晴彦

発行所　　　　　株式会社　集英社
　　　　　　　　〒101-8050
　　　　　　　　東京都千代田区一ツ橋2丁目5番10号
　　　　　　　　【編集部】03（3230）6330
　　　　電話　東京【販売部】03（3230）6393（書店専用）
　　　　　　　　【読者係】03（3230）6080
　　　　　　　　　　　　Printed in Japan
印刷所　　　　　凸版印刷株式会社

●造本には十分注意しておりますが、乱丁・落丁（本のページ順序の間違いや抜け落ち）の場合はお取り替え致します。購入された書店名を明記して小社読者係宛にお送り下さい。送料は小社負担でお取り替え致します。但し、古書店で購入したものについてはお取り替え出来ません。
●本書の一部または全部を無断で複写、複製、転載、上演、放送などをすることは、著作権法上での例外を除いて禁じられています。

ISBN978-4-08-779710-7　C0076

☆ゲーム・マンガ・アニメなど、ホビー情報満載のVジャンプ！
　オリジナルコンテンツ充実のウェブ版も要チェックだ！！

Vジャンプweb
http://vjump.shueisha.co.jp/

☆最速攻略本といえばVジャンプブックス！
　その最新刊情報はウェブでチェック！

Vジャンプブックスweb
http://vjumpbooks.com/